中华优秀传统文化『两创』十讲

郑敬斌 主编

曾繁仁 方辉 杨朝明 王学典 郑杰文 谭好哲 徐国亮 杜泽逊 江林昌 何中华

山东大学出版社
SHANDONG UNIVERSITY PRESS
·济南·

图书在版编目（CIP）数据

中华优秀传统文化“两创”十讲 / 郑敬斌主编 .—济南：山东大学出版社，2024.7

ISBN 978-7-5607-8206-5

Ⅰ. ①中… Ⅱ . ①郑… Ⅲ . ①中华文化 – 研究 Ⅳ. ① K203

中国国家版本馆 CIP 数据核字 (2024) 第 072387 号

责任编辑　李　淼

封面设计　蓝海文化

中华优秀传统文化“两创”十讲

ZHONGHUA YOUXIU CHUANTONG WENHUA “LIANGCHUANG” SHIJIANG

出版发行　山东大学出版社

社　　址　山东省济南市山大南路 20 号

邮　　编　250100

电　　话　（0531）88363008

经　　销　新华书店

印　　刷　山东蓝海文化科技有限公司

规　　格　787 毫米 ×1092 毫米　1/16

　　　　　19.25 印张　200 千字

版　　次　2024 年 7 月第 1 版

印　　次　2024 年 7 月第 1 次印刷

定　　价　138.00 元

序

2023年，全国宣传思想文化工作会议正式提出并系统阐述了习近平文化思想，这标志着我们党对中国特色社会主义文化建设规律的认识达到了新高度，表明我们党的历史自信、文化自信也达到了新高度。习近平文化思想内涵丰富、思想深邃、博大精深，其中就包括“加强对中华优秀传统文化的挖掘和阐发，让中华文化展现出永久魅力和时代风采”这一重要内容。党的十八大以来，习近平总书记从党和国家事业发展全局的战略高度出发，对中华优秀传统文化传承发展的一系列重大理论和现实问题作了全面系统深入阐述。2013年11月26日，习近平总书记在山东省曲阜市考察时，首次提出了“推进实现中华优秀传统文化创造性转化、创新性发展”的重要论述，发出了大力弘扬中华优秀传统文化的号召。2021年5月9日，习近平总书记给《文史哲》编辑部全体编辑人员的回信，充分肯定了《文史哲》在弘扬中华文明、繁荣学术研究方面做出的贡献，要求在新的时代条件下推动中华优秀传统文化“两创”。2023年6月2日，在文化传承发展座谈会上，习近平总书记则深刻阐释了“两个结合”，提出了担负新的文化使命、建设中华民族现代文明的宏伟目标。“两创”方针的提出，阐明了新时代对待中华优秀传统文化的科学态度，标志着中国共产党在新的历史条件下对文化发展规律和路径的认识达到了新高度，表明我们党对文化建设和文明发展规律的认识提升到了新的境界。

在习近平总书记考察曲阜十周年之际，为全面学习贯彻全国宣传思想文化工作会议精神，深入研究阐释习近平文化思想，积极响应习近平总书记提出的建设中华民族现代文明的时代号召，人文社科研究院于2023年10月至11月组织了学习贯彻习近平总书记文化“两创”讲话精神系列学术活动，邀请10位校内知名专家学者以专题系列讲座的方式围绕中华优秀传统文化“两创”和“第二个结合”进行探讨，立足学术前沿，弘扬中华文明，扩大文明交流互鉴，在解读中国道路和弘扬中国精神上奏响山大旋律。

10场专题学术讲座的主讲人及主题分别为：曾繁仁教授主讲的“‘生生美学’的提出及其内涵”，方辉教授主讲的“中华文明起源与发展的连续性及其文化基因”，杨朝明教授主讲的“从中华优秀传统文化中汲取智慧”，王学典教授主讲的“儒家思想的社会科学化与创造我们这个时代的新文化”，郑杰文教授主讲的“中华文明三大认知体系的建构、发展、命运及其启示兼谈创新性思维”，谭好哲教授主讲的“中国共产党人传统文化观的历史演变与文化建设方略”，徐国亮教授主讲的“学习传统文化　加强文化自信”，杜泽逊教授主讲的“《四库全书》纂修对当代文化战略有什么启发？”，江林昌教授主讲的“中华文明与中国古典学及其现代重建”，何中华教授主讲的“马克思主义基本原理同中华优秀传统文化相结合”。讲座通过线上线下结合方式举行，约1200人现场听讲，近3000人线上参加，10余位同学通过“山大日记”等平台畅谈体会、抒发感悟，在师生中引起强烈反响。此外，讲座也引起校外媒体平台及社会的广泛关注，中国社会科学网、中国网，大众日报客户端、山东电视台、闪电新闻、山东教育电视台、速豹新闻网、新黄河客户端、新浪网等多家主流媒体推出系列讲座的采访报道，产生了良好的社会反响。

为及时总结中华优秀传统文化“两创”系列专题学术讲座的学术成绩，扩大讲座的学术影响面，人文社科研究院对十位专家的讲座进行了整理，现汇编成册正式出版，以飨读者。

2024年4月22日

目　录

王学典教授提出，马克思主义与中华优秀传统文化具有众多契合点。儒家作为中华优秀传统文化的代表，作为一个有着强烈思想担当的思想流派，其核心要义与马克思主义所提倡的以民为本、崇尚仁爱、提倡道德等理念不谋而合。马克思主义是一种典范完善的社会发展理论，而在中华优秀文化的框架内，只有儒家思想作为另一种完备成熟的社会发展理论能与其契合。王学典教授认为，中国的儒学复兴就好比西方的文艺复兴，我们要创造属于我们自己这个时代的新文化，创造与中国式现代化相适应的新文化形态。

郑杰文教授谈到，中华文明认知体系，从“关系”角度而言，可以分为三大板块：探索自然奥秘及为人所用的天人之学、研究人际关系以维系社会运行的人人之学以及揭示生死关系的生往之学。郑杰文教授梳理了中国古代的科学发明，介绍了“李约瑟之问”的由来，提出了“科技生态”理论以讨论古科技发展衰微的原因。在进行创新性研究时，郑杰文教授提出“新材料、新主题、新角度”，要做到“三新”，需要敏悟。

谭好哲教授从三个转变出发，阐述了中国共产党人传统文化观的历史演变与文化建设方略，并以“充分认识中国共产党人的传统文化观是马克思主义中国化的重要构成内容”作为总结，强调充分认识马克思主义与中国传统文化相结合的伟大历史意义、文化实践意义；深刻把握从文化遗产的“民族形式”论、“批判继承”论到中华优秀传统文化的“转化创新”论在文化发展通变关系上所实现的重要历史转型；深入理解“第二个结合”是又一次思想解放。我们要在更广阔的文化空间中，充分运用中华优秀传统文化的宝贵资源，探索面向未来的理论和制度创新。

徐国亮教授认为，“第二个结合”是又一次思想解放，传统文化中朴素的社会主义元素提供了中国接受马克思主义的文化基础，把马克思主义思想精髓同中华优秀传统文化精华贯通起来，同人民群众日用而不觉的共同价值观念融通起来，理论上是彰显中国特色的需要，实践上是巩固群众基础的需要，要创造精神上的独立自主，具有里程碑式的意义。强调中华文化的底色正是中国特色社会主义的鲜明特色，天人合一的宇宙观是人与自然和谐共生的文化根基，协和万邦的天下观是人类命运共同体的文化渊源，和而不同的社会观是凝聚价值共识的思想原点，人心和善的道德观是中华民族独特的伦理精神标识。只有对自己的文化有坚定的信心，才能获得坚持坚守的从容，鼓起奋发进取的勇气，焕发创新创造的活力。

杜泽逊教授从《四库全书》是一部什么样的书谈起，通过列举各朝各代纂修的书籍并阐释“书同文”“考据学”“音韵学”，向大家讲述了为什么要修《四库全书》这样一部大书。接着，杜泽逊教授详细解读了《四库全书》是怎样纂修的，并谈到了《四库全书》修书过程中几个重要人物、《四库全书》的命运及历史评价。杜泽逊教授特别强调，“只有文化上一体，才有文化上的认同；只有文化上的认同，才有中华民族的大一统，我们应当从这样一个高度来认识《四库全书》”。

江林昌教授从考古材料的丰富性、学科发展的成熟性、综合国力的先进性、世界变革的创新性、观点立场的民族性这五个重要条件，阐述了中国古典学迎来了黄金时代。江林昌教授提出，要阐释中国古典学的内涵特色，首先要了解东西方文明起源背景的异同。江林昌教授介绍了五千多年文明史的绵延性与中国古典学的完整体系、“两个结合”与中国古典学的现代重建，希望青年学者做真正让中国古典学走向世界的实践者。

何中华教授首先从中国共产党实现的三个“结合”、从马克思唯物史观的内涵和中国社会本身的历史际遇两个方面论述“马克思主义与中国传统文化相遇的必然性”，分析指出马克思主义与中国传统文化相遇，满足民族解放和东方国家实现现代化的需要；其次，何中华教授阐述了马克思主义与中国文化相遇的两个维度：时代性与民族性。最后，何中华教授从马克思主义的“实践”与儒家的“践履”、马克思主义的人和自然的“互化”与中国文化的“天人合一”、“大同社会”愿景与“共产主义”理想三个方面分析了马克思主义基本原理与中华优秀传统文化结合的学理依据。

“生生美学”的提出及其内涵

主讲人：曾繁仁

曾繁仁，男，1941 年生，安徽泾县人，著名美学家，当代中国生态美学的奠基人之一，山东大学讲席教授，教育部人文社科重点研究基地“山东大学文艺美学研究中心”名誉主任。教育部“马克思主义理论研究和建设工程”《西方文学理论》项目首席专家、国家社科基金重大项目“生态美学文献整理与研究”首席专家、教育部社科委语言文学、新闻传播学和艺术学学部召集人之一。出版专著《西方美学简论》《西方美学范畴研究》《生态存在论美学论稿》《生态美学导论》《中西对话中的生态美学》《生态美学基本问题研究》《美育十五讲》《生生美学》等，主编《中国美育思想通史》（九卷本）和《中外美育思想家评传》等。获第八届高等学校科学研究优秀成果奖（人文社科）一等奖、山东省社会科学突出贡献奖、山东大学教学终身成就奖等多项奖励。

各位老师、各位同学，非常高兴有这样的机会向大家汇报一下我学习习近平文化思想，特别是“双创”理论初步的体会和初步的工作。

今天晚上我讲的题目是《“生生美学”的提出及其内涵》。首先，我们对“生生美学”作一点介绍。“生生美学”是2017年以来由山大文艺美学中心学者提出的崭新的美学理论，是生态美学的中国形态，也是中国自己的美学理论。

“生生美学”是习近平生态文明理论与优秀中国传统生态文化相结合的产物。它的理论资源来自《周易·易传》“生生之学”与“一阴一阳之谓道”的基本理论。大家知道《周易》有《易经》《易传》。有了《易经》《易传》之后，《周易》成了一本真正的、高水平的、代表我们中华文化高水平的哲学论著。

《易传》里面有“生生之学”，即“生生之谓易也”“天地之大德曰生”“一阴一阳之谓道”的基本理论。再结合我们中国传统文化当中无比丰富的艺术形态，共同构成了中华美学的特殊风光。2017年以来，我们继续对其理论本身进行深入开掘，对其海外影响也作了一些探讨，最主要的是美国杜威的“艺术经验与自然”理论。这里面包含着“生生美学”精神。有关文章我已经在多处发表，在有关媒体和国内外学术会议上也作了介绍。这产生了一定影响。

在这里，我所要讲的主要是其提出的背景、过程及基本内涵。实际上是汇报我本人学习贯彻习近平文化思想的初步体会以及我们的初步成果。一共讲六个问题。

一、“生生美学”的提出

第一，“生生美学”是新时代产生的美学形态，特别是习近平总书记提出弘扬中华优秀传统文化，实行中华优秀传统文化的“两创”等文化思想后产生的美学形态。

大家都知道，习近平总书记关于弘扬中华优秀传统文化的讲话是中华文明伟大复兴的集结号，具有深远的意义，是对我们巨大的鼓舞。在此影响下产生的“生生美学”，则是我们山大文艺美学研究中心的学者在这一号召的影响下自主创新的成果，目前已经产生一定影响，被国内外重要媒体介绍，已经被列入国家社科项目。

第二，“生生美学”的提出是为了回应“欧洲中心论”对中华文化发展的桎梏。

众所周知，“欧洲中心论”在一段时间内影响着我们文化的发展。特别是以黑格尔为代表的欧洲学者坚持“欧洲中心论”，误读甚至贬抑中华文化。黑格尔在《历史哲学·中国篇》中提出中国“就是一个没有历史的帝国”，“理想的艺术在中国是不可能昌盛的”，“中国的艺术是艺术前的艺术”等观点。他的学生鲍桑葵在《美学》一书里面讲过一句话：“中国的艺术是没有上升到逻辑的高度。”这是对我国艺术的误读。德里达2001年在上海对王元化说“中国没有哲学，只有思想”等。由此导致中国文化学术特别是现代学术被边缘化的局面。目前国际主要辞书“美学”词条中，亚洲部分只有日本美学，没有中国美学，这是不正常的现象。

这就产生了“中国到底有没有自己的哲学？”“有没有自己的美学？”“中国美学是什么样的？”这样一系列问题。因为鲍桑葵说中国没有哲学，没有美学。那么，“到底中国有没有美学？”“中国美学是什么样的美学？”这样的问题，特别是“美学”和“生态”等概念又产生于西方，更加动摇了我们的自信。

我的一个同事写了《儒、释、道的生态智慧与艺术诉求》一书，准备列入国家文库。在讨论儒释道生态美学概念的时候，有学者质疑道：“中国有自己的美学吗？”“有生态美学吗？”我这个同事就不敢把发言继续下去，休息时给我打电话，我说没办法，那你只能改成“生态审美智慧”“美学智慧”。我们自己都没有信心了。即便讲“中国美学”，也是“以西释中”的美学。但 2012 年以来，特别是在习近平总书记 2016 年“七一”讲话提出有关文化自信、坚守中华文化立场指导思想的背景下，我们才有了研究与言说中国美学与中国生态美学的自信与勇气。

第三，我们试图在欧陆现象学生态美学与英美分析哲学环境美学之外，提出一种包含中国古代生态智慧、资源与话语的、具有中国气派与中国作风的生态美学体系。

现在的生态美学在国际上有两个话语：一个是以海德格尔为代表的欧陆现象学生态美学；另一个是以卡尔森为代表的英美环境美学。但就是没有中国自己的生态美学。

我本人从 2001 年开始参与生态美学的研究，深感在这一领域占据主导地位的是以海德格尔为代表的欧陆现象学生态美学，以卡尔森为代表的英美环境美学。我们试图创建中国自己的生态美学。因为无论是以人的阐释为主的生态美学，即欧洲现象学生态美学，还是以科学认知为主的环境美学，都难以概括中国传统以“天人合一”为文化模式的“中国生态美学精神”。

由此，经过长期探索，我们发现古代典籍当中直接论美之处反映不了中国文化精神。比如《周易》里面讲“乾始能以美利利天下”，“乾”就是天，由阳光普照大地，诞育万物，以美利利天下。《坤卦·文言》里面讲“君子黄中通理，正位居体，美在其中”。还有《说文解字》里面讲的“羊大为美”等，这样的表述都不能很好地反映中国的文化精神。

由此之故，从中国文化精神出发，我们提出了以中国古代最重要的哲学典籍《周易》为依据的“生生美学”。《易传》有言“生生之谓易也”，“天地之大德曰生”。所谓“生生”，乃“生”字重言，就是把“生”说两遍，前面是动词，后面是宾词，是动宾结构，就是“生命的创生”。

“生生美学”以“阴阳相生”为核心概念。所谓“一阴一阳之谓道”，具有无穷的生命力。可以说，中国的“生生美学”反映并体现着丰厚的中国文化传统和文化精神，与西方的生命美学的科学主义具有根本区别，具有中国的气派。

二、“生生美学”的酝酿过程

1921年，梁漱溟先生在《东西文化及其哲学》一书中将孔子的学术要旨概括为“生”，体现了对“生”和“生生”

的重视，“这一个‘生’字是最重要的概念，知道这个就知道所有孔家的话。”这是梁漱溟先生讲的。

另外一个哲学家，牟宗三先生是我们山东人。在《中国哲学的特质》一书，牟宗三指出：“中国哲学以‘生命’为中心。儒、道两家是中国所固有的。后来加上佛教，亦还是如此”。即是说儒释道全部以生命为中心。

方东美是新儒家的代表人物。他说《周易》是中国哲学的思想源头，其中生生之德通过“阴阳相会”爱之理转化为艺术想象的生生之美，将“生”字重言，具有生命创生之意,具有本体论的内涵。《周易》里讲美的地方很少。“乾”以美利利天下，“正位居体，美在其中”等等。方东美先生所说的“生生之德”实际上讲的也是美。“生生之德”如何转化为“生生之美”呢？他认为是通过阴阳相会之爱，阴阳相会是男女爱情，由爱转化为艺术想象的“生生之美”。

宗白华先生提出，中国画所表现的境界特征可以说根基于中华民族奠基的基本哲学，即《周易》的美学观：乾坤二气化生万物，万物皆秉天地之气以生，一切物体可以说是一种庄子所言的“气积”。就是讲生生化生万物，万物产生美。

刘纲纪先生在《周易美学》一书中对《周易》的美学思想进行了全面的概括，认为《周易》的美学思想“如果归结到一点，那就是‘刚健笃实辉光，日新其德’”。刘纲纪先生有句名言：“《周易》常常在没有美字的地方有美。”中国的哲学就常常在没有美字的地方恰恰讲了美。因为在中国的哲学里面美和德、道德和审美是难以区分的。

偏重于情感就是美，偏重于道德就是善。

2009年北京大学出版社出版了方东美的文集《生生之美》。这里不是讲“生生美学”，而是讲“生生之美”。我个人从2017年开始在昆山杜克大学“生态伦理学术研讨会”与此后的“鲁青论坛”上发表有关“生生美学”的演讲。最早是2017年参加了在昆山召开的由美国杜克大学的杜赞奇教授主持的“生态伦理学术研讨会。”这个会邀请了两位中国学者，我和鲁枢元老师。我在会上讲了“生生美学”。此外，在“鲁青论坛”上又作了“生生美学”的发言。

2018年，《光明日报》和我们学校在文学院组织了一场“生生美学”的演讲。演讲全文在《光明日报》发表。2021年人民出版社出版《曾繁仁文集》第十卷《生生美学》。2023年山东文艺出版社出版了《生生美学》的简化版。这是“生生美学”的酝酿发展过程。

三、“生生”之内涵

“生”是中国哲学的核心内涵。“生生”乃《周易》的第一要义，是中国优秀传统文化的基本因子。蒙培元先生认为，“中国哲学就是生的哲学，从孔子老子开始，直到宋明时期的哲学，以至明清时期的主要哲学家，都是在‘生’的观念中或者围绕‘生’的问题建立哲学体系并展开其哲学论说的”。“生”是我们的核心范畴。总之，“生生”在中国传统文化，特别是在儒家学术中具有本体性的价值意义。“生生”在我们的中国文化里是本体性的概念。

我把它概括为七方面的内涵：一是“生生乃易学第一

义”，这是朱熹讲的；二是“万物化生”，这是《周易》讲的，此乃生生之基本内涵；三是“元亨利贞”四德，这是《易传》讲的，扩大了“生生”的内涵，将之由生命诞育延伸到道德层次；四是“日新其德”，这是《易传》讲的，阐明了生生乃不断创新之精神，不断进入新的境界；五是“保合太和乃利贞”，这是《易传》讲的，是一种中和精神；六是“参赞化育万物”之仁爱精神，王阳明提出仁是造化生生不息之理；七是道家讲长生，佛家讲护生，墨家讲贵生，《黄帝内经》讲养生。由此来看，“生”与“生生”涵盖了中国文化的一切方面。

四、“生生美学”之产生

“生生美学”产生于中华文化比较研究，立足于中西文化立场，彰显了其中华文化特点。我们长期以来是以西释中，西方文化占据主导地位。但是在全球化语境的中西对话当中，我们发现中国文化要走向世界、走向复兴，必须要有自己的话语，然后有了“生生美学”。主要有以下几个方面的内涵。

1. 类型说与线性说

“生生美学”产生于中西文化比较，是基于不同生活方式的类型说，而不是基于生产力水平高下的线性说。类型说是“生生美学”产生的理论基础。所谓类型说就是中国文化和西方文化是两种不同的类型，没有高低之分；所谓线性说就是西方文化在前面，中华文化在后面，是线的发展，西方文化比中华文化先进。胡适之先生曾经有这样的观点。但是我们多数学者并不同意。“生生美学”主要是基于类型说。

2. 原生性与后生性

“生生美学”在中国文化里是原生性文化。“生生美学”的产生借助于文化人类学的族群原生性理论。中国文化在汉民族族群里面或中华民族的族群里面和它的生产、生活、经济紧密相关。这就是一种原生性文化。中国的传统文化产生于农业经济背景之下，是一种原生性的、以“生生”为核心的自然生态文化艺术形态。在这种传统文化中，“生生美学”具有族群原生性特点。而西方古代文化总体上是一种凭借航海与计算的科技文化。宗白华先生曾经有一个概括，他说中国传统文化是律历哲学，西方文化是几何哲学。中国是历律相和的哲学。宗白华先生讲得很好。

3. 气本论与实体论

“生生美学”的哲学根据是中国传统哲学的气本论，以气作为本源。阴阳二气不是实体，不是物质，也不是精神，“气”是一个过程，有别于西方传统哲学之实体论。阴阳二气交汇生物是气本论的核心。

4. 现代性与后现代性

“生生美学”来源于前现代。“生生”来源于《易传》。《易传》是两汉时期的成果，肯定属于前现代。经过诸多前辈学者的阐释与改造，注入新的时代内容并使之体系化。“生生”借用过来，成为当代的概念，成为中国新的生态文明时代后现代的哲学与美学话语，也在一定程度上被西方后现代生态文化所接受。例如，“天人合一”与中国生态美学在某种程度上被西方认可。对于中国的“天人合一”文化模式，西方学者大体是认可的。西方学者同时也认为中国学者的生态美学与西方生态美学相比，是有差别的。中西双方在国际会议上有过多次交流，我们专门召开中西学者参加的生态美学的交流会。大家对“生态美学”与“生生美学”给予了认可。

五、“生生美学”的文化特点

1.“天人合一”的文化传统

对于“天人合一”的概念学术界实际上有争论。因为不仅有“天人合一”，还有“天人相分”。我们在台湾开中国文化学术会议时，会上就有分歧。因为我作了“天人合一”的发言。但是有学者认为我们还有“天人相分”。我们不是讲“天人合一”这样一个哲学判断，而是讲这个文化模式。从这个文化模式来讲，中华文化肯定是“天人合一”。正如《史记》所言：“究天人之际，通古今之变，成一家之言。”中国文化“究天人之际”是所有学者的追求，不是讲一个概念，而是讲一种模式。

所谓“生生美学”的文化模式是“天人合一”，是讲“天人合一”是本源性的文化传统和文化立场。中国文化注重本源性的“天人相交”，所谓“天地交而万物生”也。《周易》和《黄帝内经》都有类似的概念，天地相交，万物化生。这个文化立场成了“生生美学”生成的主要文化背景，决定其明德敬天、以德配天的文化传统，体现了中国传统文化的天人相和的“中和论”精神。

中国传统文化和西方不一样。西方是"和谐"的文化，是指具体的物体的比例、对称、和谐，是几何哲学。中国文化是讲天人之际，是"中和"的文化，不是比例和谐，和西方有明显的区别。

2. 阴阳相生的东方生命美学

"阴阳相生"是哲学和艺术里一个非常重要的概念。"阴阳相生"和"一分为二"不是一回事的，阴阳相生相补。绘画里面的画与白，用墨里面的墨与白，都是阴阳相生。这里面阴阳构成了互补性的对立统一，形成一个新的艺术精神、美学精神或者哲学精神体现了阴阳相生的东方生命精神。"一阴一阳之谓道"是《易传》里非常核心的概念。这个概念适合于艺术、生活等很多事物，是个基本的哲学概念。

宇宙万物的根本规律也是艺术与审美的根本规律。阴阳对比，诞育生命，也诞育了无穷的艺术意蕴。我们中国的艺术就是阴阳相生，阴阳对比，然后产生一种象外之象、言外之意这样一种艺术精神。甚至你看不见、摸不着，你只能体会到。比如齐白石画的虾，难道讲的就是"虾"吗？讲的不止虾，肯定讲的是灵动，虾仿佛在水里面一样，属于象外之象在阴阳对比里面产生无穷的生命力。

3. 太极图示的文化模式

中国的哲学和艺术里面讲"太极而无极"。可以说中国的艺术是一种圆形的文化。你们看汉画像，老虎和牛相斗的时候，老虎的背和牛的背都是圆的；画中的荆轲刺秦王，秦王把剑拔出来的时候也是弧形的。中国艺术是圆形的艺术，是太极的艺术，是太极的模式。太极图示是东方形态的古典现象学，抽象了以后变成圆形。所谓“无极而太极，一动一静，互为其根”，无极就是太极。中国的艺术没有始和末，始就是末，末就是始。这是一种东方式的富有生命力的圆形美学。

古希腊雕塑是有棱角的，中国艺术则不然。中国古代最古老的艺术是音乐，讲“天人相和”，以“和”为内涵；中国的绘画，汉画是比较多的，最主要的是圆形。

4. 线性艺术的艺术特征

对中国艺术线性特征的看法也有分歧，因为古籍里面讲了笔墨，没讲线性。线性特征是宗白华先生总结的。也有学者对线性提出了挑战。因为线性就反对了非线性，但是我们对此总体上认可。我认为线性特征是中国艺术的基本特点和主要特点。宗白华认为中国艺术是一种线性生命艺术，因为生命是个时间过程，像线一样，有头有尾，是个生命的艺术、时间的艺术。这区别于西方古代的团块的空间艺术。西方的绘画是空间的、立体的艺术。中国艺术起源于音乐，中国最早的艺术是音乐；中国画起源于汉画像。音乐性与时间性成为中国传统艺术的基本特点。

5. 意在言外的意境审美模式

西方人对中国艺术有批评，说中国的哲学和艺术没有逻辑思维，没有上升到逻辑的高度。中国没有逻辑的模式，然而有意境的模式。绘画和诗歌里面都有意境。意境是言外之意、意外之情、意在言外、意在画外，是这样丰富的内涵。学术界包括西方理论界的有些人认为中国古代美学与艺术理论没有理性逻辑，因为中国没有经过工业革命，所以没有工具理性，也可能是个局限。但是我们认为"生生美学"没有西方传统的理性逻辑、工具理性，但具有言外之境、象外之象的意境式审美逻辑。"意境"也是一种逻辑，是言外之意、境外之境、象外之象这样的逻辑，是一种对于看不见的意蕴的追寻，是更高、更深的艺术逻辑。

比如一张画，它的内涵在画本身吗？特别是国画。在画外。一棵树肯定不仅仅画一棵树，而是画某种精神、某种追求。

六、"生生美学"的艺术呈现

"生生美学"最大的特点是其理论的呈现并不是特别多。中国美学论著《文心雕龙》讲"生生美学"讲得很少。"生生美学"最主要是在艺术和艺术理论中呈现出来。

宗白华等前辈理论家认为，中国美学区别于西方美学的地方是西方美学理论主要在美学论著当中，如亚里士多德的《诗学》，黑格尔的《美学》以及杜威的《美学》，康德的《判断力批判》。在这样一本本的书里面，中国的美学最主要在艺术和艺术理论当中，理论性的书如《文心雕龙》不是很多。因此对于"生生美学"的研究需要进一步深入到具体传统艺术及其理论当中，到艺术理论当中探索。

"生生美学"的艺术呈现是最重要的特点，也是我们研究与阐发"生生美学"的重点。我们的重点应该在艺术上，艺术里面发展了"生生美学"。

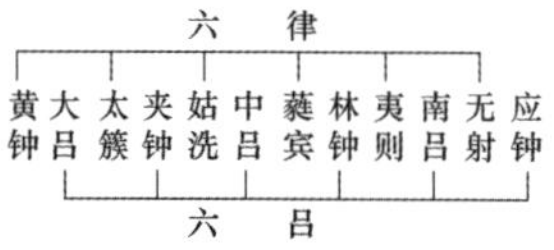

十二律

首先是古代音乐。荀子讲一句话，“乐以中和”。“乐”是什么呢？是中和，是一种“历律相和”。历是天上的历，律是音乐的律，两者相和，体现了“风雨时至，嘉生繁祉”的生生之美。历律相和来了风雨，有风雨才能繁荣发达。“嘉生”就是植物繁茂，人民幸福，这样生生之美。“律吕相协”生成雅乐。乐音分为六律和六吕，合称“十二律”。律是雅，吕是音。“律吕相协”就是阴阳相和，生成生生之美。

《诗经》。古代音乐里面包含了生生之美，这是毫无疑问的。《诗经》也包含了生生之美。《诗经》是“风以动之，教以化之”。《诗经》是风、雅、颂。高亨先生考证了风、雅、颂。雅是夏地之风，风是占主要的。所以《诗经》主要是风，“风以动之，教以化之”。风动虫生，七日而化，是一种生命现象。《诗经》体现一种“男女有所怨言相从而歌，劳者歌其事，饥者歌其食”；是一种生命之歌，反映了一定的社会矛盾，反映了生命的律动，《诗经》的美也是一种生生之美。

唐诗。盛唐气象，生命顿悟。“盛唐之诗”是唐诗中重要的部分，最能体现生命的顿悟。。唐诗最高境界是一种意境的呈现，生命的顿悟。因言而悟，悟什么呢？通过语言诗语来悟，张之于意，得之于心，意在言外。言与意、心与境的一张一弛，也是一种生命现象、生命之美。

宋词。“词之为体，要眇宜修”，这是王国维讲的。词是什么呢？“要眇宜修”，生命的微情之美。屈原有一首诗《湘君》，其中一句话讲湘夫人在湍急的河流当中等待她的爱人，但他迟迟不来，她“要眇宜修”。“要眇”就是美丽，“宜修”就是化妆，把自己画得非常美丽，来等待自己的情人，是情与言的调和，也是生命的微情之美。

书法。熊秉明先生说，书法是中国文化核心的核心。书法里面主要是笔势。笔产生的势，势是一种趋向，一种力量，筋血骨肉。笔势所产生的筋血骨肉，此为卫夫人所说。崔瑗《草书势》和卫夫人《笔阵图》区别了筋书与墨猪。有力量的书法是筋书，没有力量的书法像墨变成猪一样的肥胖，没有骨气。

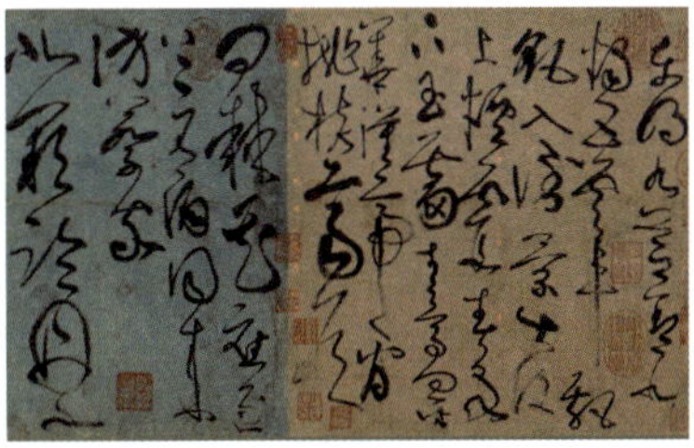

（唐）张旭《古诗四帖》（局部，辽宁省博物馆藏）

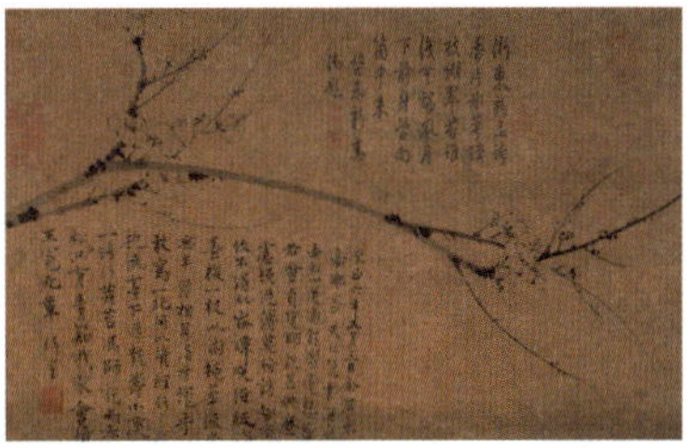

（元）王冕《墨梅花图卷》（局部，上海博物馆藏）

国画——笔墨所形成的气韵生动之美。宗白华先生把这样的美解释成有生命的节奏和有节奏的生命。

戏曲——中国大众的生命之歌。在中国除了京剧之外各个地方都有地方戏。中国的戏曲和西方不一样，西方是要穿着西服进到剧院在那里观戏，观者也不能参与其中。中国观众有当场叫好的传统，可以直接参与。看戏时有喝茶的，把热毛巾甩来甩去的，台上台下有时候戏剧里面的角色还过来问一下大家，和观众还有对话，这样的一些场面，是生命之歌。戏曲是虚拟式表演，走路的时候转一圈，转三四圈就走了几千里了。《水浒传》《三国演义》里弄了几个兵，舞台上跑了好几圈就好像战场跑了好几百里一样。这是一种特有的反观式审美。什么是反观式审美？就是观众参加的审美。中国戏曲是观众参加的审美。比如《秋江》是要观众参与的，否则这个审美无法完成。

园林。“巧于因借，精在体宜”的宜居之美。“因”是凭借某个风景，“借”借助某个风景。比如你将窗外的某一个画面借助过来。“精在体宜”，“体宜”就是适合人的欣赏，这样的宜居之美，也是生命的美学。

我今天就作这样一个发言，大家有什么问题我们再交流一下。大家可以批评。

[提问]：曾老师您好，其实，今天于我自己而言，最大的感受是这是一场艺术的盛宴。因为我感觉在“生生美学”中我感受到的不是一种科学精神那样的学习，而更多的是一种陶冶文心。我有一个疑问，我自己感受中国的哲学可能更多是一种涵养的体悟性，让你慢慢地在很长一段时间里涵养地体悟，比如我们从小要背诗、背词，你开始不能理解，但是最后你突然在人生中某一个瞬间理解了，我们现在经常讲文化治愈，涵养就有了一种精神治愈。但是我感觉在学习西方哲学的时候，一开始就要求很强的逻辑思维，你是一步一步在爬台阶。这是我自己的一个感觉，不知道有没有什么问题？感觉一种是在慢慢陶冶之后的顿悟，但另外一种是你要每一步都走得很踏实，可能在某一个瞬间就想不过来了，可能是一种修复性的。

[曾繁仁]：中国的哲学和美学不像西方那样有很多明

确的范畴、逻辑，成体系的，而是散在各种论著特别是艺术理论和艺术当中，需要通过体悟。你说中国没有体系也不对，但这个体系由人来概括，概括成什么样的体系，我们现在用“生生”作为一个核心的范畴，把它概括起来。我刚刚提的包括“体宜”“筋血骨肉”，这种东西也把和艺术紧密相关的概念放在“生生美学”里。怎么概括？我们恐怕还需要一个努力的过程。

我将要出一本专著，对各个门类的艺术，主要的艺术范畴要有一个概括。美学范畴，中国也有，例如汉代讲“丽”是基本的范畴，但是这个“丽”不一定出现在美学论述里。中国的美学和哲学特别是哲学我不敢妄言，美学需要我们概括，还是一个建设过程。因为我们的前辈也没有特别明朗的一本中国美学的论著出来。我们现在试图用“生生”做一个元范畴来概括，供大家参考。习近平总书记讲了，我们中国要有文化自信，坚守文化立场，文化要“走出去”。如何把我们的话语概括、总结出来，恐怕我们大家特别是需要你们年轻的朋友做更多的努力。所以要热爱我们的文化，因为这是我们的根，之后还要不断地总结、创造、创新。我做了一个尝试，当然也许是一个不成功的尝试，希望你们能够做得更好。

[提问]：曾老师您好，我有一个疑问，您之前提到西方艺术，我们知道在古典时期他们就比较注重真实还原对象的绘画，到后期会发现西方的很多绘画越来越难以理解了。我在想他们这种表现的形式，用我们中国的语言来说是否就是向意境上去？或者是“生生美学”对后现代的这

些艺术有没有什么比较好的指导或者反映呢？

[曾繁仁]：我们在做中国生态美学研究的时候，曾经和一位老先生做过探讨。我们现在做的当代研究用我们前现代的话语，好像更贴合后现代。中国的前现代的某些话语，像“生生”好像是给后现代的东西有贴近之处。这个就是习近平总书记讲的创造性转化、创新性发展，这样“双创”的过程才能变成现代的话语。

但是从某些内涵来讲，反而前现代的话语能够和后现代有吻合。比如我刚刚讲的“生生”肯定是前现代的话语，但是我们现在后现代仍然在用。西方没有讲“生生”，生命的创生。但是生命美学很早就有。不用说 19 世纪、18 世纪的美学，就是杜威的美学也包含了生命的内涵。但是杜威提生命美学的时候，已经是在中国待了两年回去以后的事情了。他受中国道家的影响特别多，这里面有个对话。所以前现代的东西好像和后现代有几分接近，需要我们改造，大概是这样的想法。

[提问]：曾老师好，我听了您的讲座之后感觉您是在用一生去追求什么是中国的美学，去寻找一种自己民族里的美学观念，这让我非常敬佩。但是有两个问题需要向您请教。第一个问题是我想知道如果让您在经过这么多年的研究之后去简单地阐释一下到底什么是美学，您会怎么样做出解答？之前我的老师和我说宗白华先生的《美学散步》是对人生有很大启示的书，我看完之后，再加上听您的讲座，是不是可以这样理解，美学是我们如何在自己的文化和语言体系里去定义什么叫美？这是第一个问题。

第二个问题，对于您对《易经》的阐述。您说西方人会质疑中国的美学缺少逻辑性，《易经》其实就是我们的逻辑。但是我还是不能够很好地认知，就好像我们的美学是依附在西方的语境下，我们尝试说服西方人我们有自己的美学。可是我们为什么一定要在他们的立场和文化观点下去阐释我们自己的文化呢？我感觉《易经》不能算是一种逻辑，逻辑不是应该有推理的过程吗？这样的解释会不会站在西方的文化立场上？我觉得我作为一个中国人，听到这样的解释会有点难过。

[曾繁仁]：第一个问题，关于什么是美学。什么是美学呢？你要讲概念，西方人说美就是判断力批判，康德讲的“无目的的合目的性的形式就是美”，黑格尔讲的“理念的感情显现就是美”，杜威讲的“经验就是美”，这是外国人讲的。我们现在通常来讲什么是审美呢？就是肯定性的情感体验。审美是种情感活动，知情意，“情”是情感活动。这个情感活动是种肯定性的体验，不是否定性的体验，否定性的体验就恶心了，就不是美了。有丑的东西进入美学范畴，也是肯定性的情感体验。所谓美，是种肯定性的情感经验和情感体验。

至于意境的概念，我们现在解释是用通常的话语，但是中国古代也有意境的概念。我们现在不能说我们说的现代的语言就都是西方语言，我们有一些现代的语言已经成了共同的语言了，不能说这个语言是西方的，那个语言是东方的，意境本来就是我们古代文学里有的概念。把这个概念再放在现在，我们来理解它，言外之意、境外之境，是这样一个概念。你说得很对，我们要尽量避开以西释中，但是并不是所有的西方话语我们都不能用。尽量避免以西释中，但是我们不是排斥西方的一切，西方好的东西和中国能够用得到的东西，和我们古典相通的东西我们同样应该用，而且理直气壮地去用。这是我的想法。

［提问］：曾老师您好，我是考古学专业的一名学生。很高兴在济南校区学习的最后一年有机会听您的讲座。我想提的一个问题就是国内 20 世纪 80 年代的美学热在学界产生了很大的影响，包括对考古学、美术考古的研究也是这样。美学作为一个学科是属于哲学的吗？是从概念出发最后还要“还原”历史事实，这一点与考古学包括美术考古的研究差别都比较大，因为它们最后不是还原到概念上，而是要还原到历史实境中去。所以有的学者认为美学与考古学、美术考古的研究在学科互动上是很难融合的。但是我们看到有一些美学的学者其实也用到了历史框架，比如说李泽厚先生的《美的历程》，至少有历程在，而不是单纯谈理论的方面。我想提的问题是您是如何看待美学这样一个偏理论性的学科，与考古学、美术考古或者美术史学科之间的关系呢？作为考古学的从业者，我马上也要进入美术考古的研究领域，我们这样一个学科又能够从美学当中汲取到什么营养呢？谢谢老师。

［曾繁仁］：美学既是理论学科也是历史学科，所有的理论学科都是历史学科。只有在历史的进程当中，理论才能展开。我们的“生生”其实可以一直追溯到最远古，包括甲骨文里面有“生”这个字，包括出土文物里面好多和

生命有关的东西。历史的进程，当然这个进程的描述在中国没有西方那么明显，但是每个大的时代“生生”的体现都是不同的。先秦到汉代、到唐代。唐代是个大时代。特别是宋代朱熹以后是大的转变，到明清又是大的转变，一直到近代。这是历史进程。当然这里面都贯穿了“生生”。但“生生”在不同的历史里面有不同的内涵。比如“生生”的概念在《礼记》里面就被解释成与日常饮食、服色、车驾等社会生活有关。晚明时有了新的色彩，所以是历史的进程。

中国美学史也可以用“生生”来写。但是中国美学史本身是历史过程，像李泽厚先生《美的历程》就试图写一部中国美学史。但他是以他的“美是理念的感性显现”作为标尺来写的，这是他自己的理解。如果我们来写就以“生生”作为中心概念来写。你们也可以用自己的某种观念来写，大家来探讨，把我们中国文化、中国话语“走出去”做得更好。

[提问]：曾老师好，我是文艺美学中心的博士生，在硕士期间我也上过中心的环境美学和生态美学的课程。我今天想请问您，如果说生态美学的发展更多受西方环境美学的影响，比如伯林特、卡尔森等人的研究，那么，您提出的“生生美学”，或者说您从 2017 年来进行的这种理论建构是不是说可以理解为在理清西方的环境美学弊端基础上来提出我们中国的美学话语呢？您的“生生美学”和生态美学之间是一种并列关系还是包含关系呢？谢谢曾老师。

[曾繁仁]：我们中国是从 1985 年开始生态美学研究。李欣复老师那个时候试图用中国的话语加以研究。但是这个努力在初步展开当中。

我本人是2001年参与的。我们参与的时候用的生态美学是生态存在论的美学，基本上借用的海德格尔存在论的观点。但是我们用的是生态存在论，试图与中国的生态观结合，完全不同于英美的环境美学。环境美学是科学认知主义，环境模式是用分析哲学讲模式。这个环境是一种模式。环境模式探索是否恰当，也就是美与不美，要由科学知识来判断。这个我们是不完全同意的。

我们今天提出“生生美学”就是认为当代的生态美学和中国话语建设的生态美学，是把“生生”作为现代美学的核心内涵来阐释。“生命的创生”就是中国的生态美学，这是我们的尝试。我还出了一本书，你们也可以批评，就是试图创立中国自己的生态美学。我们也在某些国际会议上作了发言，当时和韩国对话我们也作了发言。我们中国的生态美学话语已经被国际接受了，而且进入了国际辞书。但是“生生美学”于2017年才开始系统性的建构，目前与西方人有对话，但是对话还没有深入展开。我们想开一个“生生美学”的国际会议，请西方学者来一起对话。

[提问]：曾老师您好，我是来自山大南边的历下实验小学的一名语文老师。作为一线教师我在听完讲座之后第一个反应就是我该怎么把听到的东西带给我的学生。而且我们学校也在尝试进行审美教育。所以我的问题是您觉得审美教育可不可以融入基础教育小学阶段？如果可以的话能从哪些方面和内容入手？

[曾繁仁]：没有问题，因为美学就是讲肯定性的情感体验，是一种生活方式，也是一种艺术的生成方式。这种

艺术的生成方式你要从理论层面讲可能是一个学科，也许大家比较陌生，但它却融入我们的生活中，可以说无处不在。艺术的、审美的生成方式，可以改变我们审美的生成方式，最终更艺术的审美的生成，摆脱非美的生成方式。

如果说从学校的中学或者小学教育来讲，我觉得把中国传统艺术传达给我们的学生，这就是审美教育。美学集中体现在艺术中，特别是在中国的传统艺术里。

中华文明起源与发展的连续性及其文化基因

主讲人：方　辉

方辉，山东大学讲席教授，教育部长江学者特聘教授，国务院考古学科评议组成员。现任山东大学文化遗产研究院院长、博物馆名誉馆长等职。担任《考古学研究》（*Journal of Archaeological Research*）副主编、中国殷商文化学会副会长等职。承担包括国家社科基金重大项目在内的科研项目十余项。出版专著、译著十余部，在学术期刊发表论文百余篇。科研成果荣获包括全国高校人文社科优秀成果一等奖在内的国家级和省部级奖励多项。主持和参与的考古发掘项目多次荣获全国年度十大考古新发现。

最近两三年以来，习近平总书记多次对考古学学科发展和中华文明起源研究等做出重要讲话和批示。例如2020年9月28日中共中央政治局第二十三次学习，就是根据我国考古学最新发现所进行的集体学习，强调建设具有中国特色、中国风格、中国气派的考古学，以更好认识源远流长、博大精深的中华文明。又如2022年5月27日，中共中央就中华文明探源工程进行了第39次集体学习，总书记发表了重要讲话，对文明探源提出了要求。2023年6月2号，总书记在文化传承发展座谈会上发表重要讲话，系统阐释了中华文明的五个突出特征，即连续性、创新性、统一性、包容性与和平性，强调如果不从源远流长的历史连续性来认识中国，就不可能理解古代中国，也不可能理解现代中国，更不可能理解未来中国。在党的二十大报告中，习近平总书记提出马克思主义与中国优秀传统文化相结合，也就是“第二个结合”。“第二个结合”是我们当下文史研究，包括哲学社会科学的一个重大命题。上述重要讲话和报告的精神也都已融入习近平文化思想中。

习近平总书记的系列讲话多次强调中华文明研究的重要性。我们可以看到总书记到任何一个地方都要参观当地的博物馆和考古遗迹，这也引发了社会公众对博物馆参观的热情。刚刚过去的2023年暑期和“双节”，博物馆一票难求的情况大家可能记忆犹新。我们山大博物馆开馆以来，持续火爆，虽然采取了限制性预约参观方式，但在过去四个月里参观人数已经高达7万余人。可以说社会上下对于传统文化、对于中华文明，尤其是考古所揭示的中华文明的起源、发展和辉煌成就都予以了热情关注。博物馆将考古成果通过文物展览的形式呈现给公众，大家对这样的主题非常感兴趣，所以带动了“传统文化热”的现象。

一、中华文明发展的连续性是史学界共识

习近平总书记在总结中华文明突出特征的时候，提出的第一个突出特征就是连续性。中华文明的连续性发展是举世公认的。英国著名历史学家汤因比在他的名著《历史研究》当中多次提到这种特征。这部书是关于比较视野下的全球文明史研究。他比较了世界上 21 个文明体，进而认为中国非常独特，是世界历史上唯一一个有着五千多年文明史，且文明发展没有出现间断的国家。中华民族比世界上任何一个民族都更具有一贯性，这个“一贯性”就是“连续性”，强调文明发展的一以贯之。他指出，中国数亿人数千年来在政治上、文化上团结至今，他们展示出了这种政治、文化的统一技术，并拥有一次获得成功的极为珍贵的经验，这个成功的经验就是秦始皇统一六国，因为秦汉帝国的形成和一系列改革措施强化了这种统一，也就是大一统。从秦汉帝国开始，中国就作为一个有国际影响力的大国，屹立于世界的东方。他还提到，这种“统一化”倾向正是当今世界绝对必要的需求。他是在 20 世纪 70 年代说的这样一番话，后来欧盟的实践，实际上就是这样一种统一的尝试。可见西方、欧洲非常羡慕中国文明发展的这种连续性、统一性。他们试图把欧洲各国团结起来，成立了欧盟，梦想建成一个类似当年罗马那样的帝国，重现当

年罗马和秦汉两大帝国东西并治的局面。欧盟产生好多年了，是否有统一性，能否有连续性，这个大家可以评判。总之，在全球范围内，对于中国统一性和连续性是有共识的。

然而，我们所说的文明的连续性、统一性并不是说文明发展没有断裂，中华文明的发展有连续性特征，但是也发生过“断裂”，这主要表现在王朝的更替，也就是改朝换代。你可以发现，王朝政权虽有中断，但是每次断裂以后都会走向统一。典型的例子就是魏晋南北朝匈奴、鲜卑、羯、羌、氐“五胡乱华”，出现了政权分治的现象，并且多个政权并立，那当然是一种断裂。再就是蒙古入主中原，还有清王朝的入关，都曾经带来了改朝换代。汉族王朝内部也有改朝换代，而且经常发生。

那么，我们的中华文明体为什么在断裂以后有自我修复的功能？这其中的奥秘就在于文明发展的“文化基因”。习近平总书记曾指出，每个国家和民族的历史传统、文化积淀、基本国情不同，其发展道路必然有着自己的特色；中华文化积淀着中华民族最深沉的精神追求，是中华民族生生不息、发展状大的丰厚滋养；要使中华民族最基本的文化基因，与当代文化相适应、与现代社会相协调，以人们喜闻乐见、具有广泛参与性的方式推广开来。这实际上预示着传统文化和现代社会的一个协调问题。那么，为什么中华文明会连续发展？为什么其他民族没有呢？他认为这与中华文明的“文化基因”有关。

基因也就是DNA，DNA一般都是指生物界的，如动物、植物、人类都有基因传承，实际上文化也有基因。关于文化基因的探讨，目前在学界也是一个热点。著名华裔学者梁鹤年曾说过，文化基因有别于生理、生态、环境、偶然等因素，是支配人类思想和行为的因素。这是对文化基因比较中肯的表述。

有很多学者对中国的文化基因进行了探索、归纳，像夏兴有教授提出“民本”思想、“均富”思想、“和谐”思想（人和自然和谐）、“协和万邦”思想（处理对外关系），这些都是文化的因素。还有各种其他说法，都对我国的文化基因进行过探讨。

我认为，中华文明最核心的文化基因是以祖先崇拜为基础的文化认同，其外在表现形式就是礼乐文明。可以说礼乐文明是中华文明的一个特质。这是非常特殊的一种现象。我们说中国自古是礼乐之邦，尤其是在齐鲁大地，产生了孔子、孟子、孙子等先秦诸子，而孔子是礼乐文明的集大成者。

实际上在孔子之前我国的文明史还有2500多年。2023年是孔子诞辰2574年，在他之前还有2500多年，他之前和之后相加差不多正好是5000多年，所以我们说孔子是文明的集大成者，而非首创者。礼乐文明外在的表现形式或物化形式，就是考古发掘中经常看到的各种器物，主要有陶器、青铜器、漆器等，大多是古代先民的日用器具，但其中的精品或是威望产品，就具有礼器的性质了，它们是礼乐文明的载体，是文明的物化形式。

今天演讲的内容就围绕礼乐文明这个主题展开，我刚才讲了礼乐文明是中华文明的重要特质。人类由平等社会发展到复杂社会需要有一定的强制力对人民的行为加以约束、惩戒，由此产生了最早的社会准则、法规、制度，其核心就是王权。这在人类的文明起源史上都是差不多的，大同小异，由简单社会向平等社会、复杂社会过渡的过程中产生了王权。我们观察到的文明起源形成的道路都是差不多的，都是权力的出现，尤其是“王”的出现，产生了“王”，就进入了国家社会。

在我国古代，用于维系、支撑王权合法性的信仰体系和意识形态，就是我们所说的礼乐文明，它是非常独特的。为什么说独特呢？因为它是以祖先崇拜为基础的。众所周知，世界各地早期的人类社会都曾经经历过“万物有灵”的阶段。中国文化也是发端于神灵崇拜，崇拜太阳、崇拜月亮、崇拜土地，日月星辰，还有雷神、河伯等等，这都属于自然崇拜，但中国古人尤其重视祖先崇拜、祖宗信仰，这套体系出现于距今6000多年左右，到夏商王朝形成了独特的祖先祭祀体系。这种体系的物化形式就是各种饮食、服饰和各类器具，如我们看到大量的精美文物，这都是祭祀、礼乐的物化形式。精英阶层通过不断的乐舞活动，表达对天地山川圣灵的敬畏之心，通过反复再现歌颂祖先的丰功伟绩，达到凝聚族群向心力、强化文化认同的目的。这些礼乐形式随着文字体系的成熟而发展为典章制度，即礼制。中国古代文献中有“三礼”，也就是《周礼》《礼记》《仪礼》，是周代开始成体系化的文献，一直流传至今。还有像《诗经》这样的诗集。《诗经》中有风、雅、颂，风记载各地的风俗民情，雅和颂都是对祖先的赞美之词，尤其是颂，颂就是颂歌，是对祖先的一些敬仰膜拜之词。现在我们看到的诗篇都是一些歌词，实际上当时也应该有乐谱。《诗》《书》《礼》《乐》《易》《春秋》，号称“六经”，传下来的典籍只有五经，《乐经》后来失传了。近年在西汉时期的海昏侯墓葬中出土了类似的竹简，有可能会弥补这一缺憾。

关于祖先认同，华夏民族的祖先认同比较好理解，例如我们都是炎黄子孙，这是因为从战国时代开始就出现了不同的“五帝”版本，到汉代则有“三皇五帝”的记载，炎黄就是“三皇五帝”的代表。刚才提到了魏晋南北朝，北魏王朝是鲜卑族创立的。他们在入主中原之后，主动采取汉化政策，最明显的标志就是北魏孝文帝改革。他不只是采取汉化政策，而且还把自己鲜卑族的祖先追溯到黄帝之子昌意，他们是黄帝封在北土的子民。传说黄帝生二十五子，得姓者十四人，还有一些没有得姓的。昌意是黄帝与嫘祖所生的儿子，是颛顼的父亲。鲜卑族将自己的祖先追溯到黄帝，就是对黄帝的认同，也是对华夏族群的认同，说明他们通过世系的构建主动融入华夏民族大家庭。这是北魏鲜卑拓跋早期的事迹。我国多民族统一国家的形成就是“以夏变夷”、众多族群共同认同的过程。

不光北魏王朝，元代也是如此。元代入主中原以后，对炎帝庙、黄帝陵加以保护。后来我们知道元代对孔子的认同，就是对华夏礼乐制度的认同。我们知道，汉代独尊儒术，对孔子尊敬有加，而且实行祭祀。最近在南昌发现的海昏侯刘贺的墓里面，出土的一件穿衣镜背面就是孔子像和孔子语录，可见西汉早期对孔子已经很崇拜了。

后来历代都对孔子进行追封。如元代所给的封号就是“大成至圣文宣王”，之后的朝代对孔子的追封基本上都是延续这一做法。可以说，这些北方民族王朝对三皇五帝的认同、对孔子的祭祀实际上就是对华夏民族的认同。清王朝对炎黄和孔子也都有类似的做法。总之这种现象，反映的都是历史上对共同祖先的认同。

考古出土的各种器物，代表了古代的物质遗存。古代的遗存多种多样，如各种文献典籍，更多的则是大量实物资料。古代遗留下来的文献典籍汗牛充栋，需要像杜泽逊老师这样的学者整理研究，他们皓首穷经，一辈子都在做这项工作。而除了文字文献，我们还有大量考古出土的实物资料。有的实物资料有文字，比如说甲骨文、金文，但是大量的并没有文字，它们同样也是我们文化的载体、文明的表现形式，属于珍贵的文化遗产。这些器物，古人叫“器”，大部分都是日用器具，但同时古人认为“器以藏礼”，像《礼记》说的“夫礼之初，始诸饮食”，也就是说最早的礼就是从饮食开始的。“其燔黍捭豚，污尊而抔饮，蒉桴而图土鼓，犹若可以致其敬于鬼神。”很简单的饮食和饮食器具，只要心是诚恳的，都可以用来祭祀祖先神灵。给祖先享用简单烧烤的粮食和肉食，使用不那么洁净的陶器盛放饮料，手持制作简单的木梆作鼓槌，敲击着用陶土做成的土鼓，简单到不能再简单了，但都可以用于祭祀活动，致敬于祖先神灵。这就是最早的礼。所以《左传·成公二年》讲“器以藏礼，礼以行义”。我们看到的一件件器物，除了实用功能，本身也有礼、义的含义在里面，是礼义文化的代表。当然这些器物也是不断进化的，最早的是陶器，后来代之以青铜器，再后来是金银器、瓷器等。随着技术的创新，礼器不断有新的存在形式。

在中华文明起源与发展过程中，陶器和青铜器扮演着重要的角色。可以看一下商代甲骨文中的礼和乐。“礼”字在甲骨文当中是一个会意字，上边的符号是一件容器，里面盛放两块玉串饰，下边则是一面鼓。容器和玉器代表礼器，鼓当然是乐器。这是礼字的本义。现在我们还能从礼的繁体字（禮）看到造字本义，只不过是加了一个“礻”字旁。文字学家对于这个“礻”字符有不同的解读，一般认为指的是祖先的牌位。甲骨文当中“礻”为一横一竖，下面是祭牲滴下的血滴。“礻”由一横一竖演化成两点，所以有“礻”字旁的字大部分和祭祀、祝福、祈祷有关系。

“乐”字也是一个会意字，它由两个符号组成，下面是木，上面是丝，表现的是弦乐，也就是琴瑟一类乐器。因为木头和琴弦都是有机质，考古发掘中很难被发现。当然，在商代和商代以前我国乐器的种类有很多，比如石磬，因为是石头做的，就比较容易被发现。周代出现了成列的钟磬，叫编钟、编磬。磬的历史至少有4000多年，而鼓的历史则更长，起码有5000年。鼓有陶器做的，也有木头做的，但都离不开鼓皮。鼓的皮虽然也不容易保存，但高等级的鼓一般是用鳄鱼皮，商周时期叫“鼍鼓”，条件好的情况下可以保存下来。山东大学考古专业师生就曾经在泗水尹家城遗址龙山文化大型墓葬中发现过鼍鼓，实物就在学校博物馆中展出。当然鼍鼓被辨识出来的过程很不容易。1978 年最初发掘时只知道是一堆鳄鱼骨板，大家并不认识它实际上是鼍鼓的遗存。后来考古学家在山西陶寺龙山文化墓葬里发现类似的情况，因当地的土壤比较干燥，木鼓腐烂以后形成了孔洞，考古学家用石膏灌出了鼓的原型，人们才开始认识到鳄鱼骨板原来就是鼓皮。由此我们知道早在 4000 多年前龙山文化时代，古人已经使用这种鼍鼓。这些考古实物遗存与商代甲骨文造字本义十分吻合，我们可以根据这些实物来推算礼乐制度形成的时间。实际上我国礼乐制度的出现时间还可以往前追溯，考古发现基本证实了 5000 多年前大汶口文化的中晚期、仰韶文化的中晚期，礼乐制度已经开始萌芽，像南方的良渚文化、山东的大汶口文化已经出现了制度化的现象。所以我们说礼出东方，东方地区是礼乐文明最初形成的地方。这个东方广义上来讲就是黄河中下游和长江中下游地区，其中海岱地区和太湖地区最具代表性。

礼制形成之后，历代都有损益。礼器的种类、整合不断增减，到了周代形成了非常完备的一整套以青铜礼器和乐器为代表的礼乐制度。孔子曾经在《论语》中说：“夏代的礼仪制度,我能说一说,但它的后代杞国不足以作证明;商代的礼仪制度，我能说一说，但它的后代宋国不足以作证明。这是杞、宋两国的历史资料和知礼人才不足的缘故。如果有足够的历史资料和懂礼的人才，我就可以验证这两代的礼制了。”这说明文字、文献对于历史研究的重要性。文字是文明的重要因素。我国成体系的文字商代甲骨文距今只有3300多年，因此中华5000多年文明史在世界上长期以来得不到公认。但需要指出的是，一个社会是否进入国家时期、进入文明社会，文字因素固然重要，但并非唯一标准，如中美洲的印加帝国就没有文字，但它确确实实已经进入国家社会，其统治手段主要依靠结绳记事。总而言之，判断社会是否进入文明时代的标准是多元的，文字只是其中之一。我国考古学家普遍认为礼乐制度也是判断文明社会的重要标志。这就涉及什么是文明和国家的问题。

二、文明与国家

探讨文明起源、文明史与国家形成，在全球范围内没有统一的认识。对于文明的定义就不下百种，可见意见分歧之大，政治学家、社会学家都有各自的定义。文明civilization的词根来自城市civis，所以城是一个非常重要的因素，其引申义是人民和睦地生活于城市和社会集团中的能力。文明是一种状态，引申为一种先进的社会和文化发展状态，以及到达这一状态的过程，其涉及的领域非常广泛，包括社会组织、民族意识、技术水准、礼仪规范、宗教思想、风俗习惯以及科学知识的发展，等等。国家是文明社会的综合体现。

如果从我们的汉字来说，就更容易理解了。《说文解字》："國，邦也。从囗从或。古惑切。""或，邦也。从囗从戈，以守一。一，地也。"国之本义为持戈守城。

国家是社会发展到一定阶段的产物。国家产生的背景是表示这个社会陷入了不可解决的自我矛盾，分裂为不可调和的对立面而又无力摆脱这些对立面。为了使这些对立面、这些经济利益互相冲突的阶级，不至于在无谓的斗争中把自己和社会消灭，就需要一种凌驾于社会之上的力量，这种力量应当能够缓和冲突，把冲突保持在秩序的范围之内。这种从社会中产生但又自居于社会之上并且日益同社会脱离的力量，就是国家。国家是上层建筑，是一个统治机器，有法律法规。当然，维持国家的典章制度是很难被考古发现的，但是其中有一些因素是可以找到的。这也是为什么考古学家特别重视对于国家的辨识。

马克思、恩格斯对于国家产生的途径及其原因早有论述。恩格斯在 1884 年《家庭、私有制和国家的起源》当中对国家作了一个界定，他是根据摩尔根《古代社会》来论述的。《古代社会》产生于 19 世纪中叶，论述了国家是在氏族制度瓦解的基础上产生的，它与氏族组织既有历史的联系，又有原则的区别。区别主要表现在国家是按地域划分国民，而氏族则以血缘来划分社会组织；再就是国家拥有特殊的暴力机关——军队、警察、法庭、监狱等。国家按地域划分国民，在世界范围内是相当普遍的，但当遇到中国国情的时候就出现了一些不那么吻合的现象。

实际上，马克思早在 1859 年的《政治经济学批判序言》中就对前资本主义社会形态作了论述，当时他看到的关于东方的史料并不是那么多，但他已注意到东方和西方的不一样。他认为：“大体说来，亚细亚的、古典的、封建的和现代资产阶级的生产方式可以看作是社会经济形态演进的几个时代。”“所有制的第二种形式——它也像第一种形式一样，是原始部落更为动荡的历史生活、各种遭遇以及变动的产物。”“奴隶制和农奴制是以这种部落为基础的财产关系的继续发展。它们必然改变部落体的一切形式。在亚细亚形式下，它们能改变的最少。”“因为在这种财产形式下，单个人从来不能成为所有者，而只不过是占有者，实质上他本身就是作为公社统一体的体现者的那个人的财产，即奴隶，所以奴隶制在这里并不破坏劳动条件，也不改变本质的关系。”具体就是，国家以农村公社为基本社会组织；国家在社会生活中管理农村公社；国家指挥农村公社来进行大型工程的建设。亚细亚生产方式的重要特点是土地公有，不允许自由转让；公社社员以血缘为纽带而固着在土地上。典型的国家有印度、中国等。

这就是亚细亚生产方式，亦即东方的奴隶制形态。在这种财产形势下，单个人不能成为土地所有者，而只不过是占有者，因此亚细亚生产方式也就是东方的奴隶制和西方是不一样的。具体而言，在东方古代社会中，国家以农村公社为基本社会组织，国家在社会生活中管理农村公社；国家指挥农村公社来进行大型工程的建设，如修建水利。我国传说中的大禹治水就是一个典型的例子。马克思比恩格斯更准确地看到了东西方在奴隶制生产方面的文化差异。当前我们强调马克思主义和中华优秀传统文化相结合，在这一点上还是有待深入论述的。在西方，国家是按地缘来划分国民的，因为西方国家的产生主要是基于经济活动，由商业贸易引起财富的积累和社会等级差异，由此也产生了行会。这些人群是流动性的，行会对他们非常重要。西方的文字基本上是为商业贸易服务的，记载各种各样的经济活动，包括契约、账目等，这使得它们的印章文化很发达，因为个人印章是契约活动的产物。而中国的文字则鲜有对经济活动的记载，如甲骨文很少与经济有关，早期文献中也是如此，更多的是宗族、家族、占卜、祭祀活动等，强调的是血缘关系。

以前，研究文明起源都是人类学、文献学的任务，但是对成文之前那段历史的研究当然要靠考古学来完成。因为中国有系统的文字记载的历史，大家公认的是商代，距今约 3300 多年。研究商代之前的夏代、五帝时代，以前根据的都是传说文献。那么如何通过考古学来研究文明呢？这是考古学诞生近 200 年以来大家共同关注的话题，其中在文明研究领域影响最大的考古学家，当属澳大利亚裔的英国学者柴尔德。他是考古学文化这一理论的倡导者，一生致力于中亚西亚和欧洲文明起源研究，提出了“新石器革命”和“城市革命”的概念，后来又提出了文明的三要素，影响很大。

人类社会的重大变革是新石器革命，也就是农业革命，人们开始了定居生活，从狩猎、采集向农业过渡，这是经济基础。再一次重大变革是城市革命，这就涉及文明起源问题。第一个是食物的生产，由狩猎、采集变为耕种，包括驯化、栽培动植物。我们都知道中国对世界最大的贡献就是四大发明，实际上最大的贡献应是培育了稻米和小米，尤其是稻米，养活了世界上近 50% 的人口。当然我们也吸收了外来的小麦、大麦、高粱等，这都是外来的物种，距今4000多年前开始陆续传入我国。柴尔德提出“农业革命”概念以后，农业起源成为研究的重要任务，农业考古也成为研究的热点。大家从土壤里面用水洗的办法漂洗出碳化的植物种子，以此来研究粮食作物的栽培。动物考古也是从农业考古衍生发展出来的分支学科。柴尔德提出了考古学上判断文明社会的三要素——城、金属冶炼、文字。这些因素都易于被考古学家发现和辨识，是判断文明社会的最重要的指标，在考古实践中长期被采纳。总之，柴尔德被认为是20世纪前期最伟大的考古学家，对后来的考古学发展影响非常大。

在文明起源的讨论中，中国学者从20世纪80年代以来提出礼制是文明社会的第四要素，因为在中国文明中礼乐制度的地位非常重要。这一观点也得到世界其他国家学者的认同。其他的如科技、贸易等也都是学者们讨论的要素。文字的问题比较复杂，因为有的地区虽然没有文字的出现，但国家社会照样存在，如中美洲的印加帝国。在我国，早于商代甲骨文的早期文字也有少量发现，但在释读方面学界还有不同意见，或现在还不能完全释读。

三、考古实证5000多年文明及多元一体发展格局

为什么说中华文明有5000多年的历史？中华文明5000年是民国时期的历史学家所做的推测。大家都知道司马迁的《史记》，《五帝本纪》是第一篇，第二篇是《夏本纪》，第三、四分别篇是《殷本纪》和《周本纪》。我国有确切纪年始自公元前841年，由此根据每个朝代的积年往前推，

殷商王朝大约是600年，夏王朝存在了400年左右，得出夏王朝大约始建于公元前21世纪，五帝时代（也就是黄帝、颛顼、帝喾、尧、舜）大约有1000年的时间。这就是中华文明5000多年说法的来历。

这个说法虽然有些粗犷，但一个多世纪以来的考古发现和“古史重建”工作却大致证明了其可信性。尤其是1928年安阳殷墟的发现，考古学家从地下发掘出大量甲骨文、殷商王陵和宫殿、宗庙等大型建筑基址，证明了司马迁《殷本纪》记载的商王世系是可信的。早于商王朝的夏王朝在很多方面与商王朝一样，夏王继位顺序清晰可见，而且夏王也使用日名，也就是用“甲乙丙丁戊己庚辛壬癸”十个天干来命名王号，说明《夏本纪》也是可信的。实际上，古文字中的“夏”字就是一位跽坐的人，《说文解字》说夏是“中国之人也”，以与四夷之人相区别。跽坐是一种按照礼节约束而行事的坐姿，是礼制的体现。体质人类学家通过人骨病理研究发现，中原地区龙山时代的人群跽坐现象非常普遍，二里头文化的人群更是如此，而周边地区到了商周时期才逐渐学会这样的坐姿。这就是所谓的“以夏变夷”，反映的是夷夏不断融合的过程，也是中华文明从多元到一体的过程。

从司马迁到近代考古学家、历史学家，大都相信中国最早的国家产生于中原地区，比如著名考古学家夏鼐，在他写的《中国文明的起源》一书中采纳的就是中原中心论。严文明教授提出了“向心花瓣”结构，强调的也是另外一种形式的中原中心论。他说中国的文明像一个花心，外面就是花瓣，这是一种形象的表达。还有其他学者提出文明起源是多元的，如著名考古学家苏秉琦提出了“满天星斗”说，强调中华文明起源多元论。著名社会学家费孝通先生在此基础上提出了中华民族多元一体格局，我们现在说的中华文明多元一体格局，就是从这里衍生出来的。中华文明是多个地方起源，但是汇聚为一体。从古国、到王国、到帝国，这是一个逐渐发展的过程，所谓一体就是秦汉帝国的形成，夏商周是王国，再往前还有一个古国阶段，指距今5000多年前开始的史前时期，大约相当于五帝时代。

在讲考古发现之前我们先看一下五帝时代这一概念。司马迁的《五帝本纪》是如何构筑起“五帝”的呢？五帝指黄帝、颛顼、帝喾、尧、舜。这是司马迁在先秦很多文献材料的基础上提炼出来的概念。先秦时期实际上有不同的五帝系统，《左传》里面讲的五帝是黄帝、颛顼、帝喾、少昊、太昊。《左传》是鲁国的史书，东方人书写的五帝还有少昊、太昊，他们都是东夷人的祖先，但在司马迁的系列里面就被整合掉了。当然，司马迁的五帝中有帝喾，而帝喾与东方先祖有关联，也是崇拜太阳的族群。先秦时期不同的五帝系统，实际上是不同区域人们祖先认同的结果，不同的区域、不同的族群都有自己的五帝的认识，我校的江林昌教授对此有专门的文章加以探讨。总之，不同的五帝系统都是不同族群祖先认同的结果。

苏秉琦先生划分了5个主要文化区域，就是考古学家所揭示的中华文明起源的几个区域中心。后来四川盆地的发现，三星堆的前身，包括三星堆让我们领略到四川是重要的文明区域。我们今天讲海岱、太湖、中原地区。

习近平总书记在为中国考古学诞生一百周年的贺信中，对我国考古事业的重大贡献做了充分肯定。从专业角度来看，其中最重要的贡献就是基本理清了我国各主要区域考古学文化的发展序列或时空框架。考古发现和研究表明，每个区域都有考古学文化发展系统。下面这张表格上有许多不同的考古学文化名称及其所属的年代。考古学家一般是以第一次发现的小地名来命名考古学文化的，比如大汶口文化，就是根据最初发现于泰安宁阳县大汶口镇的大汶口遗址而命名的；龙山文化是以章丘区龙山镇城子崖遗址而命名的，其发现与命名者是齐鲁大学的吴金鼎先生。我校的考古专业拔尖班以吴金鼎的姓名来命名，就是对他的缅怀和纪念，而我们把在章丘新建的校区命名为龙山校区，也是出于同样的考虑。

年代（BP）	中原地区	海岱地区	长江中游	长江下游
8500—7000	裴李岗文化 ↓	后李文化 ↓	彭头山文化 ↓	河姆渡文化 ↓
7000—5000	仰韶文化 ↓	北辛文化 ↓	大溪文化 ↓	马家浜文化 ↓
6000—5000	庙底沟二期文化 ↓	大汶口文化 ↓	屈家岭文化 ↓	崧泽文化 ↓
5000—4000	王湾文化 陶寺文化 ↓	龙山文化 ↓	石家河文化 ↓	良渚文化 ↓

接下来我们分别讨论各区域主要考古发现及其所反映的文明起源路径。从 2016 年开始，我校的考古专业师生在章丘焦家遗址进行了 6 次发掘，揭示出史前大汶口文化的

城址面积在 40 万平方米左右。城址内发现有很复杂的房屋基址，以及高等级墓葬，还出土了一批精美的玉器、陶器。这是一座一椁两椁的墓葬，也是我国发现最早有三重棺椁的墓葬，对后代的棺椁制度形成了直接影响。该墓的墓主人非常富有，随葬了玉钺、玉刀和大量精美的陶器。其中有一件白陶，是用高岭土做成的，和后代瓷器的原料是一样的，只不过它的温度没有达到 1000 摄氏度以上，也没有上釉。如果再往前发展一步就到瓷器阶段了。墓葬随葬的器物远远超过墓主人生前自己日常使用的数量，显然具有标识等级的意义，有些器物就属于礼器。

M152，长 4.4 米，宽 2.65 米，面积 11.66 平方米，重樽一棺，随葬品 39 件

再来看太湖地区的良渚古城。这一地区也经过了长达万年的新石器时代文化的发展，先后有上山文化、河姆渡文化、马家浜文化、崧泽文化，发展到良渚文化开始进入文明时代，其年代是距今 5000 多年。良渚文化与北方的大汶口文化曾经有过接触，尤其是在今天的苏北一代。良渚人群北上，与海岱地区的大汶口文化人群发生冲突，江苏新沂花厅遗址便呈现出这一现象。花厅墓地中既有大汶口的因素，也有良渚的因素，而且有些墓葬的人骨有明显的创伤，或骨骼残缺。反映了进入国家阶段之后，战争成为常态。为了争夺地盘，争夺有限的资源，各国间发生战争，而且此后

战争的规模越来越大，开始了兼并。这与文献中记载的黄帝蚩尤大战有些类似，都是反映史前战争进一步扩大的趋势。

文献还记载大禹曾经召集万国进行盟会，“禹会诸侯于涂山，执玉帛者万国”。万国形容古国数量之多。这些古国逐渐兼并，到了商灭夏的时候，商汤时有3000个诸侯，武王灭商的时候有诸侯900多个，春秋时期仅山东境内有案可查的诸侯国就达到60多个，当时全国范围内最著名的当然是春秋五霸，到战国七雄争霸，再到秦始皇统一六国，完成了从古国、王国到帝国的发展过程。这一过程是很清楚的。良渚古国就是最早的一批古国。

最新的数据表明，良渚古城的面积达到600万平方米，这应该是当时亚洲最大的一座古城。城墙内有小城，里面发现有宫殿区。另外，令人惊异的是，古人为了防止北部山洪对古城的威胁，在古城的北面修筑了一个长坝，还在十几公里远的地方修建了高坝。过去认为这些堤坝是历史时期形成。考古学家对坝体进行了发掘解剖，经过测年，发现它们都是5000多年之前良渚人所筑。我们山大的考古师生参与了这项工作，这是我们引以为傲的。虽然当时是在疫情期间，良渚古城仍然成功申报了世界文化遗产。世界其他地区的考古学家一致认为，良渚古城的一项项考古发现，表明这样一个社会政体能够把如此众多的人力、物力和技术集中起来，实施如此规模宏大的建设工程，没有国家组织的话是无法想象的。

这是良渚人修筑城墙的照片，都是土木结构，看起来

良渚古城城墙建筑

好像不是那么先进，但这是我国自古以来自己发明的建筑方式，由木头做骨骼，用土壤堆筑，这种方法沿用了数千年。无论是黄河流域还是长江流域基本上都是以土木来构筑的城墙，包括后代的宫殿也都是土木建筑，其中蕴藏着我国古人的智慧。

良渚古城周边有许多土山，有些地名就叫反山、瑶山、江家山、莫角山等，过去认为它们是自然形成的，考古学家通过发掘证实，它们全都是人工堆筑起来的。在这些山上，良渚人或者修筑宫殿、宗庙，或者埋葬他们的上层统治者、贵族。像莫角山就是一个宫殿区，而反山、瑶山等则是贵族墓地。

良渚文化玉钺

良渚文化的玉器种类和数量众多，其中最为常见的有玉璧、玉琮和玉钺。战国时期的文献《周礼》对各类玉器的功能有详细记载，其中提到苍璧礼天、黄琮礼地，表明都是用来祭祀的。钺是良渚文化中非常有代表性的兵器，也是一种权杖。我国东南部至今留下很多含“越”的地名，如吴越，都与玉钺有关。甲骨文的“钺”就是装有斧柄的钺，这也是“王”字的来源所在。20世纪60年代著名考古学家林沄先生有一名篇叫《说王》，就是论证这个道理。

良渚文化玉三叉形器

良渚文化中祭祀体系是非常齐备的，上面讲的这些玉器就能反映这一点。除此之外，还有一些装饰品，如这件冠饰。还有很多不知名的玉器，不知道其功能，如三叉形器。令人惊疑的是玉器上面的纹样，其制作是如此精细，真是叹为观止。我们知道古人制作玉器有很多工序，如切、磋、琢、磨。还有碾玉，就是用砣碾压出纹样。学者们推测，良渚时期的制玉工艺与明代《天工开物》所记载的情况应该差不多，可能用脚蹬的木制机械工具带动砣具，加上水和解玉砂，碾压出这些细如发丝的纹饰图案。

还有一件良渚文化的玉器，它的上面有神人兽面纹，像一个戴着羽冠和面具的神人形象，他驾驭着一只动物，正在与天地沟通，实际上是巫师做法的形象。神人的脚是鸟的爪子，可能与东夷人对于鸟的崇拜相关。巫师做法的时候一般要达到一种致幻状态，图像所反映的应该是良渚巫师借助酒或药的力量，身着神奇的衣冠与天地沟通的情况。这样的巫师既是宗教首领，也是政治上的领袖。这种情况在古代文献里面有记载。

那么，良渚文化有没有文字呢？回答是肯定的。考古学家在一件陶罐上发现了良渚文化的文字，4 个刻文，作一行排列，李学勤先生释读为“巫钺五偶”，写法与商代甲骨文一脉相承。尽管大家对这个释读可能有不同的理解，但是毫无疑问肯定是文字。良渚文字的发现给我们一个信心，就是距今 5000 年前后中国已经进入了有文字的时代，只不过当时的文字大都书写在竹简、木牍上，而这种有机物非常难以发现，刻写在陶器上应该是偶尔为之的事儿。如果将来在良渚某个古井里发现竹简、木牍，也是完全有可能的。

时代稍晚的山大丁公陶文属于龙山时代，距今约4200年。自1991年被发现以来学界做了很多研究，因为书写方式与已知的其他早期文字不一致，以至于难以达成共识。包括我们在内的许多学者对它做了解读，如李学勤先生、冯时先生等。无论如何，距今4500—4000年的龙山时代肯定已经出现了文字。良渚陶文的发现，进一步增强了我们早在龙山时代已有文字的信心。另外一个出土文字的遗址就是山西襄汾陶寺，这里是传说中帝尧陶唐氏的故址。考古学家在陶寺遗址发现了一座300多万平方米的古城，而且在城内发现了我国最早的天文台。这与《尚书·尧典》帝尧陶唐氏“观象授时”的记载正好相吻合。

山大丁公陶文

陶寺文化大墓真正具备了王墓的性质。其中的随葬品非常丰富，出土的陶器、玉器、漆木器数量之多、制作之精，令人惊奇。这是一件龙盘，先民在一件陶盘的底部，用红、黑、

陶寺文化龙盘

白三色相间绘制了一条口衔瑞草、头戴且角的盘龙。我们说中国人是龙的传人，这件4000多年前的龙盘就是一件很好的物证。当然，这还不是最早的龙的形象，最早的龙出现于距今5000多年的仰韶文化、红山文化，到了龙山时代，龙的形象已经开始定型了，其代表就是陶寺文化这类龙盘上的龙。这就是帝尧时代对于龙的理解和创造。

陶寺文化朱砂陶文

陶寺遗址出土了一件陶扁壶，重要的是器表有两个用朱砂写成的陶文，虽然陶壶残缺，但仍然给后人留下了清晰可见的两个文字。其中一个字毫无疑问可读为“文”，其写法与商代甲骨文完全一样。另一个字可惜不完整，因此引发了不同的解读：有人说是“尧”，文尧当然与帝尧有关；有人说是“邑”，则与夏禹相关（夏禹名文命）。不同的解读关涉到对于陶寺遗址本身的属性的理解。但无论如何释读，学者们均肯定这是甲骨文之前的文字。可见，距今5000—4000年前，在浙江、山东、山西都有早期文字的出现，因此，在夏代和五帝时代我国进入了文字时代，这是可以断言的。

我们移步到远在河套地区的陕北，看一下另一个石破天惊的考古发现，这就是石峁。很长时期以来，榆林石峁的石城便吸引着海内外的历史学家、考古学家前来考察，但几乎所有的研究者都认为这些石垒的防御工事与宋代杨家将抗击外寇有关。20世纪80年代，有学者根据这里出土的大量史前时代玉器，指出它可能是一座龙山时代的城址。直到近几年，考古工作者重返石峁，经过数年的考古勘探、发掘，确认这是一座距今 4300—3800 年的龙山时代城址，以它为代表的同时期文化被命名为石峁文化。可以看到，它是在山顶上用石头修建的一座石城，有结构复杂、防御色彩很浓的城门，还有宫殿或神庙建筑，而且建筑的墙壁曾经有色彩艳丽的彩绘图案。石城内部是夯土，外面包以石头，横贯城墙的有若干粗大的杻木，这是城墙的骨骼。

石峁遗址城墙及石雕

另一个令人惊奇之处，是在建筑石城的石头上发现有精美的大型石雕，让人自然联想到中美洲奥尔梅克文化和玛雅文化的同类石雕。此前著名考古学家已经指出中国的殷商文明与奥尔梅克和玛雅文明之间的联系，认为它们均属于典型的萨满式文明，人们通过动物作为沟通天神的媒介，保持与天神的联系，大量的玉石器、青铜器上的兽面纹就是证据，被称为环太平洋史前文化因子。石峁雕刻的发现进一步增强了东北亚与美洲之间人群和文化联系的可能性。他还指出，华夏文明和中美洲文明代表了正常的文明形态，都是对于家族、宗族、神灵崇拜的重视基础上而产生的文明，和西方文明强调贸易因素是不一样的。

石峁文化有着与龙山文化一样的玉器组合，器型有玉璧、玉琮、玉钺、牙璋等。《周礼·春官·大宗伯》记载：“以玉作六器，以礼天、地、四方。以苍璧礼天，以黄琮礼地，以青圭礼东方，以赤璋礼南方，以白琥礼西方，以玄璜礼北方。”“器以藏礼”，这说明南到大江南北，北至长城内外，史前先民的信仰是一致的。

司母戊大方鼎

进入青铜时代，之前陶礼器的地位就让位给青铜器了。著名的商代司母戊大方鼎，最能代表青铜礼乐器的铸造成就。实际上，成熟的青铜礼乐器组合在夏代就出现了。考古学界虽然对夏文化还没有取得完全一致的意见，但大家都认为中原地区的二里头文化与夏王朝存在密切的关系，二里头遗址应该就是夏代的都城。自 20 世纪 60 年代以来，考古学家持续在此开展考古发掘工作，发现了宫城、青铜器冶铸作坊、祭祀区和墓葬区等功能完善的布局，尤其是大型宫殿、宗庙建筑和青铜礼乐器，反映了夏代“铸鼎象物”相关记载的真实性。夏代的礼器组合几乎为商、周两代完全继承下来，奠定了我国古代礼乐文明的基础。

最后以长清仙人台邿国墓地为例，讲一下礼制完备时期周代的情况。1994 年冬，我和山东大学考古系崔大庸老师在济南市文物局刘善沂陪同下前往长清仙人台遗址考察，确定了来年春季以此作为考古实习地点。1995 年春季任相宏老师率队如期开展实习，没想到发现了邿国的王室墓地。因为历代破坏的原因，墓地中只剩下 6 座墓葬，但因为其中的 5 座保存完整，发掘还是取得巨大收获。《春秋经传》里面提到这个小国时只有一句话，公元前 590 年夏，邿乱，

仙人台墓地出土青铜礼乐器

鲁灭邿，分其为三，以至于后代的历史学家不知道邿国在什么地方，没有想到这次发掘竟然解决了这一千古之谜。邿国虽然是一个小国，但是邿国国君6号墓出土的成套器物，却是难得一见的完整的礼乐器具。青铜礼器基本组合为鼎、簋、壶、盘、匜等，乐器组合则是2套编钟、1套编磬，代表了春秋早期完整的礼乐器具组合。站在这套礼乐器具之前，你可以想象得到当年王室贵族“钟鸣鼎食”的豪华场景，也能体会到国君葬礼上掩埋棺椁和随葬器具的肃穆庄严。

我国的礼乐文明有着长达数千年的发展史，代表着祖先认同与文化认同，是5000多年中华文明连续发展的文化基因，已经深深融入每一位中华儿女的血液中。但有了礼乐文明，我们是否就可以高枕无忧了？当然不是。我国历史上的王朝更替、兴衰荣辱，都昭示着在坚守优秀传统文化、秉承同族同宗同心同德的前提下，坚持与时俱进、加强治国理政的重要性，否则把以礼乐文明为代表的中华优秀传统文化固定化、模式化，只是一味墨守成规的话，也会带来负面影响甚至灾难。

最后以一则故事结束今天的讲座。

> 鲁公伯禽之初受封之鲁，三年而后报政周公。周公曰：“何迟也？”伯禽曰：“变其俗，

革其礼，丧三年然后除之，故迟。”太公亦封于齐，五月而报政周公。周公曰：“何疾也？”曰：“吾简其君臣礼，从其俗为也。”及后闻伯禽报政迟，乃叹曰：“呜呼，鲁后世其北面事齐矣！夫政不简不易，民不有近；平易近民，民必归之。”

这则故事出自司马迁《史记·鲁周公世家》，记载的是鲁国国君伯禽采用“变其俗，革其礼”的治国之策，自上而下彻底贯彻周礼，并以“守丧三年”这一制度来加以检验；而齐国太公吕尚治理齐国，却采取“从其俗，简其礼”的治国方略，平易近民，因地制宜。其结果是，齐国发展成战国七雄之一，成为抗衡强秦最为有力的诸侯国；而鲁国则逐渐式微，最终为楚国所灭。它告诉我们，礼乐制度也需要不断创新，以适应国情和时代发展的需要，只有这样国家、民族才能永葆青春。文明的连续性发展是以创新性为基础的，没有创新性，连续性发展是不可能做到的。

从中华优秀传统文化中汲取智慧

主讲人：杨朝明

杨朝明，1962年出生，山东梁山人。山东大学儒学高等研究院特聘教授、博士生导师。第十四届全国人大代表，国际儒学联合会副会长、中华孔子学会副会长、中国哲学史学会常务理事、《走进孔子》主编。历任曲阜师范大学《齐鲁学刊》编辑、孔子文化学院院长和历史文化学院院长、尼山世界儒学中心副主任、孔子研究院院长。主要从事古代文明和孔子儒学研究，出版《鲁文化史》《周公事迹研究》《儒家文献与早期学术研究》《论语诠解》《孔子家语通解》《〈孔子家语〉综合研究》《孔子之道与中国信仰》《从文化自知到文化自信》《儒学精神与中国梦》《孔子的叮咛》《孔子文化与当代中国》《让儒学温暖世界》《国学通识课》《至圣孔子》等著作。

一、中国首先是一个文明的存在

十年前，习近平总书记来到山东，来到当时我所供职的孔子研究院进行考察，并亲自主持专家学者座谈会，我本人非常荣幸能够全程陪同总书记考察孔子研究院。总书记在讲话的时候，特别提到四个“讲清楚”，其中一条便是：“讲清楚中华文化积淀着中华民族最深沉的精神追求，是中华民族生生不息、发展壮大的丰厚滋养。”总书记为什么要提出四个“讲清楚”呢？这就是为了说明，我们今天的中国特色社会主义建设毫无疑问是深深扎根于中国文化这一土壤之中。显然，总书记到社科单位、到孔子研究院，就是为了对文化界以及社科界的所有社会科学研究者提出一个重要任务，即“讲清楚”中华优秀传统文化。

我认为，如果说十年前的重点是需要“讲清楚”的话，那么，党的二十大报告之后的重点便是要“做扎实”。“讲清楚”的任务其实已经非常明白了，就是我们前几年所谈到的“文化自信”。为什么谈文化自信呢？毫无疑问，是因为我们不自信，而不自信的原因就在于我们对于民族文化的不自知。所以，只有了解自己的民族文化，我们才有可能对自己的民族文化有一种信仰、有一种了解、有一种坚定的义务、有温情和敬意。试问，如果没有这样的一种信仰、了解、义务以及敬意，我们的自信会来自哪里呢？

那么，我们再来想另一个问题：世界上有哪一个民族像我们中华民族一样值得自信呢？英国作家恩斯特·贡布里希在其《写给大家的简明世界史》一书中指出，因为有了孔子的学说，伟大的中华民族比世界上别的民族更加和睦、更加和谐地共同生活了几千年。其实，中华民族几千年来的和谐与和睦，毫无疑问与我们的民族文化、价值观念以及道德准则之间存在紧密的内在关联。但是，近代以来，由于中华民族遭到了太多的屈辱，且绝大部分中国人在反思落后原因的时候往往迁怒于自己的民族文化，因此我们对自己的民族文化曾出现过太多的误解以及太过的曲解。甚至到现在为止，有些同胞一提到中国传统文化居然都表现出非常反感的态度。

各位，中华优秀传统文化该不该“讲清楚”呢？这是必然的！“讲清楚”的任务真的非常重要！所以，党的十八大以来，做好“讲清楚”这个任务其实就是帮助我们树立民族文化自信。而到党的二十大之后，我们不仅要继续“讲清楚”，同时也要“做扎实”。我认为，这才是建设文化强国所切实需要的。

那么，文化强国的标志是什么？我个人认为，最根本的一定是民族心性的强大。当我们在面对一些重大的问题时，还没有等到别人来挑战，我们自己内部却先撕裂了，这非常可怕！所以，我们要树立中华民族自己共同的价值信仰。一个有希望的民族，必须有自己的文化立足点。当然，一个自信的民族一定是开放的民族。而民族的开放和我们自身已然具备的民族文化，两者之间的关系是不言而喻的。所以说，前面我所讲的“做扎实”其实就是建设文化强国。文化自强，基于文化自觉，而自觉基于自信，自信基于自知。所以我出版了一部书，把它的书名定为“从文化自知到文化自信”，这实际上表达了我自己的一种理念。因此，四个“讲清楚”的任务，我们还要继续进行。在继续“讲清楚”的基础上，我们还要“做扎实”，即走进自己的民族文化，了解自己的民族文化特性。这一点非常关键。

我们现在的任务，就是要继承并发扬中华优秀传统文化。所以，我们要解放思想，要守正创新。守正，守什么正？中国文化几千年来的内在精神在哪里？为什么中华民族能够比其他国家更和睦、更和平地走到今天呢？所以说，我们往回看恰恰是为了往前看，即在历史的过往中寻找解决现实问题的方案。2023 年 6 月 2 日，习近平总书记在中国历史研究院出席了文化传承发展座谈会。在座谈会上，总书记特别提出“第二个结合”是又一次的思想解放。大家都知道，党的十八大提出我们“既不走封闭僵化的老路，也不走改旗易帜的邪路”。那么，走什么样的路呢？走“两个结合”的路。其实，在刚刚听到总书记说到“两个结合”的时候，我自己把它简单化地理解为：第一个结合，是马克思主义与中国具体实际相结合；第二个结合，是马克思主义与中华优秀的传统文化相结合。那么，“第二个结合”可能是“第一个结合”的深化或者拓展。现在看来，我理解得还是太简单了。如果说，“第一个结合”的主要内涵在“用”的意义上，那么“第二个结合”的内涵实际上重点在“体”的意义上，二者是一种集中关系。总书记所讲的“第二个结合”，实际上是需要我们在历史的过往中打开思路，解放思想，展开我们对自己民族文化认知的想象，在我们的历史文化中寻找我们走过的路。因此，我们要了解自己的民族文化，了解自己民族文化的未来之路，必须回头看几千年来中华文明发展过程中带给我们的启迪。

中国近些年的经济发展，不仅让不少国人找回了应有的自信，也让世界上有识之士对中国文化关注备至。比如前不久，100 岁的美国前国务卿基辛格博士竟然来到了中国，他显然是为了美国的利益而来。但与美国其他当权者不同的是，基辛格对中国是有一定了解的。故无论是在演讲中或是在自己的著作中，基辛格都曾经谈到他对于中国的看法。比如，有一次谈到近代以来的中国时，他认为："近两百年的中国或许只是历史上一个短暂的意外，这并不是常情。如果今后中国要回到属于她的位置并不意外。"这是什么意思呢？中国从炎帝黄帝以来，历经尧舜禹时期，以及夏、商、周和秦、汉、唐、宋、元、明、清等多个朝代，历史连绵不断。故在他看来，"西方国家的建立，往往总有一个开端，但中国似乎没有这个概念。在漫长的历史进程中，中国随时都是一个起点，每当建立起大一统盛世的时候，总是不认为这是创造而是复兴、是回到巅峰，似乎那个巅峰的中国早在黄帝之前就存在"。我曾经开玩笑说，这个"似乎"不是似乎，而是一种奇观。试问，历史上有哪一个国家能像中国一样，历经数千年而其文明连绵不断呢？

有这种看法的不只是基辛格博士，还有英国剑桥大学著名汉学家马丁·雅克教授。马丁·雅克教授曾多次来到中国。在"了解中国崛起"的讲演中，他曾经提到这样一种现象，即"纵观世界史我们会发现，西方曾经也产生了很多的大帝国、强国，他们纵横世界，深刻影响了世界历史。如西方的罗马帝国、亚历山大帝国、拜占庭帝国、阿拉伯帝国还有奥斯曼帝国、大英帝国等，个个都强悍无比。但是，这些强大帝国在衰弱后基本上都灰飞烟灭，后世很难再有崛起的可能……与之形成鲜明对比的是，古代东方几千年出现的几乎所有强大帝国都来自中国。也就是说，古代中国衰弱后会不断重新崛起和复兴，包括现在也是如此。近代100多年衰弱，到现在又在重新复兴，这在世界范围内可谓是独一无二”。那么，为什么会产生这样一种现象呢？为什么西方帝国总是在昙花一现之后就灰飞烟灭，而中国却能得以永远传承呢？马丁·雅克教授解释道，中国其实是一个文明，但是她却“伪装”成了一个国家的存在。也许只有这样，才可以理解为什么西方帝国在衰败以后再无崛起的可能，而中国总是能不断复兴，这是因为中国本身就是一种文明！

因此，我们理解中国，一定要从文明的意义上来理解她。我曾经去过欧洲两次。当时，由于比较疲惫，我就在汽车上睡着了。当我醒来的时候，别人就告诉我某某国家已经过去了，某某国家又过去了，给人的感觉就像春秋战国时期的诸侯国一样，四分五裂的。而今年，我有两次从济南坐飞机去乌鲁木齐，在飞机上睡了两觉起来，发现还没有到达乌鲁木齐。这说明什么呢？说明中国幅员辽阔，是一个多民族的国家。那么，我们这么大的国家，为什么能够比世界上别的民族更和睦、更和谐地共同生活几千年呢？举个例子来说，我们山东人到了上海，虽然我们听不懂当地的方言，但是我们使用着共同的文字，我们有着共同的价值遵循。因此，中国各民族几千年来的和谐相处最深层次的原因就在于文明。

今年，在全国两会代表通道上，我举了一个例子：如果把中华文化比喻成一棵生生不息的大树，那么这棵大树的主干就是儒家文化。当然，这棵大树在中国历史发展的不同时期也吸收了不同的文明营养，如墨家、道家、法家、阴阳家，包括佛教与道教等，它们都是中国文化的组成部分，但主干是儒家文化。这棵大树在不同的时期结出了不同的文明花果，如唐诗、宋词、元曲、明清小说，以及不同时期的书法、绘画、雕刻、建筑、中医，等等。这些花果，实际上是连着根脉的花果。真正有生命力的花果，是承载着中华文化精神的花果。我们常说“文以载道”，文章如花果，有生命力，不仅仅在于文艺性的美，一定在于它的思想，所以叫“文以载道”。我们常开玩笑说，会喝茶的人有道，那叫“茶道”，不会喝茶的人叫“倒茶”，文化的花果实际上是连着根脉的。我们现在要思考一个问题，为什么这棵大树的树干这么粗壮？其实是因为它的根扎得很深、很牢。儒家以孔子为代表，孔子是儒家学派的创始人，这棵大树的树干最底部是孔子，包括孔子以前的文化，都很重要。这棵大树的树干之所以又粗又壮，是因为它的根扎得很深很牢，这点非常重要。

我们常说中华文明五千多年，那么孔子距今多少年了呢？2022 年是孔子逝世 2500 年，诞辰 2574 年，也是新中国成立 74 年。从这里来看，孔子比新中国大了整整 2500 岁，而且孔子的生日 9 月 28 日，两天之后就是国庆节，生日也差不多。那么孔子距离我们有两千多年的时间，他能不能代表中国？能！为什么呢？因为孔子的思想不是凭空产生的，而是在他以前数千年文化的基础上形成的。正是因为孔子的好学，所以成就了孔子的博学。

今天，正逢中国哲学史年会在山大召开，我们各位学者都谈到了一个问题，即习惯用德国哲学家雅斯贝尔斯“轴心时代”的理论来对世界文明进行阐释。什么是“轴心时代”呢？就是从公元前 9 世纪到公元前 3 世纪，在中国相当于孔孟老庄时期，东、西方同时出现了很多了不起的哲人，他把这个时期称为“轴心时代”。我的观点是，“轴心时代”未必适合中国，因为雅斯贝尔斯不了解中国。如果说，世界文明在中国有一个突破期的话，那么中国的文明突破期至少是在西周初年，即在周公时代。在西周时期，“敬天保民”的思想已经形成了，如“天视自我民视，天听自我民听，天意自我民意”，就是老百姓想怎么样，上天都得听他们的。谁是天？老百姓是天。在那个年代，中国人已经走出了对天命、鬼神的迷茫，人文理念非常深厚。到了孔孟时期，社会有一个总的气氛，就是对于知识分子非常尊重。比如在稷下学宫，很多的士人在里面百家争鸣，齐国的国君虽然没有重用他们，但是却以“高门大屋尊宠之”。反观西方，大家可以想想苏格拉底是怎么死的？因为他亵渎了神。而那个年代的中国，早就从这种迷茫中走出来了，中华文明已经有了漫长的发展历程，并且有了较高的发展水准。我们只有理解这一点，才能理解中华民族的特性。

柳诒徵著《中国文化史》

因此，雅斯贝尔斯的理论虽然常常被大家所用，但是实际上大家可能没有认真地去思考。如果深深地思考的话，我们就可以看到雅斯贝尔斯的观点并没有关注中华文明在诸子以前的漫长发展，没有注意到中国许多思想家为什么那样尊崇古代先王。比如，孔子经常提及古代先王如何如何，那是因为古代先王了不起，是因为他们的文化创造让孔子折服。如果我们回到孔子的时候，就会发现那些孔子的研究者们已经说透了这个问题。比如，100 多年前的柳诒徵先生，他在中国文化史的开山之作《中国文化史》一书中说："孔子者，中国文化之中心也；无孔子则无中国文化。"由此，我们可以想到一些问题。为什么有人说"天不生仲尼，万古长如夜"？为什么有人说"半部《论语》治天下"？我认为，能说出这些话的人才是真正了解孔子的人。

什么是文化呢？人类创造的都是文化，不论是哪个层面的。文化可以分为表层的物质文化、中层的制度文化、深层的哲学文化。而孔子的深层的哲学文化，它一定决定着表层的物质文化和中层的制度文化。在这个意义上，孔子是中国文化的中心。因此，柳诒徵先生说："自孔子以前数千年之文化，赖孔子而传；自孔子以后数千年之文化，赖孔子而开。"我把前半句作为一个重点去讨论。我们知道孔子影响了以后的数千年，但是孔子继承了以前的数千年，这一点值得我们每一个人注意。如果我们走进孔子的

梁漱溟著《东西文化及其哲学》

思想世界，就会发现孔子的头脑里有一个广阔的文化背景。其实，说这种类似的话的人还有很多，比如，元朝的元武宗曾经说：“先孔子而圣者，非孔子无以明；后孔子而圣者，非孔子无以法。”近代的梁漱溟先生在其《东西文化及其哲学》一书中说：“孔子以前的中国文化差不多都收在孔子手里，孔子以后的中国文化又差不多都从孔子那里出来。”大家一听就明白，孔子对他以前的文化进行了凝练总结，站在当时历史的制高点上形成了博大精深的思想体系。所以，我们在思考孔子的思想高度的时候，不能忘了《中庸》里面的一句话，即“仲尼祖述尧舜，宪章文武”。此外，《论语》里面也记载孔子“述而不作，信而好古”。“述”是传述、继承与发扬光大。孔子为什么不“作”呢？因为孔子认为先王的创造无论在文化方向上还是在思想厚度上都非常了不起，他只能继承，不敢妄自创新。值得注意的是，孔子说的“好古”可不是“复古”，就像今天我们说“尊古”而不是“复古”，“守正”不是“守旧”。我们往回看，恰恰是为了往前看，在历史的过往中寻找解决现实问题的方案。

能看见多远的过去，才有可能抵达多远的未来。中国能看清多远的过去？打个比方说，西方有些国家的历史只有三百多年，再往前可能就是殖民的历史，而中国并非如此。所以说孔子思想的形成有一个广阔的文化背景，这点非常重要。有一次，我给学生上“中国儒学史”的课，讲到孔子和周公的关系，我问道：“同学们，大家知道孔子最崇拜谁吗？”孔子晚年曾经说：“甚矣吾衰也！久矣吾不复梦见周公！”（《论语·述而》）孔子讲梦不到周公就认为自己衰老了，说明孔子心目中最崇拜、最魂牵梦绕的人物就是周公。为什么呢？原因就在于周公的文化创造。周公是文王之子，武王之弟，成王之叔父。我们前面说孔子“祖述尧舜，宪章文武”，在中国文化史上文、武、周公他们其实是一体的。在20世纪30年代，著名历史学家夏曾佑先生曾说：“孔子之前，黄帝之后，于中国有大关系者，周公一人而已。”什么意思呢？就是说在我们中华民族的历史发展中，如果找三个最伟大的人物，那一定是黄帝、周公和孔子。黄帝是中华民族的人文初祖，周公是中华礼乐文明的奠基人，孔子是中华民族的至圣先师，这是中国文化史上最了不起的三个人。刚才提到，周公是文王的儿子、武王的弟弟、成王的叔父，他帮助周文王、周武王取得了天下，然后辅助周成王巩固了天下。大家知道，周成王即位的时候只有13岁。周公辅政，七年以后归政成王，成王以后通过“成康之治”使得天下安宁，刑措四十年不用，这其实就是周公治理的结果。周公归政成王以后被封在鲁地，封在泰山之阳。所以，《史记》中有一句话叫“泰山之阳则鲁，其阴则齐”。泰山南北分为齐国和鲁国，这两个诸侯国在上古两周时期地位非常特殊。鲁国是周公的封国，因为周公的特殊地位，所以鲁国的文化跟其他的诸侯国不一样。《左传》里面有一句话叫“周礼尽在鲁矣”。因此，儒学产生在鲁地这件事情，与上古时期鲁国的地理位置以及封国的性质密切相关。

了解到这一点，我们就知道周公其实各方面都做得非常棒，比如说他的儿子伯禽要到鲁国就封了，他告诉他的儿子说：“我文王之子，武王之弟，成王之叔父，我于天下亦不贱矣。”周公当然不“贱”，他的地位非常高贵。尽管如此，周公还是礼贤下士。有士人来找他的时候，他便“一沐三捉发，一饭三吐哺，起以待士，犹恐失天下之贤人”。“周公吐哺，天下归心”的典故便来源于此。由于周公被封在鲁国，鲁国的文化积淀非常深厚。

曲阜有一个周公庙，又叫文宪王庙，在鲁国故城的中间。周公庙第一道牌坊是“经天纬地”，背面是“制礼作乐”，二者东西相背。天地之间，我们这些人共同生活在一起，那么该如何分工？如何协调？如何更有效地协作呢？这就不得不提到，孔子崇拜周公的真正原因，是因为他制礼作乐、设官分职。尽管大家认识不一样，我认为周公作周礼的说法是非常可靠的。周公作周礼，有礼的制度和礼的仪式。用礼制和礼仪来表达礼义，所以礼的制度是最根本的。上面有周天子，下面有左右史官，然后是天官、地官和春、夏、秋、冬六官，这六官相当于后面的六部，这就是礼的制度。礼的制度设计背后，实际上是周公对于祭祀深层的考虑。除了礼制以外，还有礼的仪式，就是我们常常说到的冠、婚、丧、祭等礼仪。礼制和礼仪背后都有礼的意义，这就是周公制礼作乐的原因。孔子崇拜周公，就是因为周公制礼作乐。孔子又是在继承周公的基础上，形成了其博大精深的思想体系，影响了中国两千多年。

所以，我们看到这五千多年的中华文明就知道它的连续性、它的不断创新性以及它的和平性等，这就是前不久总书记特别讲到的中华文明的特性。中华文明作为文明的存在，有其背后的思想、价值、观念。它的本质在哪里？想到这些问题我们就可以进一步去思考，中华文明的主干是儒学，那么儒学是什么？简单地说，儒学就是人学。儒学研究人本身，研究人性和人的价值。人的特性是什么？人为什么要活着？人的价值和意义在哪里？儒学研究这些问题，形成了孔子的人学思想体系。从周公和孔子的关系中我们就能看到儒家人学和礼乐的关系。我曾经开玩笑打比方说，周公和孔子什么关系呢？刚才说到，孔子常常梦见周公。周公制礼作乐，而到了孔子时代却礼崩乐坏。周公制定的礼乐出问题了，或者说他建立的礼乐文明大厦崩塌了。孔子不想让大厦崩塌，但想扶却扶不起来。大厦失火了，孔子想救火却救不了，怎么办呢？孔子做了一个很重要的工作，他把图纸抢救出来了。于是，孔子研究周公是如何制礼作乐的，研究礼乐大厦崩塌的原因，研究礼乐大厦如何建才能不崩塌。所以孔子一定是接着周公讲的，我们如果不了解周公可能无法了解孔子。周公制礼作乐的伟大功绩到底是什么？如果搞不清楚，就会认为孔子没有什么了不起的，就像黑格尔所说的那样。大家知道，黑格尔在西方甚至在世界影响都很大，在很多中国人心目中也影响很大。有一年，国内某一个著名大学在投票选举世界上最伟大的哲学家，最后是黑格尔和孔子竞争，让哲学系的教授、学生投票。投票的结果可想而知，孔子完败，黑格尔第一。为什么呢？黑格尔说，孔子有啥了不起，只有那些道德说教，在世界的很多民族当中都能找到，甚至还要好一些。但是黑格尔也说，很遗憾没有读懂中国的《周易》。实际上，读不懂《周易》就一定读不懂孔子，读不懂《易传》肯定很难理解孔子的智慧。中国人对孔子的迷茫在很大程度上影响了西方。黑格尔说，如果孔子这些话不翻译过来，孔子在他心目中的地位还高一些。我开玩笑说，黑格尔如果不说这话他在我心目中的地位还高一些。

孔子是接着周公说的，我们知道的周公和实际的周公之间可能还有一定的距离，孔子加上周公可能才是真正的孔子。之前我们提到，孔子在思考礼乐大厦怎么建才能不崩塌。孔子有一句话大家都很熟悉，即“人而不仁，如礼何？人而不仁，如乐何？”人如果没有遵守礼的自觉，礼乐有什么用呢？这就像《商君书》“国皆有法，而无使法必行之法”，制定法律很容易，但是能不能制定一部法律让所有的法律都得到遵守，这做不到。所以儒家的思想、孔子学说的深度就体现在这里。孔子谈仁其实是为了礼，人如果没有仁德，如果没有遵守礼的自觉，心中没有礼法，礼法有什么用呢？实际上孔子的人学思想体系重视仁，就是在这样的基础上建立起来的。所以，儒学作为人学，研究成人之教，研究成德之教，研究如何使自己成为一个社会的人。大家知道，我们每一个人都有两种属性，即自然人和社会人。我们首先是个自然的人，比如我们都有七情六欲，都有喜怒哀乐。但是我们如果仅仅是自然人的话，那就和动物没有区别了。因此，儒家思考问题的逻辑起点就是人禽之辨。

孟子说："人之所以异于禽兽者几希。"人和禽兽的区别有多少呢？很少。这个很少算多少呢？人和其他的动物相同的地方可能有很多，但就是这一点很少的区别使我们成为人。所以，人作为一个社会的人才是人之所以为人的特性。孟子为什么谈人性善，并且极力地论证人性是善？我认为对于人性是善的这个问题，尽管孟子作了很多论证，但是在很大意义上它并不一定是一个"是"与"非"的问题，它可能是一个"好"与"坏"的问题。这个世界需要人性善，我们需要人性高贵，并且儒家的政治哲学特别强调人必须高贵起来，不能低贱。人只有高贵起来，世界才有希望。这个世界只有有了高贵的人，才会变得越来越好。

关于人性问题，儒家特别强调的是，人应该是善的。当然，孟子说了人就是善的，并且也进行了论证，也有人分析认为孟子的思想意义就在于此。所以在孔庙中，孟子的地位很高。认为"人性恶"的可能就进不了孔庙，为什么？中华民族的先贤祠、中华民族的名人堂其实就是孔庙，孔庙里祭祀的人都是历史上存在的人。谈到孔庙祭祀，我们常常想到一个问题。《孔子家语》里面记载着一个故事，子贡向孔子请教说："老师，人去世以后有没有觉知呢？"孔子便说，我不能告诉你。如果我告诉你"有"，你就会"妨生以送死"，影响孝子贤孙的生活；当然也不能告诉你"没有"，否则就有"不孝之子弃其亲而不葬"。其实，孔子的观点早已表达清楚了。《论语》中记载，子曰："祭如在，祭神如神在。吾不与祭，如不祭。""如在"，是在还是不在呢？"如在"，妙就妙在"如"这个字上面。《中庸》

有言：“鬼神之为德，其盛矣乎！视之而弗见，听之而弗闻，体物而不可遗。使天下之人齐明盛服，以承祭祀。洋洋乎，如在其上，如在其左右。”每年的孔子诞辰日，我都会参加祭祀，当时的场面可以说是“洋洋乎，如在其上，如在其左右”。历代的先贤和我们在进行交流，进行思想交流，他们的话非常重要。孔庙祭祀在很大程度上是神道设教，是一种典型的人文文化。

实际上，中国儒家之学教人成人有很多的手段，各位如果看《孔子家语》这部书就会知道。总书记考察曲阜时说有两本书要仔细看看，其中一本就是《孔子家语通解》。《孔子家语》的价值不在《论语》之下。《孔子家语》里面有一句话：“吾闻夫子之施教也，先之以《诗》《书》，而道之以孝悌，说之以仁义，观之以礼乐，然后成之以文德。”孔子教学的体系就出来了。先教什么，从哪里开始，教育重心在哪里，教育的辅助手段是什么，教育的目标是什么，等等。孔子教育的目标就是成德、成人。一个人知道怎么做人，知道怎么做事，这就是立德树人的目标。我们学校的任务就是立德树人，孔子当年的教育体系也是为了立德、成德。

儒家实际上就是研究人之所以为人这一根本问题。2018 年，第二十四届世界哲学大会在北京举行，会议的议题就是四个字——“学以成人”。“学”是名词，中国的学术、中国的学问其实就是成人的学术、学问。我们每个人都会经历一个脱离自然界、脱离动物状态然后慢慢成人的过程。我们在成人之前可能是小人，成人以后慢慢地格局越来越大，变成大人，变成君子，变成圣贤。只有成人才有可能成大人，才能成就格局。成人其实就是具备仁义。什么叫仁义呢？兄友、弟恭、父慈、子孝，这就是仁义。人主要有五种关系，君臣、父子、夫妇、兄弟、长幼，我们每个人在社会上都扮演着不同的角色。因此，我们既然是一个社会的人，就要按照自己的角色定位做好自己，这样世界就会和谐。

所以，儒家之学讲的是人的名分问题，每个人既然具有特定的社会身份，就需要做好自己。这好像很简单，但是没有那么简单。儒家讲人与人之间的关系都是平等的，这个平等是人格意义上的。儒家特别讲究责任和义务，培养的是有担当的人。君臣之间，君要担当；父子之间，父要引领；夫妻之间，丈夫要担当；兄弟之间，哥哥做表率；长幼之间，长者带动年幼的人。这就类似于乾坤阴阳之道，乾纲不正可能要出问题。所以儒家之学，目的在于培养有格局的大人君子。若想成大人，先要成人，所以儒家之学是成人之教。这里我们注意到一个问题，世界哲学大会第一次来到中国是在 2018 年。可以看得出，中国哲学的地位在不断上升，中国的哲学在逐渐为世界所了解，所以世界哲学大会才来到中国。

二、人学视野与儒学的时空维度

我们的礼产生得很早。周公制礼作乐，继承了夏商之礼。孔子的仁学思想体系，就是为礼学服务的。荀子说，人和牛马相比，力量比不过牛，跑的速度比不过马，但是牛马需要听从人的，为什么？因为牛马组成不了社会，人可以。人组成社会后的力量就非常强大。那么，组成社会的人如何相处呢？我们相处的原则是什么呢？以此，我们就能够理解礼的意义。什么叫礼？“夫礼者，理也。”“礼也者，理万物者也。”因此我们认为，当我们回到孔子的时候，孔子思维的时空维度会带给我们很多的启迪。比如说孔子的弟子子张向孔子请教。子张问：“老师，现在人与人之间相处是这个样子，再过十代还知不知道呢？”孔子认为：夏商周三代都是损益的关系。损益的是形式，不变的是内涵。所以，孔子说“虽百世，可知也”。也就是说，礼的形式可以变，但是礼的内涵是改变不了的，且周代已经形成了一种非常成熟的文化。我常常举一个例子，以前我们见面时，晚辈给长辈、学生给老师、下级给上级需要鞠躬。后来，我们不鞠躬了，变成了握手。再后来，疫情来了，握手也需要谨慎，我们改为了拱手礼。而无论是鞠躬、握手或者是拱手，都是指礼的形式。礼的形式可以因时而变，但是礼的内涵不会变。礼的内涵表示的是人与人之间的友好，人与人之间的尊重，这点是不会改变的。礼的深层的意蕴其实就是人与人之间相处所必须遵守的东西。所以在孔子看来，这一点只是一个时间的绵延，从三代到十世到百世。

我们再来看空间的放大。《史记·孔子世家》记载孔子五十岁做了中都宰。他为政一年，“四方之诸侯则焉”。《孔子家语》作“西方之诸侯则焉”，四方的诸侯都跟孔子学习，因为孔子只做了一年的中都宰就让当地成为“示范区”。这时候鲁国的国君鲁定公来找孔子，鲁定公问孔子：

“用你这个办法治理整个鲁国可不可以呢？”孔子说：“别说一个鲁国，治理整个天下都可以！”这就是空间的放大，从中都，到鲁国，到天下，其实孔子的办法无非就是养生送死，就是在社会管理中关心人们的生活需要，关心人与人之间的平等关系，关心公平和正义。这些问题解决了，社会就能够治理好。在孔子这里是这样，在另外一个地方也一定是这样。

所以，不论是时间的绵延还是空间的放大，孔子的思考维度不是一时一地的，就像庄子所提到的那样。庄子把天下的学术分为方术和道术。方术今天可以施行，明天不一定可以；这里可以施行，换一个地方不一定可以。道术呢？道术放在哪里都一样。就像“内圣外王”之道，它有系统思维，有整体观念，有全局意识，这就是道术。而孔子的思考，便是这样的一种道术。

孔子的思想，实际上就是超越时空的。这种超越时空的原因在哪里呢？原因就在于孔子所思考的是最根本的问题。所谓根本问题就是我们的思维，即研究人本身。人首先有人心，人心各不相同，人心可能也会胡思乱想。就像《尚书》中说：“人心惟危，道心惟微。”“人心惟危”，人心是深不可测的；但是“道心惟微”，道心又是很精微的。你可以胡思乱想，但是你不可以胡作非为。所以，在人心和道心之间如何“惟精惟一，允执厥中”，如何做到恰当的中道，是值得我们思考的问题。

什么叫作“中”？“中”就是不偏不倚。人不能想怎么样就怎么样，不能违背人性。人心和道心，就像现在我们常常谈到的腐败问题。我们常说“反腐”就是“不敢腐、不能腐、不想腐”。不敢腐，其实说明心里还会想腐，因为有外在的高压，腐败就会被惩罚，所以说“不敢腐”。不能腐，是因为有制度规定，所以“不能腐”。但是如果没有制度，就要腐败吗？所以最终我们的目标是“不想腐”，“不想腐”才是正确的，因为本来就不该腐。而将“我之所想”与“我之当作”两者统一起来时，这就是“允执厥中”，即“择其两端而用其中”。所以，当我们的“所想”和“当作”统一起来时，我们的格局和境界就提升了。

人心和道心，其实就是人情和人义、天理和人欲，就是我们的情感和人之所以为人的东西，两者能不能统一是需要解决的问题。人欲就是我们的欲求，天理就是我们应当做的。天理和人欲的关系是历代中国思想家讨论的核心问题，实际上就是义和利的问题。当谈到“义利观”大家都知道，义是“事之所宜”，利是讲每个人都追求利益，这就像孔子所说的“富与贵，是人之所欲也；贫与贱，是人之所恶也”。谁都不希望贫贱，谁都希望富贵，但是“不以其道得之，不处也”。一个人修炼到这种程度才能处理好义和利的关系。所以孟子强调“上下交征利而国危矣”，人人都谈利就一定会出问题。就像我们现在常常谈争，争来争去就会出问题。其实，教育不能离开的就是两个字，一个是爱，一个是敬。离开了爱和敬，教育的方向一定会出问题。

孔子说：“君子无所争，必也射乎！”真正的君子没什么好争的，要争的话就比射箭吧！射箭是谁跟谁争呢？

射箭其实是自己跟自己争，比的是平和中正。当我们自己跟自己比的时候，就能不断地自我超越。而当我们常常不停地进行自我超越的时候，我们就会越来越进步，即“苟日新，日日新，又日新”，就像《大学》里面说到的“亲民（新民）”一样。当我们以战胜别人为目的的时候，就会不断地走到前面。当你走到最前面的时候，说不定就会感到迷茫。所以很多迷茫的人，很多出问题的人，很多抑郁的人，恰恰都是学习成绩不错的人。儒家之学实际上能够让我们变得平和，认识自我，并不断地克服自我，提升自我。这一点非常重要，这就是儒学的意义。

大家看儒学的“儒”，这个字像什么呢？有人说：“儒者，人之需也。”中国的形声字是越到后面才会越来越多，所以这个单立人的“儒”反而产生得比较晚。在甲骨文中，“儒”的字形像一个人在沐浴濡身。儒学是孔子创立的，孔子创立儒学之前就有儒。儒是干什么的呢？儒是帮人相礼的一种职业。比如在重大的礼仪活动中，别人不懂的礼仪他懂，他的身份就叫儒。儒为什么要洗澡呢？是为了斋戒沐浴。《礼记》里面有句话，叫作“虽有恶人，斋戒沐浴，则可以祀上帝”。孔子创立的儒学和这个“濡”既有联系又有区别。联系是什么呢？联系就是都要洗干净自己。区别是什么呢？区别就是儒学不但要洗干净身体，更重要的是洗干净自己的心灵。大家看这个儒字，像不像一个人在洗淋浴？洗干净身体，洗干净心灵，这个人的格局就大了，就纯粹了。所以儒家之学实际上就是“大人”之教。

我常常举例子说，有一个运货的车翻倒了，人们都围上去，有可能帮，有可能抢。到底帮还是抢呢？当然是不该抢。但是为什么抢了？说明这里面没有“大人”，这里面都是一些“小人”或者是一个文化荒漠。如果这里面有三个人说“各位，人家遇到困难了，咱们帮帮人家”，并且这三个人主动带头去帮。于是，很温暖的场景就可能出现，人的善性会被唤醒。如果前三个人动手抢了，其余人很可能就一哄而上。所以，我想说什么呢？儒学作为“大人”之学，它就是培养在危急时候能够主动帮你的人，培养能够唤醒别人善性的人，这样的人就是了不起的“大人”。在中国传统的科举时代，士人之间谁取得功名，以后就会称呼彼此为“大人”。为什么称为“大人”呢？不是因为官大，不是因为年龄大，也不是因为个头大，而是因为格局大。什么是“大人”呢？知是非，明荣辱，能担当，敢引领，格局大，有气象，这样的人就是“大人”。所以孔子为什么称呼大人为“儒”呢？“儒者濡也”，濡就是洗干净自己，而不是人之需。现在解释人之需也能解释得通，但是“儒”本义就是“以先王之道能濡其身”，以尧、舜、禹、商汤、文、武、周公等人的思想，这些人的格局和境界来濡化我们，改变我们。所以孔子对他的学生说：“汝为君子儒，勿为小人儒。”“君子儒”注重社会境界的提升，“小人儒”就是把“儒”当成一种职业，当成一种谋生手段，君子儒可不是这样。所以儒家之学就是君子之教。

《淮南子》里面总结了儒学的特征，说“孔子修成、康之道，述周公之训，以教七十子，使服其衣冠，修其篇籍，故儒者之学生焉”。儒学怎么产生的呢？源于孔子修成康之道，述周公之训。“成康之际，天下安宁，刑措四十余年而不用。”这是司马迁的描述。这是一个什么样的社会呢？这是一个治安管理卓有成效、人民安居乐业的社会。所以儒家之学也是一种管理之学。

儒家最重要的就是人们的信仰、人们的生命底色、人们的价值观念、人们行事的一种遵循。很多人能够把自己的普通岗位当成自己的道场，每个人都自觉地做一个修行者，这个地方的格局一定很大。就是说，一旦有了“大人”君子来引领这个社会，这个世界才能好起来。所以总书记特别强调用明德引领风尚。那么谁来引领呢？一定是有格局的人，有格局的“大人”君子。儒学就是培养这样的人。

各位，了解到这里，我们就可以看到儒学无非就是修己达人，无非就是自觉地把自己的礼法、把社会的规范注入自己的内心，这就是儒家的理想。

三、天下为公与人类文明坐标

各位，我们谈到儒学的时候，都围绕着“儒学在今天如何落地”“儒学在当今世界有什么价值和意义”这些问题。其实就是“天下为公”这四个字。各位听到“天下为公”有什么想法呢？我个人认为，“天下为公”的这个“公”字就是与“私”相对。《说文解字》里面谈到“背私为公”。后来这个公就变成了公共意识、公德意识，是人的社会性存在。之前我讲到，我们每个人都有两种属性，首先我们是个自然人，同时也是一个社会人。既然是社会人，我们就必须有自己的公共意识和公德意识，这就是“天下为公”

的“公”。“为”呢？“为”是动词，“为公”就是修为自己的公德心。当天下每个人都修为自己的公德心，这个世界就好了。我们常常听到一句话“人不为己，天诛地灭”。这句话是什么意思呢？是“人如果不自私一点就会天诛地灭”吗？其实错了！这里的“为”也是动词，修为的意思。所以这句话的正确意思是，人如果不修为自己就会天诛地灭。这个修为自己的“为”和天下为公的“为”是一个意思。

那么，“天下为公”是谁的理想呢？这是孔子的理想。《礼记》有言：“大道之行也，天下为公。”作为孔子的理想，“天下为公”已经影响了中国两千多年，影响了久远的后世。2013年，习近平总书记来到孔子研究院。总书记在发表讲话的时候，特别引用了毛主席的一句话，“从孔夫子到孙中山，我们应当给以总结，承继这份珍贵的遗产”。这句话是当年毛泽东同志在党的六届六中全会上作报告时提到的。之前我也问过其他人，“大道之行也，天下为公”是谁说的？有人说是孙中山先生。对于这句话，孙中山确实提到了很多，但实际上这是孔子的社会理想，而孔子的这种社会理想恰恰就是我们中国儒学的一种最根本的东西。所以中国儒学特别强调责任，强调义务。陈来教授曾将其归纳为：“责任先于自由，义务先于权利，群体高于个人，和谐高于冲突。”我认为陈来教授归纳得非常准确。

中国人讲究责任。责任和自由相比，每个人先尽到自己的责任，尽到自己的责任也许就进入一种境界，每个人才都是自由的。当一个人尽到自己义务的时候，这个人的权利就得到保障。群体高于个人，和谐高于冲突，这是中国文化的一种特点。

十年前总书记到孔子研究院考察，指着《孔子家语通解》《论语诠解》说“这两本书我要仔细看看”，我想总书记表达的可能是，我们作为中国人都要了解自己的文化经典。如果我们不了解自己的文化经典，连《论语》都没读过，我们对孔子的评价可能是人云亦云，根据只言片语仅能对孔子有些感性的印象。但是总书记特别强调说，我们要多了解思想的中国，多了解学术的中国。现在我们多了解的是舌尖上的中国。

我们的文化经典里有着孔子的理想，有着儒家的追求，有着我们中华民族的精神。“马克思主义的中国化是从毛泽东同志开始的。毛泽东同志在《论新阶段》政治报告中指出：从孔夫子到孙中山，我们应当给以总结，承继这份珍贵的遗产。”这是总书记的原话。那么孔夫子的理想，就在《礼记·礼运》篇。实际上《孔子家语》里面也有《礼运》篇，这一篇的内容可能更精准、更原始。孔子的理想是“大道之行也，天下为公”，这也是孙中山先生当年的题词，实际上就是我们公共意识、公德意识。

中国人特别讲究家庭，但实际上家和国是一体的。我们要落地，就要从家庭开始，把家庭伦理推演到一种社会伦理、一种政治伦理，这就铺染了我们中国人的生命底色。所以中国文化从某种意义上讲是一种回家的文化。有人举例说，一位老师给五年级的孩子讲天堂和地狱，说天堂如何美好，地狱如何阴森恐怖、鬼哭狼嚎。教师问孩子们：“谁想去天堂呢？”孩子们都争先恐后，都想上天堂。“那谁想下地狱呢？”孩子们都不想去。这时候老师忽然发现一个小女孩，天堂、地狱都没有举手。老师就问：“孩子，你怎么都不举手呢？你想去哪里呢？”这个孩子说：“老师，我哪儿也不去。我妈说放学以后赶快回家。”其实中国哲学就是回家的哲学。当我们每个人做好了自己的事，我就会光宗耀祖、衣锦还乡、扬名声显父母。所以有一位作家写过一本书，叫作《每个人的故乡都是宇宙的中心》，它有一个副标题叫作“城市有病，故乡有药”。

我们中国人强调，在社会上我们都是兄弟姐妹，我们都是一家人，“四海之内皆兄弟也”。这时候家庭伦理已经推演为一种社会伦理。中国式管理特性就在于它有家的温暖、家的温度。现在有一些社会管理，叫末位淘汰制。如果末位淘汰制在中国，那家里面是淘汰我弟弟呢，还是淘汰我妹妹呢？怎么淘汰？所以在中国，如果我在被管理中找不到一种温暖，找不到一种温情，随时都有可能被裁撤，那么我可能不会认真干实事。所以说，中国式管理实际上是家庭伦理变成政治伦理。比方说父母官，一提到父母好像马上想到家长制。其实父母在这个世界上是最关心自己子女的。我的孩子如果在外地读书，甚至在国外读书，一星期打一个电话，我就能够知道孩子最近的情况。为什么呢？是因为太牵挂他了。如果我们的领导关心自己的人民，像父母关心子女一样，这个领导一定是一位不错的领导。中国文化它实际上特别讲究一种温度，所以“孝悌也者，其为仁之本与”。为什么孝悌这么重要？每个人来到这个世界上首先是诞生在一个家庭里面，得到父母和家人无微不至的关爱。父母爱我们，我们应不应该爱父母？家人关心我们，我们应不应该关心家人？这就是孝悌。培养孝悌，让我们的生命扎根，我们才有可能走向社会。所以《大学》认为，治国和治家的关系是："欲治其国者，先齐其家……家齐而后国治。"虽然《大学》字数不多，但却非常不厌其烦地讲"欲先"和"而后"，这里面就有一种逻辑性和方向感。

中国文化，表面上看起来是讲家，但讲家恰恰是为了讲国。国和家都是统一的，所以中国关于家的哲学处处都能展现出来。比如曾子有一句话叫"大孝尊亲，其次弗辱，其下能养"。这句话怎么理解呢？有一次我问一个同学："这句话怎么理解呢？"那人回答："老师，这还不简单？大孝尊亲，最大的孝就是尊敬父母的心。"其实错了。"大孝尊亲"的意思是，最大的孝就是"使亲尊"。我若想孝敬父母，就要取得好的成就，让父母受到社会的尊重，这就是最大的孝。比如，我出身农村，经过十年的寒窗苦读，高中皇榜中了状元，我父母比我高兴，我的家族都很高兴。为什么呢？因为这是家族荣耀，这是"使亲尊"，叫作大孝。"其次弗辱"，意思是我虽然不能给家族带来荣耀，但是我也不能没有教养。如果有人骂我没教养，一定是我的父母养了我却没有教。有人养，没人教，这叫没教养。所以中国有一个概念叫"君子"。何为君子？君子就是有教养的人。君和臣相对，子和父相对，"君子"这两个字是怎么合到一起的呢？它讲的是什么呢？当我们夸一个孩子有教养的时候，这个孩子身上所承载的是他父母亲的教育。

因此，我虽然不了解他的父母亲，但是却可以从孩子身上知道他的父母亲可能“有其德在其位”，像君一样。所以夸一个孩子，实际上在夸他的家庭，在夸他的父母。这样一来，从家到国就连接起来了。一个孩子被社会价值认可，说明这个孩子所受的教育和社会价值观念是一致的。我们有一句话叫作“不入主流，难成一流”，入了主流才能有可能成为一流。所以中国文化，讲“家文化”恰恰不是自私，恰恰是让我们的生命有一个坚实的立足点，这就是中国文化的一种特性。所以今天，我们在弘扬中华优秀传统文化的时候，是否能够从中得到一些启发呢？

当我们看孔子哲学的时候，就想到辜鸿铭先生一百多年前的一句话。他说，孔子全部的哲学体系和道德教诲可以归纳为一句，即“君子之道”，就是在说孔子的学说无非培养有教养的君子。我们看《论语》，《论语》的开篇是：“学而时习之，不亦说乎？有朋自远方来，不亦乐乎？人不知而不愠，不亦君子乎？”《论语》的结尾是：“不知命，无以为君子也……”从开头到结尾都在谈君子。一部《论语》不到 1.6 万字，“君子”这个词出现了 107 次，频率非常高。其实《论语》的开篇大家读起来后，理解可能有歧义。《论语》开篇大家都很熟悉，但开头这句话我的翻译和通常的不太一样，大家看对不对。我认为“学而时习之”的这个“学”是名词而不是动词。这个“学”不是学习，而是学说，是道。“而”是假设连词。这个“时”指的是时代。所以，“学而时习之，不亦说乎？”这句话的意思是，假如我的学说被这个时代所认可的话，不是很令人喜悦吗？孔子周游列国，推行自己的主张，如果能够实现自己的主张，那一定是“不亦说乎”。退一步讲，如果孔子的理想没有实现，那么就“有朋自远方来，不亦乐乎”，有志同道合的人从远方来赞同我的主张，不也是很快乐吗？但是这个快乐和前面的喜悦不是一个层级上的东西，虽然我很高兴但是高兴过后也就过去了。这个“有朋”就是朋友，志同道合的人。同志可以，同学也可以。“君子以朋友讲习”，这是《易传》的话。朋友就是志同道合的人，而“远方”不一定是空间的距离。再退一步，如果所有人都不理解我，我也不恼怒，也不怨恨，“不亦君子乎”，不也是一个信念坚定的君子吗？因此，《论语》的开篇讲了一个很重要的问题，讲的是人们要有信念，而且信念必须坚定，这才是一个君子。

我们不禁要问，《论语》是谁编纂的呢？《论语》的编者是用孔子表达孔子，排比这些材料的时候一定是非常用心的，所以《论语》的篇与篇之间、章与章之间实际上有内在的关联。读懂了这种关联，才能理解《论语》是一部著作而不是简单的语录汇编。《论语》末章讲“不知命，无以为君子也”。什么叫命呢？实际上，孔子那个时代，中国人早已经走出了对于天命的迷信。举个例子，我是个老师，这也许就是天命，老师的天命就是立德树人。而别人的天命可能是医生，医生的天命就是治病救人。那么我要认识到这一点，我就要首先知道我的天命，知道我是谁。知道我是谁以后，在了解天命的基础上进一步生发出使命。我既然是个老师，那我就要立德树人，就不能做一个不合格的老师；我既然是个医生，那我就要治病救人，做一个了不起的医生。所以，一个人只有知道自己外在所赋予的天命，然后从内而外生发出使命，这才叫知命。而只有知命才有可能成为君子。如果一个人不知道自己是谁，不知道自己是干什么的，怎么可能成为君子呢？因此，《论语》末章所谈的知命，实际上是点题了。《论语》作为道德之学，作为君子之教，实际上就是培养社会精英。社会上所有的人都是平等的。但是，在平等的众人之中，由谁来负责呢？谁来引领呢？谁来帮助人们唤醒善性呢？《论语》就是这样的学问。

《大学》说：“大学之道，在明明德。”大学者，即大人之学，就是培养大人的学问。而要培养大人，就要明明德。什么叫明明德呢？2019年，习近平总书记在全国两会看望文艺界和社科界联组的政协委员时，讲到“以经典奉献人民，以明德引领风尚”。当时，一个记者给我打电话，说：“杨老师，总书记讲话说‘用明德引领风尚’，您可以帮我们解读一下吗？”我说：“讲到明德，大家马上就能想到《大学》。明德就是光明的德行，明明德就是唤醒善性、让光明的德行更加光明。所以，明明德其实就是致良知。什么叫良知呢？孟子说‘不虑而知者谓之良知’，阳明先生说致良知实际上就是唤醒善性、放大善性，由此这个社会才有可能走向至善。”《大学》实际上就是这样的学问。

培养大格局的人，就从唤醒善性开始，《中庸》也谈到类似的问题。每个人都有天命之性。所谓“率性之谓道”，我们怎么理解这个“率性”呢？“率性”是想怎么干就怎么干吗？“率性”到底是被动地遵循还是主动地率领呢？这里其实说的是发挥自己的主观能动性，让每一个人把握自己，主动引领引导自己，主动地修身修己，克己修身，这样才能“就道”，然后“修道”这个路就能越走越宽。“始者近情，终者近义。”开始的时候每个人可能都有一种情感，但是最终“终者近义”，从“想怎么样”到“应该怎么样”。这个跨越的过程实际上是一个主动努力的过程，是一个主观修身的过程。

这就像孙悟空一样。孙悟空一开始不是人，他只是一只猴子。后来，他大闹天宫，被压在五行山下，叫作“定心”，也就是我们所说的“五行山下定心猿”。再后来，他被戴上了紧箍，而紧箍咒其实就是定心真言。各位，我们每个人是不是像孙悟空一样都有紧箍呢？哪些事情应该干，哪些事情不应该干，是不是都知道呢？这个紧箍咒是别人念还是自己念呢？孙悟空经过九九八十一难最后成佛，成佛以后紧箍消失了，这是为什么呢？因为他修到位了，就像孔子“七十而从心所欲，不逾矩”。我们一定要有一个修心的过程，这种修炼的过程是自己提高个人境界的过程。

其实佛家、道家和儒家实际上有很多相通之处。“道前定则不穷”，当我们自己有了努力的方向，我们才能在过程中不迷茫。所以我们要修身、要成就自己，也就是要培养爱和敬，这需要从孝悌开始，故孟子说：“尧舜之道，孝悌而已矣。”孝悌就是培养爱和敬。孔子说：“立爱自亲始，立敬自长始。”（《孔子家语·哀公问政》）立爱就是孝，立敬就是悌。培养“爱”从孝敬父母开始，培养“敬”

从尊长开始。基督教有两个东西很重要，一个是博爱精神，一个是神圣观念。博爱就是爱，神圣就是敬。中国儒学也有两个东西很重要，一个是仁爱精神，一个是敬畏观念。仁爱就是爱，敬畏就是敬。两者都是爱和敬。中国儒学培养爱和敬，培养爱从孝敬父母开始，孝敬父母是一个落实的起点，有起点才能让生命扎根。所以中国古人说得很清楚，“人道之极，莫过爱敬”（刘劭《人物志》）。我刚才提到教育的本质就是培养爱敬之心。当然了，爱和敬必须是统一起来的，片面的爱可能是溺爱。所以《孝经》里面以爱为至德，以敬为要道，爱与敬是“人道之极”。

说到这里，我们就可以从《孝经》走出来，回到上古时期。在四千多年前的经典中，我们就已经有“协和万邦”的说法。什么叫“协和万邦”呢？我们从修身开始，然后齐家，把自己的家族治理好，然后就可以“光被四表”“平章百姓”“协和万邦”。也就是说，由个人修身到齐家，一步一步往外推，就可以达到“协和万邦”的境界。中国文化的源头，其实无非就是从个人修身，到齐家，到治国，到平天下。早期的中国经典中有“天下万邦”“四海”等词汇，这是为什么呢？这就是中国人的观念。不要以为中国人谈“家”好像眼界很低，实际上他的眼界是非常大的。他的目标是什么？他的目标，他关注的中心是全人类。所以当我们中国人说“人类命运共同体”的时候就想到，一个民族，如果能思考人类的共同命运，其实这个民族的文化方向就是对的。因为他选择了符合人类整体利益的最佳路径。

由此，我们就想到了“文化自信”。美国《世界宗教》

研究者、学者休斯敦·史密斯在他的书中这样说：“当一个人的深入关注中心从自身转向家庭的时候，他便超越了自私自利的心理。”各位，这句话很重要。我们中国人重视家庭，很多人可以抛弃自我，可以不顾自己去照顾父母和家人，其实这是一种天然的超越，超越了自私自利并与先天划分界限的行为。但是，中国人不止于此，他还会继续超越。休斯敦·史密斯还讲道：“当关注中心从家庭移向社会时，他便超越了裙带关系。”我们的“大学之道”，修身、齐家、治国、平天下，这是不断超越的过程。“当从社会移向国家时，便超越了狭隘的地方主义。”“当移向全人类时，则同民族沙文主义针锋相对。”各位，这个逻辑是很清晰的。中国人重视家庭、关心集体。我们中国人有一种全人类的视野，只有这样的文化才能提出“人类命运共同体”这样的理念。所以埃及前总理伊萨姆·谢拉夫说过一句话：“这个‘无序混乱的世界’要‘找到一个理想的平衡点’，做到这件事情的主角应当是有着悠久文明历史的中国。”他还认为：“中国人一定要珍视自己传统的价值观。不光中国人需要这些价值观，全世界也需要。”

我们今天的话题是“从中华优秀传统文化中汲取智慧”。中国作为一个文明的存在，以儒家文化作为自己的主干。儒家文化关注人本身、关注人性和人的价值。我们每个人要活出自己生命的意义来，就必须张扬自己的社会性。我们只有成为一个社会的人，才有可能融入这个社会，才能使这个社会更加良好地运行。那么，一个人张扬自己的社会性就必须关注家庭，关注工作岗位，关注社会。我们既然是个社会的人，那么我们首先属于一个家庭，讲不讲家庭美德？属于一个工作岗位，讲不讲职业道德？属于一个社会，讲不讲社会公德？这一切取决于我们的个人品德。当我们每个人都有一颗公德心的时候，每个人的权利就得到了保障。几千年来，我们无数的精英支撑了我们这个民族，让我们这个民族能够比其他民族更和睦、更和谐地共同生活了几千年。所以，在未来世界精神的重建中，中华文化将是中华民族要贡献给世界的最伟大的礼物！

儒家思想的社会科学化与创造我们这个时代的新文化

主讲人：王学典

王学典，1956年生，第十三、十四届全国政协常委，享受国务院特殊津贴，山东大学讲席教授、博士生导师，山东大学儒学高等研究院院长，《文史哲》杂志名誉主编。沉潜学术四十载，长期致力于史学理论及学术史研究，著述宏富，屡获殊荣，是20世纪中国史学史特别是当代中国学术史研究领域的拓荒者之一，在我国学术界、思想界享有较高声誉。在他的带领下，儒学高等研究院已成为海内外著名的古典学学术重镇；他主持的《文史哲》杂志得到习近平总书记的肯定。

今天非常荣幸受人文社会科学院的邀请来这里给大家作一个学术或者是思想文化方面的交流。我今天给大家要谈的主题主要是围绕着儒家思想的地位以及儒家思想如何“两创”，包括习近平总书记所强调的新文化，它是一种什么性质的文化，给大家作一个交流。

一、儒家思想为什么能契合马克思主义？

众所周知，党的十八大以来，我们形成了习近平文化思想。习近平文化思想由一系列重大学术命题、思想命题、理论命题构成，其中最大的一个命题是“马克思主义与中华优秀传统文化相结合”。这也被称为“第二个结合”。在这里就存在一个问题，即中华优秀传统文化为什么能与马克思主义相结合？习近平总书记在今年 6 月 2 日文化传承发展座谈会上，为了阐发“两个结合”，特别提出中华优秀传统文化与马克思主义高度契合这个问题，所以我这里一开始要回答这样两个问题：一个是中华优秀传统文化作为一个传统文化，它为什么能够契合作为现代文化代表的马克思主义？二是中华优秀传统文化在哪些点上、哪一个板块、哪一个部分和马克思主义相契合？

习近平总书记在党的二十大报告中对中华优秀传统文化有一个高度的概括，我们从这个概括当中来看马克思主义与传统文化的契合。契合点在哪里？总书记在党的二十大报告当中特别谈到“中国优秀传统文化源远流长、博大精深，是中华文明的智慧结晶，其中蕴含的天下为公、民为邦本、为政以德、革故鼎新、任人唯贤、天人合一、自强不息、厚德载物、讲信修睦、亲仁善邻等”十大观念。这里我给大家强调的一点，就是总书记对中华优秀传统文化的要义所做的概括几乎全部出自儒家经典、儒家思想。其中只有一条，就是“天人合一”，除了儒家在推崇“天人合一”之外，大家知道道家、老庄也推崇“天人合一”，包括中国思想文化的其他流派也推崇“天人合一”。换句话说，总书记所概括的中华优秀传统文化的十大亮点，其中九大亮点出自儒家经典，出自儒家的思想。

大家知道，在这之前（2014 年）总书记对中华优秀传统文化做过六点概括，这六点是“讲仁爱、重民本、守诚信、崇正义、尚和合、求大同”。这六点更全部是儒家的理念。那么，这里实际上提出了一个非常重要的问题，就是能和马克思主义相结合、相契合的中华优秀传统文化可能既不是道教也不是佛教，既不是老子、庄子，也不是法家，更不是形形色色的大量的民间信仰，所以能跟马克思主义彼此契合的只能是以儒家学说为代表的传统思想。

这里又提出一个问题，为什么在中华优秀传统文化这个庞大的体系当中，只有儒家思想能与马克思主义相结合、相契合？这里我要回答这个问题，因为它牵扯到对儒家思想的学科属性的认识。也就是说，如果从学科角度来讲，儒家思想是政治学，是经济学，是法学，是社会学，是伦理学还是其他？也就是它的学科属性，我们怎么界定？大家知道无论道教也好，佛教也好，伊斯兰教也好，基督教也好，几乎所有的宗教，如果仔细推敲一下，就可以发现它们都有一个共同的特点。什么特点呢？就是所有的宗教都仅仅着眼于自我解脱，而不是整个族群的发展、共同体的发展、社会的发展。佛教宣扬西方极乐世界或者是立地成佛，基督教上天堂，道教主张羽化成仙。大家仔细想想，几乎全部着眼于个体解脱、个体解放。大家知道，我们到西方去旅行，就会发现很多人带着行囊进入教堂之后开始忏悔，这个忏悔不是为别人忏悔，都是为个人忏悔。所以，所有宗教的共同点是着眼于个体解脱，我或者是上天堂，我或者是羽化成仙，我或者是上西方极乐世界，我或者是立地成佛，不是整个社会的进步和提升，也不是共同体的解放。中国先秦众多思想流派当中只有儒家把整个社会的发展、文明的传承扛在自己肩上。这是儒家之所以称为“儒家”的关键所在。所以儒家是一个有着强烈的使命担当的思想流派，把国家的存亡、文明的延续、共同体的发展扛在自己肩上。这也是儒家不同于老庄的关键所在。

今年春天，我参加全国政协活动，在泰山顶上我们与全国道教协会的副会长张诚达先生（他是我在全国政协的同事）座谈。中央电视台的一位全国政协委员也参与其中，跟我们一块调研。他在泰山顶上一边听张诚达说话，一边问我：“王老师，你能用简单的话给我概括一下儒家和道家的差别究竟在哪里吗？”我说差别就在责任感、使命感上，道家不承担任何对人间的责任，他遇到不顺心、不如意的事，或者是碰到挫折，就归隐山林，跑到深山老林去，他会放弃所有的责任，他可以躺平（按照现在来说），可以消极无为，可以顺其自然。所以这是道家在面对困境、社会需要、民族危亡的时候，所采取的一种基本态度。那么大家知道儒家是怎么办的吗？儒家是知其不可为而为之，按照孟子的说法可以舍生取义、杀身成仁，这是儒家顽强的信念。所以我个人始终认为，儒学不是宗教，也不是一种修身养性的伦理学，更不是一种单纯的道德哲学。儒学为什么不是宗教？在学术界，还是有一部分学者认为儒学可以被视作儒教，我个人是不赞成的。那么儒学为什么不是宗教？因为儒学不安顿人的灵魂。大家读《论语》，你会发现孔子不关注这个事情，不关注彼岸世界，儒家强调的是得人心者得天下，不关注灵魂的归宿，这是中国整个思想界一个非常大的问题。如我们所知，王羲之有一个《兰亭集序》。《兰亭集序》反复强调一个问题，死生亦大也，生死对人来说问题太大了，除了生就是死，除了死就是生，所以人死后灵魂到哪里去，是许多人都在关注的问题，尤其是在传统社会。不安顿人的灵魂，你也可以把它看作中国思想界的一个缺陷。换句话说，很久以来，西方的传教士、各式各样的宗教为什么能够涌入中国？为什么在中国人当中获得这么多信徒？这么多人接受？一个很重要的方面，因为它弥补了整个中国主流思想不关注人的灵魂这个缺陷。大家知道，我们说不定哪一天就不在了，肉身不在了我们的灵魂到哪里去，是很多人关心的一个问题。基督教尤其关心这个问题。所以我跟大家谈这个事情是想说明，儒学安顿的是人心，人心是此岸的，是肉体的，是在场的，儒学关注的是社会的发展，是人心的向背，是整个共同体的持续。

所以，我的结论是儒家思想实际上是一种典范完备的社会发展理论，而不是宗教，不是伦理学，不是道德哲学，更不是单纯的修身养性。质言之，儒家是一种社会发展理论、一种社会治理理论，是可以与自由主义、社会主义并驾齐驱的三大社会发展理论之一。儒家的核心概念，是小康、大同、天下为公、天下太平、治国平天下，所以格物致知也好，修身养性也好，其最后的落脚点都是治国平天下。格物致知、修身齐家都是准备工夫。因此，把历史扛在自己的肩上，把国家发展扛在自己的肩上，把民族的统一、文明的延续也扛在自己的肩上，是儒家一个非常重要的特点。

作为一种社会发展理论，作为一种社会治理理论，儒家可以和自由主义、社会主义相提并论，是并驾齐驱的三大社会发展理论之一。这里所谓的社会发展理论是指要么正在被实施，比方说我们是社会主义，美国和欧洲是自由主义，正在被实施；要么曾经被大规模地实施过。

需要说明的是，这三大社会发展理论的核心和特色是不一样的，作为社会发展理论，我个人感觉儒学的特点是把社会发展、社会治理建立在道德感召力的基础之上。大家读《论语》会发现孔子就说从政很容易，政者正也，政治好办，人心正就好办，强调圣君贤相，强调为社会做出表率，尤其是手中掌握权力的人，必须是个正派的人。正人君子，你上去后才能做表率，然后才有号召力，才能有资格率领整个社会。所以儒学作为社会发展理论，把社会发展、社会治理建立在人的德性基础之上，建立在道德感召力、人格感召力的基础之上。大家知道这是儒家一个非常重要的特点。儒家所有的理论、所有的学说、所有的观点都是由这一点派生出来的。

那么，社会主义的特点是什么呢？社会主义是把社会发展建立在高度的政治认同基础之上，相信大家都有类似感受，而自由主义是把社会发展建立在法治信仰的基础之上。我像大家这个年龄的时候，实事求是地告诉大家，上课之外，到处听讲座，其中听得最多的是唐德刚先生的讲座，那个时候唐德刚先生刚刚从美国来到大陆讲学。唐德刚每次讲座讲两个小时，他的主题是胡适研究，但是他用一个半小时来讲美国社会，只用半个小时讲胡适。他在讲美国社会的时候，有一句话到现在我印象很深，他说美国是一个讼棍如毛的社会，到处都是打官司的。把律师称为讼棍，就是专门搞诉讼，为什么呢？这是法治信仰，什么都不相信，只相信法治。大家知道，我们的法治体系特别看重调解的作用，但是美国肯定不相信。所以我个人认为，三大社会发展理论的出发点、着眼点不一样，儒家强调道德感召力，以德性为中心，社会主义强调政治认同，自由主义强调法治信仰。

那么，回到我的问题上来，儒家学说为什么能与马克思主义相契合？因为它们都是社会发展理论。儒家有一个概念，刚才我已经谈到了，习近平总书记在报告当中也特别强调了——“天下为公”，这是两千多年前儒家提出的一个口号、一个理念。你可以想象，两千多年前这样一个口号。中国社会还提出另一个口号——“王侯将相宁有种乎？”这是陈胜、吴广提出来的，王侯将相难道是天生的吗？这些都是中国思想史册上的臻品。那么我想强调什么呢？天下为公的信念和马克思主义提出的共产主义世界的大同理想是有天然联系的，联系是非常密切的，是相通的，追求是一样的。马克思主义作为一种典范、完备的社会发展理论，能与之相契合的，只能是另一种社会发展理论，不能是宗教，不能是神学，也不能是伦理学，而在中华优秀传统文化这个大框架内，只有儒家思想具备社会发展理论的属性，所以也只有它能与马克思主义相契合。

当然，主流思想界现在不提儒家思想，而使用“中华优秀传统文化”这样一个笼统的概念。大家知道这是经过深思熟虑的。为什么呢？因为相对来说儒学是个敏感的概念，它曾经是过去两千多年的主流意识形态，对中国人的影响特别巨大，特别敏感。所以为了避免这种意识形态上的敏感，用稍微笼统、弹性更大的“中华优秀传统文化”概念来取代儒学完全是可以理解的，但是我们不能以此来阻碍对问题更深入的探讨。我可以使用另一个概念，回避一些敏感问题，这个没有问题，但是不能影响对更深刻问题的探讨和把握，所以这是我给大家要特别强调的一个问题。

二、儒家思想的社会科学化

下面我给大家谈谈，既然与马克思主义相契合的中华优秀传统文化板块是儒家思想，儒家思想又是一个建立在传统社会、农耕时代的一种理论，那么它如何适用于当代社会，我个人感觉这是我们要面对的一个问题。我刚才说儒家思想是一种社会发展理论，是一种社会治理理论，所以它必须与时俱进。为什么呢？因为社会发展了，技术变迁了，人的思想风俗习惯都变化了，所以治理它的理论必须与时俱进。

大家知道，前一阶段我们提出了一个口号叫“治理能力、治理体系的现代化”，就是社会在变化，社会发展已经经过了很多的阶段。大家知道，我们经历了所谓的原始社会、农耕社会、工业社会、后工业社会，现在已经进入后工业社会，就是通常所说的信息社会。那么，治理信息社会的理论必须与当代社会的实践相结合、相适应、相协调，所以儒家思想要想保持它足够的活力、应有的活力，它必须实现现代化。

那么，儒家思想的现代化怎么理解？我个人感觉所谓儒家思想的现代化，实际上就是当代社会科学化。我刚才说了，儒家思想是一个典范意义的社会发展理论。为什么呢？从个人的生老病死到个人的安身立命，到整个社会秩序的总体设计，到整个人间秩序的全面的安排，儒学都有系统的、完善的规划，并且概括出了一套制度演进的理论。

总体来说，大家知道儒家的思想体系有两大属性：一半是伦理，一半是政治。所以我们在研究儒家思想的时候，余英时建议应该引入社会学的概念。社会学的什么概念？即私人领域和公共领域。就是把儒家思想一刀劈成两半，一半是私人领域，另一半是公共领域。儒家思想我们可以用四个字概括，叫“内圣外王”，这个是在庄子的著作当中概括的，或者叫“修己以安民、修己以安人、修己以安百姓”。把自己培养成圣人，培养成贤人，然后去安顿社会、去治理社会，去应对社会提出来的要求和任务。儒家的理念可以一刀劈成两半，一半是伦理，一半是政治；一半在私人领域，一半在公共领域。在私人领域是修身齐家，在公共领域、在社会治理领域、在国家领域，是治国平天下，所以这两者和儒家、和历史上人们对儒家的概括——内圣外王完全吻合。

在私人领域，儒学不需要社会科学化。比方说仁义礼智信不需要社会科学化，所以中国传统社会典型的思想，包括典型的生活方式，从内容上、从内在上来讲是仁义礼智信，从外在表现形式上是温良恭俭让。大家看韩国人、日本人，甚至包括我们的台湾人讲究温良恭俭让，这其实都是受过儒家的熏陶，跟老人说话、跟别人说话，都是小声的、小心翼翼的。日本人更是这样，见了你就点头哈腰，他可能很自负，可能从内心里瞧不起你，但是一样对你点头哈腰。为什么呢？就是因为温良恭俭让。他从小接受这样的训练，接受这样的教育。所以，在私人领域不需要社会科学化，仁义礼智信不需要社会科学化。大家知道，这是对人品行的要求。温良恭俭让不需要社会科学化，所以在修身的范围内，在道德修养的层次上，《论语》可以拿过来直接就用，但是在治国平天下的层次上、在公共领域的层次上，儒学必须社会科学化。

所有的信仰、所有的宗教都是私人领域的事情，私人领域不需要社会科学化，所有的信仰这些东西不需要社会科学化。只有儒学，它要治国平天下，社会怎么去演化，那是它关心的问题。社会变化了，社会变迁了，我们不能“刻舟求剑”，我们要看这个船航行到哪里了，剑被抛在哪里了，我个人感觉这是我们要关注的一个问题。

当然，儒学在伦理与政治上不是并列的、均等的两个部分，二者之间有着深刻的关联。儒家长期以来一直被伦理化、道德化，实际上儒学的价值指向，治国平天下是它的核心，道德是它的准备，个人修养是它的修炼。所以这个是我们要特别注意的问题，我个人感觉儒学有这样两大属性，也就是伦理和政治的属性。

我个人感觉儒家思想有三大要义，在这个地方要给大家强调一下。哪三大要义？一大要义，儒家特别强调人性本善、君子人格、内在修养、自身教养，所以这点和西方文化完全不一样。西方文化更强调一种外在的规范，靠制度、靠纪律、靠法律、靠法治等刚性约束，而中国的文化更多靠内心的提升，发扬我善的本性，发现我的善根，发扬我的善性，然后就光大它、发掘它，使其开花结果。所以，儒家这一套理念，面对这一局面，是靠自身修养来完成，靠自身修炼来完成它的人格化、它的社会化，而不是外在的力量。西方文化大家知道是一种规范伦理，而中国的文化是一种德性伦理，是一种内在的伦理，这一点特别重要。我们读儒家的书，读《论语》，读《孟子》，或者读其他的典籍，你要看到儒学特别强调自身的修养、教养、境界、慎独、克制、自律，那么久而久之下意识你会形成一种君子人格，不需要外在强制，不需要外在规范，不需要外在的法律，你就成为有境界、有操守的一个比较高尚的人。

儒家的德性伦理与西方的规范伦理形成鲜明对照，这是我要给大家强调的一点。这是儒家的核心，最核心的东西，儒家靠自身的修养、靠自性，不需要靠外在的规范、外在的强制、外在的刚性约束，儒家更多是发自内心。

第二点，儒家特别强调角色伦理。君君臣臣、父父子子，君要有君的模样，臣要有臣的模样，做父亲有做父亲的要求，做儿子有做儿子应尽的义务。这就是儒家的角色伦理。换句话说，在整个社会结构的等级秩序当中，你处在哪个层次上，你扮演一个什么角色，那么就有相应的角色伦理来规范你、来要求你。它要把你培养成和你的角色完全相吻合的一种人格，所以儒家的角色伦理和西方的个人主义，我行我素、个性至上完全是两回事。个人至上、个性至上，它不承担义务，当你践行你的角色伦理的时候，这就是说你必须尽义务。这是我要跟大家强调的一点。中国的角色伦理和西方的个人至上形成两个极端，这是我们必须要关注的。而角色伦理是它的社会属性，主要指你在社会上要扮演什么角色，处在等级结构当中的哪一个层次上。比方说你是学生，有学生的伦理；你是教师，有教师的伦理；你是领导，有领导的角色要求。所以角色伦理是一个非常重要的概念，是儒家的核心概念之一。

第三点，大家知道儒家主张道义至上、仁义至上。什么叫道义至上、仁义至上？就是价值观至上、价值至上，不是利益至上。这是我们大家一定要注意的，是“是非观念至上”，不是“利害关系至上”。我们面对一个事物，面对选择的事物，那么是“是”还是“非”，这是一个价值观的衡量标准。道义至上就是价值观至上。这是儒家需要特别强调的问题。所以我们看《论语》，有很多这种东西，“不义而富且贵，于我如浮云”，富我也想要，贵我也想要，更高的层次我也想要，但是如果不符合价值观，不符合是非的观念，我可以不理会。

今天，大家知道也是非常重要的，包括我们的外交，是利益至上还是道义至上，都是我们要考虑的问题。所以儒家在处理这些问题的时候，它有自己的一套观念。这一套观念就是价值至上的观念。这个是我给大家强调的一个问题。

下边我给大家强调另一个问题，就是儒家思想的当代应用必须经过社会科学化的冶炼，这也是我今天讲座的核心内容。

儒学要想发挥当代的价值，为当代所用，就必须经过现代社会科学的冶炼，而后进入现代知识体系和现代思想体系当中。我在这里给大家说，“半部《论语》治天下”，这个观念已经过时了。“半部《论语》治天下”是宋代人提出的，已经不适应当代社会了。因为我们已经进入现代社会，甚至是后现代社会，人工智能、数字化时代都已经到来了。社会越发展，城市化程度越高，就越危险，大家一定要意识到这个问题。

在农业时代，大家知道不存在断水、断电的问题，煤油灯可以取自自然，水到处都是。但是在发达的城市生活当中，断了水、断了电，包括今天断了网络，你马上就不能生存。所以社会越发达，城市化程度越高，社会就越处在危险的境地中。所以管理的任务随着现代社会的到来越来越艰巨、越来越重要，这是我们要考虑的问题。所以“半部《论语》治天下”，在今天已经过时了。黄仁宇说过，传统的中国社会诗人治国、文学家治国、文人治国，而在现代社会是数目字管理社会，我们已经进入用数字管理社会的时代。黄仁宇说这句话的时候是 20 世纪 70 年代，还没有进入所谓的数字社会，数字时代、大数据、人工智能，还没有这些东西。所以，黄仁宇所说的用数目字来管理社会的学术必须是社会科学。所以用当代社会科学所提供的原理来管理社会是不可逆转的大势。既然如此，古代形态的儒学显然不能照搬到现代社会，必须经过现代社会的冶炼，儒家思想才能对一个现代国家的治理发挥作用。

大家都知道，孟子说过“老吾老以及人之老，幼吾幼以及人之幼”，这句话能够应对一个老龄社会的到来吗？我们要想应对老龄社会的到来必须应用现代人口学说所提供的知识来配备多少床位、来安排多少医生、来提供多少空间。必须利用现代人口学这样的知识才能应对老龄社会的到来，否则我们没办法应对老龄社会的到来。因此，儒学要想在当代社会发挥它应有的作用，必须与时俱进，必须通过自身的社会科学化使它进入现代知识体系和现代思想体系，从而指导对现代社会的治理，否则的话没有出路。

怎么社会科学化？我下面举几个学术界正在进行的案例，我们来看这个社会科学化怎么样进行。

大家知道，儒家有一个追求，当然不光儒家，所有的中国思想家都有一个追求，什么追求呢？就是选贤任能。

应该把社会中优秀人物选拔出来，进入这个社会的领导岗位，然后指导这个社会的运转。为什么有这个追求？我们每个人包括在座的各位，每个人都觉得怀才不遇，不光是领导干部，包括高校老师，成天怀才不遇，他自己有问题他不说。

什么叫怀才不遇？关于“遇”这个概念，陶渊明专门写过一篇赋，即《不遇赋》，大家可以去看看。什么叫“遇”？就是赏识你的人，认识到你的地位、价值和意义，你遇到好领导，领导发现你有独特的价值，当然要提拔你、重用你，你就“遇”了。如果碰到一个皇帝，你更是三呼万岁；但是很多人都认为自己怀才不遇。大家看李白、杜甫的诗，能够打动你的地方，就是他们对于自己怀才不遇那个境遇的提炼和概括。“天生我材必有用，千金散尽还复来。”“仰天大笑出门去，我辈岂是蓬蒿人。”这些都是李白的怀才不遇。李白一个诗人，你给他一个领导岗位他能胜任吗？他治理不了。但是他并未认识到自己有问题，而是认为皇帝对他不重视。所以，选贤任能就是中国各派思想家的追求。现在有一个人做了巨大贡献，这个人和山大有关，就是贝淡宁先生，当然2023年已经调到香港去了。他曾经在我们青岛校区任国政学院的院长，他写了一本书《贤能政治》。这本书已经翻译过来了，如果你有兴趣特别是学政治学的同学一定要看看。为什么尚贤制比选举民主制更适合中国？他把几千年来源远流长的选贤任能的人文理念，用现代政治学的实证手段，做了一系列的处理，然后把贤能政治这个概念变成和民主政治这个概念相对的一个现代概念。政治学怎么处理的？你看这本书，通过问卷调查、数据分析、建立模型、证伪、实证，他把现代政治学，把选贤任能的理念、思想，奠定在现代政治学可以证伪的基础之上，这是典型的“两创”。所以贤能政治这个概念、这本书在西方产生了非常大的影响，在我看来，也是不多的在政治学上做了非常大的贡献的一本著作。这是在政治上，“贤能政治”。

中国古代的经济思想，包括儒家的经济思想，我个人主张采用“道义经济”这个概念来概括中国传统的经济理想，那一套经济设计。什么是“道义经济”？简单说，就是不让人饿肚子。所以儒家特别注意田制，井田制、均田制、占田制。儒家所有的田制设计，特别是井田制这个概念，它的目标都体现在所谓的民以食为天，努力不让人饿肚子。我认为儒家的经济理想、经济目标是一种道义经济，与大鱼吃小鱼、小鱼吃小虾这样一种市场经济不同。换句话说，儒家给所有的逐利行为、市场行为设立道德界限、伦理界限。儒家的道义经济其背后是王道，是仁政。这个在孟子的《梁惠王》篇章里面，如果大家有兴趣可以去看看，我在这里就不再多说了。孟子提供了一个理想，他说“黎民不饥不寒”，不饿肚子，不衣不蔽体，他说这是我们应该追求的治国理政的理想目标，无论从哪个角度来说都是值得我们向往的。我个人认为社会主义的市场经济实质上是一种道义经济，就是在市场经济这个概念之外，我们加了一个社会主义的限制。按照邓小平同志的说法，我们不能搞两极分化。什么叫两极分化？“朱门酒肉臭，路有冻死骨”，这就是两极分化，典型的两极分化。陈焕章先生曾经对儒家的理想做过一个非常深刻的研究，写了一本名为《孔门理财学》的书。我倒觉得这个概念是不正确的，应该是“孔门经济学”，或者类似的，孔门理财学这个概念是有问题的。

大家知道，陈焕章是在哥伦比亚大学写的这本书，他接受过经济学的严格训练，将儒家的义利观念诠释为强调国家社会要为整个社会发展、财富的积累提供道德约束。《孔门理财学》这本书在西方出版之后，对西方产生了巨大影响，它深刻挖掘和诠释了以义利关系为核心的这样一套儒家的经济思想、经济理想、经济原理、经济命题，我们受到很大的启发。

2016年，我们有一个经济学家盛洪出版了一本书叫《儒学的经济学解释》。他尝试着从经济学的角度来阐发儒家的正心诚意、格物致知、修身齐家治国平天下这一套，他有一个结论。这个结论我个人是完全赞成的，我认为他这个结论是有道理的，他说一个人最有效率的行为和对策就是遵从道德的行为。你这个人要想发展，要想进步，要想提升，要想成长，最有效率的行为是符合道德的行为。什么意思？我给大家解释一下。《增广贤文》上有这样一句话，叫“但行好事，莫问前程”。即是说，你只管做你认为符合道德的事情，有境界的事情，比较高尚的事情，助人为乐的事情，那么，你的前程一定是好前程。我个人对这一点非常赞成。

前一阶段我在济宁演讲，专门举了一个例子，跟盛洪的解释完全相通。山东人之所以高官多、升迁快、占的比例大，是山东人的品质决定的，是道德决定的。这就是刚才盛洪说的，一个人最有效率的行为是遵从道德的行为。大家知道，学校提拔校领导必须民意测验。大家知道民意测验一方面看你的能力，更重要的是看你的人品，你如何做人。山东特别看中你的人品、你的品行、你的修养、你的教养、你的品质，所以我给大家说盛洪的这个解释完全从效率的角度去解决人升迁的快慢，他认为遵从道德的行为是最有效率的行为，也是我们的成长法则。所以我奉劝各位你想升迁得快、成长得快、冒头冒得快，必须重视你的品质修养，不要走歪门邪道，否则你最后获得的是另外的东西。这是我给大家强调的道义经济。儒家的这些行为，对品质的要求会产生效率，而效率是一个经济学的概念，所以道德不光在道德领域，在各个领域都会发挥它的作用。

儒家还有另外一个遗产，我感觉也是中国古代社会一个最重要的遗产，就是如何治理像我们这个超大规模、超大体量、多民族的国家。在中国的史书当中，在中国的古典文献当中，储藏了大量的管理学的遗产。我们是一个超大型、超大规模、超大体量的国家，量变引起质变，这是规律。另外，我们还是一个多民族的国家，一个拥有超长历史的国家，但是我们这个社会长期以来被治理得井井有条。在我看来中国社会最重要、最核心的遗产是管理学的遗产。我把这个遗产概括为“忠信管理”。所谓的“忠信管理”，下对上要忠诚，上对下要信任，这是一个对称的关系。所以忠信管理在我看来是非常值得研究的，但是目前的管理学是西方化最严重的学科之一，其他还有政治学、法学、社会学。中国的管理学的遗产有着丰厚的、取之不尽、用之不竭的案例、经验、教训，有待于我们用现代管理学的手段去把这些遗产挖掘出来、呈现出来、表达出来，而这一点是值得我们进一步去做的。

我感觉社会学对我们认识儒学的作用特别巨大。我刚才说了儒家的要义之一是角色伦理。《儒家角色伦理学》是美国夏威夷大学的哲学家安乐哲先生出版的一本书，这本书是山东人民出版社出版的，如果大家感兴趣可以买来看看。我和安先生当面讨论过，我说“角色”这个概念是个社会学的概念，你是把社会学的概念拿来理解儒家的那一套学说。安先生当场完全赞同。他就是借用了社会学的概念、社会学的视角，来观察儒学的原理对中国传统社会的设计。这是非常重要的一点。

我希望大家如果有兴趣的话，在座的诸位你想研究儒家哲学、儒家思想、中国传统思想，我觉得你必须具备相应的社会科学的训练，至少是熟悉相关学科的核心概念。然后把这些概念当工具来勘探中国古典文献当中所储存的大量遗产，这样在你的学科当中很快就能做出成绩。

另外，大家知道心理学也能为儒家的命题提供别开生面的论证。刘笑敢先生曾经有一篇文章谈到一个问题，美国耶鲁大学的教授，叫保罗·布鲁姆，他做了一个心理学的实验。通过这个实验他认为孟子的“性善说”有现代心理学的依据。我们现在谁都是这样，你看到一个孩子掉到井里了，会感受到焦虑和痛苦，这个孩子可能完全和你无关。在孟子的理论当中，这是推己及人，就是根据自己的心理去研究另外的心理，但是布鲁姆就根据现代神经学的研究，发现人的头脑当中有一个“镜像神经元”，它作为道德的生物学基础完美地印证了孟子的理论。

经过他的验证，他说人先天具有识别善恶的能力，天然趋善，或者是人天然具有道德感。他做了一系列实验，对 5—9 个月的孩子进行实验。比方说他有一个图像，这个图像他设计了有一个人推动一个球往山坡上爬，后面有一个蓝色的三角形，蓝色三角形帮助球往高处攀升，然后突然有一个绿色的三角形下来把往上爬的圆球推下山。换句话说，一个做好事的，一个做坏事的，他发现所有做实验的婴儿看到人帮助别人的时候，反应都是积极的、向上的、高兴的、兴奋的，当看到破坏别人的行为都是反感的，在心理学上通过镜像神经元能够观察到。另外，他还做了一个实验，给 5 个月大的孩子看一些优美的、很漂亮的图画，大家看到这么美的图画都很活跃，精神都是很活跃，但是又让孩子看到一些晴天霹雳的、黑暗的、比较恶劣的让人感到压抑的图像，发现那些孩子的精神都很畏缩。他通过这一系列实验，证明孟子所说的，人天然地向善是有生物学基础的。所以人性本善这个概念就不纯粹是孟子的一个猜测，而是一个经过现代科学实验证明，完全是客观存在的事实。所以这个我觉得自然科学的实验，特别是心理学的实验能够给我们提供大量的启发，所以特别是婴儿的实验我感觉非常好。

大家知道，中国古代法律我们可以概括为“人伦司法”。中国古代有一句话叫“亲亲相隐”，“父为子隐、子为父隐”，换句话说孩子观察到父亲作恶或者是犯罪，但是这个孩子不能出庭作证，尤其是不能举报，这是违背伦理的。现代很多研究法学的人，通过研究探讨了“亲亲相隐”的合理性，我个人是完全赞同。2012年，我们的刑事诉讼法就接受了“亲亲相隐”这个理念，将被告人的配偶、父母、子女排除在证人出庭的资格之外。你让儿子证明父亲作恶，或者是有犯罪行为，那对人的摧残是不得了的。

我给大家谈这些案例，是想说明儒家的思想完全有可能进行社会科学化的处理和冶炼，把儒家的思想、儒家的命题、人文追求、人文理念、人文向往经过社会科学化的处理使之进入现代知识体系和现代思想体系当中，从而指导对一个现代国家的治理，我个人认为这一点是完全可能的。这是我给大家讲的第二个大问题。

三、文艺复兴：创造与中国式现代化相匹配的新文化

儒学的社会科学化实质是儒学的现代化，是中华优秀传统文化的现代化。那么儒学为什么需要现代化？我个人认为我们必须认识到儒学的局限和缺陷。我认为儒家文化包括儒家的生活方式有三大缺陷，值得我们关注。一大缺陷是漠视个性，漠视个人权利，过于强调义务，所以儒家的思想有义务本位的倾向。强调种族、强调共同体、强调社群、强调家庭，这一点不能回避。读《论语》的时候是有这个感觉。你别说个人至上，包括个人的权利这个概念，在儒家的文献当中都很少，很少有这样的概念。更多地强调我刚才说的角色伦理，更多地强调个人对家庭的义务、对宗族的义务、对共同体的义务、对整个社会发展的义务，

我们很少谈到个人的权利。所以说，西方是权利本位，而中国的儒家思想，特别是传统文化是义务本位。在今天特别强调创新，特别强调创造性，特别强调创造能力这个背景下，如果继续漠视个性，抹杀个性，无视个人权利，肯定无法释放每个人所具有的巨大创造力，所以儒学的第一个局限必须正视。

儒学的第二个局限或者缺陷，是过于强调亲情，强调人情至上、关系至上。中国是个人情社会，这一方面有它的好处，我们到处能碰到人间温情，尤其是乡情、亲情，但同时也有很大的问题。儒家特别强调熟人之间的关系，直到今天依然如此。相对地轻视陌生人之间的关系，甚至有点漠视陌生人。中国人对陌生人的冷漠有目共睹，我们到西方去，西方人看见你都跟你 hello 一下，给你打招呼，上电梯也互相打个招呼，吃早饭也会给你问个早安。中国人不会如此打交道，熟人没有问题，陌生人不会。所以中国有点忽视陌生人，比较冷漠，这是一个问题。因为中国是一个熟人社会，费孝通先生的《乡土中国》，我不知道在座的诸位有没有看过的，一定要看一下费孝通先生的《乡土中国》，费先生有非常多的描述。中国人叫熟人好办事，这个到现在为止依然如此，有它的好处，我个人认为不能一并抹杀。但是所有这一切的背后都是强调感情在关系当中的比重、分量。人情、乡情、友情、亲情，这些都是，甚至监狱里的犯人，还会有“狱友”这样的概念，都是不得了。中国人的人情非常厉害，所以有时候有人说某某人高升了，你再也联系不上了，打电话不接，发微信不回。

我就说完全正常。如果他从小学一直维持到大学，维持到见所有的人，那他还工作吗？我们看很多犯人在反省自己的时候，都说战胜不了家庭、亲情，战友的委托、儿子的委托、兄弟的委托、妻子的委托、亲家的委托，战胜不了，所以我给大家说，这些都是我们的局限。它的局限在哪里？人情会对法治产生严重的消解作用。怎么样避免这个问题是我们要考虑的。

儒学也是中国思想史的另外一个局限，就是始终没能解决对公共权力的监督问题、约束问题。儒家实际上意识到了这个问题，儒家完全意识到了这个问题。孔子在《礼记》当中说“苛政猛如虎”，“苛政”就是过分的征伐、征调、劳役，比老虎还厉害。当然，按照习近平总书记的说法，所有不受制约的公共权力都猛如虎，是虎就要关到笼子里，把公共权力关在笼子里。所以如何防止公共权力对个人权利的侵犯，儒家寄希望于人的境界、人的操守、人的修养、人的品质、人格、自律、慎独，不需要外在的。所以，儒家在中国庞大的制度体系当中，也有监督、有监督部门，有言官，但是你会发现，起作用的、起主要作用的、起核心作用的不是太多，始终没能提出如何制约皇帝的权力。我们看中国古代社会大体上以 300 年为界，每一个王朝，最长的王朝不会超过 300 年。当腐败积累到一定程度的时候，一次农民起义扫荡一番，把所有的文明果实都毁灭了，然后再重新上来一个王朝、上来一届政府，然后积累到几百年又出现问题。这是一个很大的问题，是儒家没有解决好的。大家知道，习近平总书记在党的十八大之后特别讲究制度、纪律、规则、规矩，所以重建规则、重建秩序、重建制度、重建纪律，是党的十八大之后一个非常重要的任务。它的中心是要解决把权力关进笼子里。儒家意识到这个问题，但是没有能力解决这个问题。这是我给大家强调的一个问题。

所以，鉴于中国众多思想流派当中，只有儒家学说能够和马克思主义相契合，而儒家学说又存在一系列的缺陷和局限这个现实，我个人认为，复兴儒学不是复古，也不能复古。中国社会已经是工业社会、现代社会，不是传统社会，不是农耕时代。那么，儒学复兴的意思是什么？在这个背景之下，我们如何理解儒学复兴？我个人认为，儒学的复兴相当于西方的文艺复兴，这是我最近反复强调的，在各种场合都强调的一个问题。

大家知道，西方的文艺复兴表面上是返回到古希腊罗马，但是实际上意味着现代社会科学的诞生，表面上是走向古代，实际上是现代文化的创造。现代的西方没有一个人拿着柏拉图的《理想国》、亚里士多德的《政治学》去治国，没有人，为什么呢？柏拉图的《理想国》、亚里士多德的《政治学》已经在文艺复兴当中变成西方的政治学，变成西方的经济学，变成西方的法学，变成西方的管理学，所以诞生了一套哲学社会科学的西方范式，特别是自由主义的范式。所以，我个人感觉这是我们特别要关注的一个问题。今天的儒学复兴，就像西方的文艺复兴一样，中国的中华优秀传统文化在今天得到大面积的复兴，就像西方的文艺复兴一样，要从中诞生一个完整的哲学社会科学的中国范式。所以儒学复兴不是要复兴到儒学当中去，不是要复兴到唐宋去，不是要复兴到两汉去，我们所要追求的是中国本土的，能够呈现中国经验，最大限度反映中国特点、中国现实，使用中国案例、中国话语的哲学社会科学的中国范式。我们要创造经济学的中国范式、政治学的中国范式、管理学的中国范式、法学的中国范式、文艺学的中国范式，当然也包括我所在的历史学的中国范式。中华优秀传统文化的复兴、儒学的复兴，面向的是未来，不是面向过去。

我们中国改革开放 40 多年来虽然取得了巨大成就，但是，按照习近平总书记的说法，我们在世界上还没有讲好中国故事。之所以讲不好中国故事，就是因为我们没有一套能够揭示中国高速发展秘密的政治学、经济学、法学原理。所以 2022 年王沪宁同志到我所在的社会科学界去共商国是，他举了一个案例，给我印象很深。王沪宁说中国是巨大的发展中国家，我们有大量的发展经验，但是发展经济学却不是中国创造的，而且中国人也很少参与。他说这是不正常的。所以我们要从中华优秀传统文化的资源当中，从中国古典思想的资源当中，吸取养料，吸取它的有价值的成分，传承它的文化命脉、文化根脉，然后我们创造一个新的和中国式现代化道路相匹配的崭新的文化形态。这个崭新的社会形态按照习近平总书记到中国人民大学去考察所表达的，我们要创造中国自主的知识体系。我们现在受到的最大制约是知识短缺，有效知识的短缺，也就是说我们现有的知识体系无法解释中国道路为什么能成功。我们解释不了。换句话说我们无法讲好中国改革开放的故事、中华民族伟大复兴的故事、中国文化五千年发展的故事，讲不好。关键是我们没有创造出与中国式现代化、与中国式道路相匹配的崭新的知识体系、崭新的哲学社会科学体系，这样一个崭新的文化形态。所以在这个背景之下，习近平总书记在 2023 年 6 月 2 日的讲话当中特别强调要创造属于我们这个时代的新文化，要创建中华民族的现代文明。更加强调现代、更加强调当下、更加强调未来、更加强调现代文明，是习近平总书记 6 月 2 日讲话的要旨所在。所以我们必须深刻领会这个要旨，我个人感觉尤其是山东大学在这个创造任务当中，在创造新的文化形态当中，承担着特别重要的责任。

我们处在儒家文化的发祥地上，我们是办在孔孟故乡的这样一所大学，我们应该创造和孔子的教育家地位相匹配的大学，所以我特别希望我们在座的更多的年轻人，来继承这份伟大的事业，来参与这份伟大的事业。我们希望孔孟故乡的年轻人有这种文化自觉，有这种文化雄心，有这种文化抱负，投身到新文化的创造当中去。

中华文明三大认知体系的建构、发展、命运及其启示兼谈创新性思维

主讲人：郑杰文

郑杰文，1951年生，山东临淄人，山东大学文学硕士，南京大学文学博士，山东大学讲席教授，全球汉籍合璧工程首席专家，山东省文史研究馆馆员。曾任台湾大学客座教授、日本东京大学高级访问学者，兼任中华文学史料学会古代文学史料研究会会长。享受国务院政府特殊津贴，获“山东省社会科学名家”等称号。

主要从事先秦两汉文史研究，在先秦诸子研究和经学史研究方面成果丰硕，发表论文200余篇，出版著作20余种，主持国家、省部级科研项目十数项，获中国高校人文社会科学研究优秀成果奖一等奖、山东省社科优秀成果重大成果奖、山东省社会科学突出贡献奖等十数项。学术专著《中国墨学通史》入选《国家社科基金成果文库》第一批优秀成果（共10种），新华社、中央电视台《新闻联播》《人民日报》《光明日报》对此予以报道，并于2009年获教育部人文社会科学研究成果奖一等奖。主编的《中国经学学术编年》获第三届全球华人国学成果奖。目前主持国家重点文化工程“全球汉籍合璧工程”，任工程首席专家，主要负责合璧工程的总体规划与组织实施，全面负责合璧工程相关工作，主持制定工作规章制度和原则，统筹协调各团队的工作推进。

大家晚上好！来这里给同学们交流我很高兴，因为我到咱们学校30多年了，给本科生上课比较少，我一直在古籍整理研究所，我们那边没有本科生，后来杜泽逊院长他们尼山学堂我只上过一届，因为工程忙就没再去，所以今天晚上我很高兴。

我给胡玉翠同志报的这个题目有点大、有点杂，为什么呢？我主要是想我们的学术要靠传递，给大家报告以下六个方面。

第一，先总体说一下，中华文明三大认知体系，然后分着来说，第一是“生往之学”，也就是关于生死的学问；第二是“人人之学”，即人际关系、社会学的以儒家为主要代表的学术的认知；第三是“天人之学”，即关于人和自然的问题，以道家为主体代表。从中国古代的科技，也就是“天人之学”，然后想着能够回答世界科技史上一个问题，就是“李约瑟之问”，最后我们来看一下这三大认知体系的命运对我们有几方面的启示。

刚才我就说到，为什么讲得这么杂、这么多呢？主要是基于我对学术传承的一个理解。我留校之后，跟导师商量发展什么，当时董治安教授就给我说，高亨先生有几个方面的研究：一个是《周易》，一个是《诗经》等文学的研究，再就是先秦诸子。先秦诸子是我们高亨先生在清华大学做第一届研究生的时候，他的导师梁启超先生、王国维先生给他命题，做《韩非子》校释。所以能在这方面接替前辈老师做些研究，我很高兴。

董老师就告诉我，他说：“你想着以后有些比较厚实的成果发表，你先到历史和哲学这两个学科去活动。”我跟咱们学校的历史系，比方说当时的陈之安教授、乔幼梅教授、孟祥才老师，还有山师的安作璋先生，跟做哲学的周立升先生等人，参加学术活动大概十年，然后又回到咱们文学界。所以我这些知识比较杂，从好处来说就是基础厚实。

学术需要传递，到我们这里，我今年已经72岁了，还差一岁就赶上孔子了，“临遇孔氏之年”，我急切地想把学到的特别是自己思考的一些问题传递给同学们。我上课也是，经常讲我想到的一些乱七八糟的新的方面的东西，这样能给同学一个启发，使得我们山东大学文史见长的传统一代一代传下去，这是我心中高兴的。所以我讲的这几个方面，我对整个中国的认知体系，也就是知识的过程怎么样想的，有些什么问题，有些我也没有思考好，也没有解决好的，一块儿告诉同学们，你们有兴趣，积累起知识往下发展，那就太好了。

一、中华文明三大认知体系总说

我为什么用“认知体系”而没用“知识体系”呢？就是基于以下认识。一般而言，认知，是眼、耳、鼻、舌、身、触、思等通道，将感觉、知觉、记忆、思维、想象、语言等信息汇聚到大脑后的有机组合体。“认知”是一个人跟外界通过感官也好，思维也好，各种渠道的接触所获得的东西，它是一个有机整体。所以我们做什么样的研究都需要跨学科地来做，这是同学们要注意的，特别是中文系的同学应该注意，单一的文学研究往往比较难出大的厚重成果。

“认知”不同于知识，它永远在过程中，也就是说它在不断地进步，所以我选了这个词。下面这个是我悟的，认知 = 知识 + 技能 + 经验 + 思考。对不对，请同学们批评。

中华文明认知体系从关系的角度而言，分为三大板块：一是探索自然奥秘及为人所用的“天人之学”，二是研究人际关系以维系社会运行的“人人之学”，三是揭示生死关系的“生往之学”。“生往”这个词，借用自佛教。我两度在台湾大学讲课，课也不多，在那儿做研究的时候时间充裕。原来咱们做墨学研究的一个老朋友，叫张尚德，他跟着南怀瑾先生学禅，入世三年，然后在台湾做禅学院。他知道我去就让我给他讲东西，我就说我是无神论者，那我就讲讲关于生死的中国古人的认识。这后来逐步地浓缩，我就把这三个浓缩到一起。今天给同学们把我能想到的都说一下，这是我第一次正式地、公开地，算对外宣布想的这些东西。

人人之学，它的产生我理解跟黄河流域的原始农业生产方式密切相关联。这个思维方式，我是从马克思主义反映论提出来的。马克思主义的反映论是没错的，我们研究东西不能抛开社会的基础独立地看待一个东西的本身。天人之学的产生与长江流域采矿冶制等原始手工业生产方式密切相联。生往之学我一直考虑得不好，它的产生应该与东部海滨外海交通有关联。

我这个的思考，得益于咱们的老先生，我们老师的老师杨向奎先生。从 1990 年开始，学校跟滕州联合举办墨子学术研讨会，我那时候年轻做会务，跟着张知寒先生做很多学会的事务。虽然占用了很多时间，但是我一点都不后悔，因为就是在这些会议期间，我接触到当时我们上两辈的老学者，像南边的蔡尚思先生、匡亚明先生、北京的杨向奎先生，这个咱们图书馆的老馆长等，还有张岱年先生、任继愈先生，都谈了很多的学术问题。特别是杨向奎先生的两种文化的理论，解决了我在读研究生的时候跟我的导师董治安先生一块儿讨论好多年没有思考明白的一个问题。我一直在思考，为什么在战国时期楚国的很多东西，它当时位于南方，却跟东部的齐国有很多的相似相关联。我们师生讨论过多次都没有结论，杨先生在我们交往的过程中把他的这个“两种文化”的理论，就是当时的所谓“社稷守”“神守”，我后来称为“山川守”，因为“山川”和“社稷”相对应，讲给我，实际上对此他也发了一些文章。我明白了为什么《诗经》那么质实，就是我们原来说的现实主义，为什么《楚辞》那么浪漫，就是浪漫主义，这都跟文化息息相关，而文化又跟生产基础相关联，跟人们的原始思维相关联，这是我考虑这个的思维基础。我就不是只说结论，而是把我的思维过程跟同学们交流一下，这样你们在思考问题的时候可以有所借鉴。

二、生往之学的建构与发展

我先从生往之学开始，因为生往之学命运最长。生往之学在秦前有三大热点——齐生死（也有的说是等生死），求仙药，追厚生（追求生活享受），这是先秦特别是战国时期的在这一方面的三个热点。它产生的文化背景在于“神民易位”，这个咱们中文系学，历史系也学。春秋时期的神民易位，下面讲“人人之学”的时候我还要再详细地讲。因为人被重视了，人被重视的原因，经济原因在于私田大增。神民易位的标志在于国际结盟的时候是“歃血为盟”还是“质子为盟”。大家都信神的时候，在神面前发誓，喝血酒，如果违背了誓约，犹如此酒，就杀了。但是人们不信神的时候，神没法控制人的时候，那就交换儿子，大国交换太子，小国交换别的公子。我们看先秦的史书会明白，这就是人被重视，讨论人性，孔子的“性相近”、孟子的“人性善”，发展到荀子被我们所熟知的“人性恶”，这些讨论就在这种情况下催生了生死观念的讨论，出现了对死亡的恐惧，这是在神学社会中没有的。为什么古代有那么多殉葬的呢？那都是神学影响。

这个例子就是齐景公“北临其国城而流涕”，在牛山上北望自己国度的时候就想到了，哎呀，你看我这么好的地位，齐国整个都听我的，在我控制之下，但是能有多少年呢？晏子比较有智慧，说如果都不死的话还轮到你来当国君呀？这是我们都知道的一个故事。所以在这个背景下出现了燕齐方士的长生说，记载最为真切的文献是《史记·封禅书》，我毕了业有四五年在做这方面的研究。

长生说，就是拜见东海仙人，能够得到仙药，服之后长生，它是道家炼丹的萌生状态。长生说的文化背景大约与东部海滨外海交通有关联。受疑古派的影响，我们对原来的很多东西产生了怀疑，实际上我觉得有的怀疑有点过。像东部沿海航海业的起步是很早的，不能说远洋航行，但是比较远的近海的航行，在龙山文化时期就已经应该开始了，考古出土有证据。在长岛，考古学家在为一个殿挖地基的时候发掘到榫口整齐的船体残骸和与现在相差无几的船桨，还有沉到海底的石锚。专家比对发现，这个船应该航行得很远。所以这个航海就带来形形色色的海外传说，“东海之外，有大人之国”，“有小人国”，“有蒍国”，“有君子之国”，“有司幽之国”，“有白民之国”……有“日月所出”的大言山、明星山等，有人面鸟身的海神禺彊，有浴日的汤谷，有出日的扶木，从而构成了一个神秘莫测的海外世界。这是一个方面。

另一方面，种种古人不可理解的自然现象，更增加了这个海外世界的神秘性。比如海市蜃楼，海市蜃楼我有幸在咱们威海那边看到过，是十分神奇，有时候几十分钟或者一个小时。古人面对东海时做出一些哲学思考：为什么“万川归之，不知何时止，而不盈”？这是我们读《庄子·秋水》中，得意扬扬的黄河河神跟海若的对话。意思是下了这么多天雨，大河满了，往海里灌，海水为什么依然还是涨潮落潮那么高？再如，太阳、月亮为什么在西方沉没之后又从东海升起，这成为《天问》中的一问。这种说法是在“盖天说”的宇宙认识背景下出来的，这就是所谓“天圆地方”，天有坝基、柱子支撑，四周是海，后来在“混天说”之下，大家就比较明白这个现象了。

所以是什么东西使东海具有这种千秋万代不变其形，使太阳月亮“死而复生”的神性呢？他们认为东方很神秘，由此他们幼稚地推论出：这个海外世界存在一种长生不死药。所以秦始皇在东部求仙人，这就是司马迁所说的，他们从西边用武力征服了整个中华，而东部的思想文化向西覆盖了中华。

这种传说吸引着执政者。首先被吸引的是战国后期的齐景公，齐景公不辞浪涛颠簸之苦，数月在海上巡游，冀有所遇。然后就是秦始皇，徐福曾经被派去给他寻求蓬莱、方丈、瀛洲三神山，所以现在日本很多地方认为徐福是他们的天照大神。我一个零几年的博士，他有日语背景，所以他从日本文献的角度来研究徐福的东渡，当时的学者比较欣赏，比方说曾经做过两任中国社科院文学所的所长刘跃进先生十分欣赏他的博士论文。追求长生不死这是先秦养生的热点之一。

这也启发了庄子的等生死（齐生死）学说。“庄子妻死，惠子吊之。”惠子在魏，也就是现在的山东西南部、河北东南部这个地方做国相，因为他跟庄子两个人的关系，所以庄周妻死他来吊丧，结果进门一看，庄子箕踞鼓盆而歌。箕踞就是劈着腿在那里坐着，十分舒服。但是我们知道汉代时候的裤还没有裆。所以见庄子敲着铜盆，也可能别的盆，在那里唱。惠施就说，“与人居”，跟你夫人住了这么多年，一起生活，“长子、老”，你天天光知道做学问，光知道辩论讲学，都是你夫人把孩子养大了，把老人抚养送终了，“身死，不哭，亦足矣”，你不哭也就罢了，你怎么还能“鼓盆而歌”呢？你太过分了！庄子就说怪不得你辩论不过我，很多事你都不明白，这就是他“齐生死”的集中论述，在《至乐》这一篇中。他说一个人呢，都是从自然界生出来的，然后死了再归于自然界，我内人比我早死早归自然界，她必然比我早生早在人世上再一个新人，这不应该庆贺吗？这就是他关于人的生命的认识，在《知北游》中总结出来："人之生，气之聚也，聚则为生，散则为死。"这就是他们的哲学认识，跟我们后来的细胞学说应该相通，但是我们不能用现代科技再去附会他。他们通过什么样的媒介认识这个问题？人是自然的一部分，就像树木一样。这个认识如果在中华大地上传播开来，没有佛教的事。

再就是三晋人子华子的"厚生说"。他的著作没看到，但是遗留在《吕氏春秋·贵生》这一篇中，他就是"全生者，六欲皆得其宜也"，就是但求现世拥有，就那种我先吃喝了、我先高兴了再说，这样一个态度。

这就是当时他们的东部的"长生说"和西部的"厚生说"，这个一直影响到后来。我就找到了中间的传递状态，这个《人物御龙图》，是在马王堆出土的，这是驾龙到极乐世界去的一个图，这是楚国的帛画，我们王国维先生讲二重证据，除了文献之外，这是一个证据。

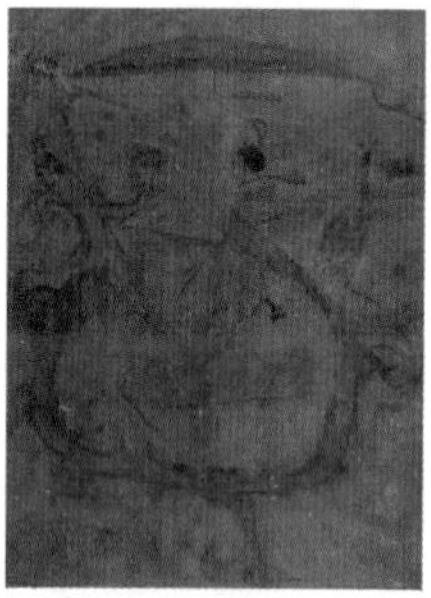

人物御龙图

另外一个是《人物龙凤图》，表现的是到了天国的欢乐景象。这都是出土之后命名的。这个是在陈家大山（1949年2月），因为当时的解放战争，国民党政府也没顾上搜集，后来这个东西就藏在美国国会图书馆。20世纪90年代我

人物龙凤图

在美国开会，暑期班的时候我专门到国会图书馆看这个图，后来我们的一些著作也都复制回来了。

下图是在马王堆出土的盖棺的一个棺衣，体现的是从人间生活怎样一步一步地提升，提升到天国之处，最上边宽一点的这一个是他在天国欢乐的生活。这是当时在高层人士中所能够做到的流传的东西，但是老百姓没有这个能力，所以这在高层中流传，吸引了秦始皇，吸引了汉武帝。秦始皇求仙，汉武帝就做得更多了，一拨一拨派方士找仙药，找仙药不行了，就自己炼黄金来吃黄金的气息，想着长生。他们的思维方式就是，自然界的一些东西可以嫁接到人体来，这是受庄周学派的影响。因为他们要把黄金比天不朽的性质移植到人体内，现在山东还有黄金酒。这都不是老百姓能做的，所以老百姓在艰难生活中，特别是两汉之交，在东汉末年的战乱之中十分困苦，特别是没有临终关怀，这样就给佛教的传入留下了一个文化空间。

马王堆1号汉墓帛画

所以佛教就来这儿宣传，到西方净土，到天国。它讲西方净土，我们讲天，后来这两边就嫁接到一起了。你修行了可以升梵天，到净土去享乐。

佛教的传入有它的文化功能的好的一方面，比方说它是劝善的。《别解脱经》说诸恶莫作，诸善奉行，这样转世的时候你转得也比较好，起码转不成猪狗，另外你到西方净土去可以听佛在那里讲经。还有在别的方面的影响，比方说对文学的影响，对于音韵的发展专门有些文章和著作来研究；佛教传入带动了我们唐诗宋词的发展，比起《汉乐府》和四言诗五言诗，唐诗讲音韵、讲律，这跟佛教传入的这些东西有关系；再就是我们韵散相间的文学表现形式，这都有关联。

佛教的盛行也带来社会文化的弊端，比方说从社会政治经济的层面讲，它与朝廷争夺国家资产，所以引发了五个帝王来毁佛；再一个争夺我们文化的主导权，所以引起了知识分子的恐慌，从中唐开始知识分子崛起。这个令我想起在 90 年代，我刚做博导没几年，那时候博导少，广西大学请我去讲学，他们组织了一次大的学术报告会，有 300 多个同学在那里听，听完之后同学问我问题，他说："老师你讲的我们觉得挺好，很有用。"把我说得很辛酸，我在那里很动情地说了一些，我说，"孩子们呢，如果是我们都这样"，那时候穿喇叭裤，染黄头发，眼球要七彩漂染，"这样的话我们都成了英美人了，我们中华民族没了"，这就是文化恐慌。既然国家培养了我们，文化传承的责任就在我们身上，也在你们身上，特别将来在你们身上，这就是同学们应该承担的民族文化责任。

这是我对"生往之学"的总结，秦皇汉武肉体长生以久享乐，这样就把"长生"和"厚生"都结合起来，想自己，这都是人的私欲的问题。人都有私欲，生死论被搁置，就是庄子讲的那些没有被推及民间，或者在理论层次的研究也没有再继续下去，因而有佛教的突入，来这里填补生命的恐惧、临终关怀的社会文化空白。这个给我们的启示就是本土文化的缺失导致了外来文化的进入，所以在座的文科同学肩负着完善传播我们中华优秀传统文化的历史使命，理工的同学就从科技的角度来发展我们的国力，提升我们国家的综合实力。

三、人人之学的建构与发展

然后我们进入另一个“人人之学”，也就是人际关系这方面的学问，在三大认知体系中这个是做得最好的。我在台大上课比较少，就去跟文化部门的孔垂长（就是现在他们的奉祀官，是孔德成先生的孙子，他母亲是咱们山东东南部的）约在 101 吃饭，就聊起来，他说：“郑老师咱们就在私下里讲，我们的孔子这些学问还有用没用？”我说：“当然有用，他最大的用处在于用稳固家庭来稳固社会，只要是以家庭为基本社会单位的这种社会状态还在，孔孟的学问永远有价值。”这就是我想讲的最主要的东西——人人之学，儒家为代表的人人之学。

人人之学我们知道是从周公奠基的，这就牵扯到古文经学、今文经学。今文经学说我们这个学问是从孔子开创的，古文经学说不对，再往前是从周公开始的，我觉得这个比较符合历史状态。周公在答殷遗民之问的时候提出了一个道德问题，从而使得神民易位的种子发芽，然后引发了春秋时期的神民易位，出现孔子解决世界动荡的修齐治平，这是下面我要讲的最主要的纲要。

周人灭殷之后面临两大社会思想文化问题：第一，周人是否有作为天之子的资格？这个我们现在一看好像很可笑，有枪有炮有势力就当天子，但是那个时候是神学社会，神给你这个资质吗？这是殷人自己的角度来问的周人。第二，如果都有资质的时候为什么你们来取代我们？《史记·殷本纪》记载，殷人的先祖契，他的母亲叫简狄，在河里洗澡的时候看到天上一个鸟很漂亮，在飞，她仰头看的时候，张开嘴，结果一个鸟蛋掉到她嘴里去了，所以“感孕而生契”，所以我们的祖先契是没有人间爸爸的。这就是社会文化思维的不同。那时候是高贵的血统，神的血统，这是我们认识春秋前社会的一把钥匙。明白了这个我们对于春秋以及再往前商周、西周的东西，我们能有更深刻的认识，能有许多重大创新成果的实现，这是同学们应该注意的一个问题。用神学的思维来看那个时候，这就是陈寅恪先生所说的你要用当时的那个社会文化和当时人的思维去研究当时的问题。

所以周人为了回应这个，就有了“姜嫄履大人迹”之说。我们看到最早的文献是在《诗经》中，再往下就是《史记》等的记载，这就是说我们周人也是神的儿子，大家同样有资格，如此就有第二个问题了。同样有资格，为什么取代我们呢？这是周公旦为了当时辩论所提出来的，“天命靡常，惟德是辅”。他这里接受的是伊尹的一种思想，这是方辉教授给大家讲的，文明、思想文化都是传递的，他接受的是伊尹的思想，就是“天难谌，命靡常”，老天的命是把管理人间的事交给这个人，所以叫天子，因为什么？

周公旦说“惟德是辅”，只有有道德的人，老天才辅佐他，让他当天子。

从武王伐纣来看，周人为什么能够胜利征讨纣王，正是因为纣王失德，前线士兵倒戈，带领我们包围了鹿台，殷纣王自焚。这是周人的说法。但是近期我查到了一个材料，周人为什么能够号令诸侯能集合起多数诸侯去攻殷，因为在大的气候变迁中他掌握了粮食。这是我们做研究需要注意的，学问需要跨学科碰撞。我们如果研究一些问题，历史也好，思想也好，经济也好，乃至文学也好，你不关注当时大的气候变迁，那是不得旨要的。为什么两宋之交的战争那么惨烈？北方压过来，因为当时的苏州河上可以过载重车，那时候的车没有橡胶的，压强很高，所以那个冰要很厚很厚才行，也就是气候那么寒冷，北方的游牧民族没法生活了，所以他们要进中原来争夺生存权。明白了这些，我们再去研究文史，研究政治经济，那不就能够别开生面吗？这是同学们在学术研究中需要注意的问题。

周公旦提出，殷兵皆叛纣是我们得民心获得天佑的明证。这样实际上就把神权交给了民，这就是神民易位的种子种下了，这就是马克思主义所讲的资本主义在发展中培养了他的掘墓人。在当时的那种科技还没有现在这么发达的情况下，有工人，工人多的，才能够获得一些利润。但是现在科技高速发展，需要再做一些新的研究，所以习近平总书记讲我们要发展“两创”。

周公的“惟德是辅”说带来两方面的社会效应。一方面他告诫周的后代君王都必须修德，因而他还设立了一套训诫系统，这个就在《国语·周语上》，跟《诗经》的产生有很大的关联。我们学文学史的时候都说，振铎来这里采诗，然后献诗，都跟这个训诫系统有关系。周人在“惟德是辅”政治观念下，在治理思想方面生成以“以德配天”“敬德保民”“明德慎罚”为主要内容的“德政文化”说，成为后代王朝追慕的政治理念；在治理措施方面产生训诫系统，成为后代王朝效仿的政治制度。

另外，“观民定德”引发春秋“神民易位”，有德无德看民心，这样逐步地人取代了神，取代的标志刚才我先讲了，就是“歃血为盟”到“质子为盟”。

它带来的另一方面的影响就是僭越，这些我们学历史也好，文学史也好都学到过。僭越实际上是从天子开始的，古代的天子没有多少特权，神来指派他，从无托生出来，是为天下苍生承担责任的。例如，九年大旱，汤尧去自焚求雨，结果还没点火天上下雨了。再就是我们在《春秋》中读的鲁国大旱，鲁君要焚巫，他要承担责任的。这是许由说的，谁愿意当天子，又累又要承担责任，没有多少好处。好处是什么？就是来食祭之余，祭神完了那些剩的东西分祭肉，这就是好处。所以古代大事，在祀与戎。“祀”指天子领着祭祀，另外天子还有一个权力，就是我们集合起来要打谁，就是“戎”。古代的时候在鲁国改革之前没有“税”，只有“贡”和“赋”，“贡”是贡献特产祭祀祖先，“赋”就是军赋，以求一辆战车的军赋。

天子从食祭之余，后来发展到自己享乐，没有祭祀他也要享乐，这跟社会物质的逐步丰富有些关系。诸侯就效仿，僭越天子，要扩展地盘，所以引发了诸侯大战。大夫要开私田，要增加经济势力，所以僭越了诸侯，这就是《论语》说的“季氏富于周公”，“三家者以《雍》彻”。我后来觉得它跟英国经济学家马尔萨斯有很大的关联，也就是说人口是按几何数率增长的，它有无限成倍扩展的趋势。这个原来我感知不深，我们那个时候你要生两胎工作就没了，所以都是一个孩子，看不到人口增长的几何数率。我在台大的时候，特别是台湾大学还是老传统，星期六、星期天大家互相喝个酒，然后约起来开车出去玩。有一次我们深入到阿里山深处，有一个做饭的做完了跟我们聊，他父母生了 15 个，活了 14 个。那天我在海南还是在哪里，认识一个人，他是那边沿海的，他就兄弟 12 个，我一下子太惊讶了，我也没问他是不是少数民族的。人就这样，一个往往不会生两个的，特别原来没有那么多的避孕措施，两年三年生一个，这个有效的二三十年间会生很多的，所以人的增长是几何数率来长的。但是社会物质绝对不会的，像原来主要靠农业，今年 500 斤亩产，明年最多 600 斤，不会突然到了 1000 斤，这两边的差距使得大夫开私田，这就是原来历史系讨论的井田，然后往外开私田，要不然饿死了。刚开始去的时候百十个人，方圆五十里、方圆一百里，刀耕火种就能吃饱，但是这么一繁衍，不够了，没办法不能饿死就往周围开，开的田多了，国家也没办法了，所以施行“初税亩”，这是他们历史系学的。我们中文系的历史上也来讲，这就引起社会动荡，从上到下，从天子到诸侯的战争，一直到大夫僭越诸侯导致的社会管理失序，这就是孔子所面对的社会动荡的情况。所以孔子的社会思想前后有变化，带动了他的文化思想、学术思想的变化，出来了古文经学和今文经学的汉初的后续，这是讲经学的时候我跟他们经学史上看到的不一样的地方。

孔子接续着周公的德政，为政以德。下面问他，他就说，“为政以德，譬如北辰”，像北极一样，“居其所，众星共之”。你去做领导，首先要有道德，给大家做表率。“君子之德，风；小人之德，草。草上之风，必偃。”“其身正，不令而行；其身不正，虽令不从。”怎么样做到身正呢？要合理，要做仁人。所以孔子第一次把周公的礼和当地的或者是东部的，或者是他的家学宋家的，也就是殷人的家学传递的“仁”结合起来。这是我们刚做学术研究的时候关于儒家的两大争论，一个是蔡尚思先生认为孔子是落后的，一个是匡亚明先生组织孔子评论，认为在孔子的思想中“仁”是第一位的，所以是进步的。后来我写了一篇文章，认为这是一体的。他一体的过程在于用孝把它连接到一起，下面我就讲讲我对于孔子的认识。

孔子首先讲礼，但是他讲的礼是可以损益的，也就是可以改变的。因为周公之礼是在当时宗法制社会背景下所产生的，那就是为什么你生下来你可以当天子，你生下来就可以当三公，你就可以当诸侯，我才能当大夫，或者我当士，就是因为血缘近远。你是天子你就有了天子的权力和利益，我是士人，我就没有你那么大。但是这时我们都认命，都认为是很可以的，因为是神学控制下的。后来变了，所以孔子要把它拆成两部分礼，一部分是仪礼，就是交往之间的仪式，这也产生了“小人之儒”，再就是荀子所说的讲仪式的儒，农活忙完了，“大丧是随”，这些小人之儒很高兴，有吃饭的地方了，有喝酒的地方了。再就是“君子礼”，把儒家的东西上升到社会治理的高度，这就是颜渊等人一派。他强调仪礼和伦理，伦理就是“君子儒”所讲的，所以这个是“不学礼，无以立”，要“立于礼”，要克己复礼。“一日克己复礼，天下归仁”，他把礼和仁结合起来了，克己是加深道德修养，所以孔子说：“人而不仁，如礼何？”你如果没有仁心，没有仁义道德，不是一个仁人的话，你对于礼怎么讲？你只讲外在的表皮。

所以他讲要德化天下，这就是《韩诗外传》讲的故事，孔子跟子路、子贡、颜回游景山。子路是一个武者，所以他说：“我如果去，就率三军保卫国家。”子贡嘴很利索，他说：“那不是，你两军要是打起来的时候，我去一游说，两边就不打仗了。”然后就问颜回，颜回讲的是“得小国而相之”，我没有大本事就在小国里做辅佐，“主以道制，臣以德化”。用传统的儒家的“道”和“德”来感化整个国民，所以“四蛮莫不释兵，辐辏乎四门，天下咸获永宁”，后来有一些年号如咸宁、永宁，就是从这里出来的。

民人怎么办？民人是“笃于亲，则民兴于仁”。亲情笃厚就成仁人了。这个儒家讲“孝悌也者，其为仁之本与”，这是把“礼”、把“仁”用“孝”嫁接起来了。明白了这个，《论语》学解释史上几个比较有争议的、不得其解的东西我们就能够明白了。比方说有人就问孔子“奚不为政”，你为什么天天讲别人怎么从政、怎么样治理，你怎么不去做呢？

孔子说："《书》云：孝乎惟孝，友于兄弟，施于有政。"孔子讲孝道就是为政，这就看出了孔子的政治倾向，他的"孝"的重要性。

还有另一个争论一直比较大，"叶公语孔子曰"，"语"是主动的，他在楚北的时候是一个小诸侯，他说："吾党有直躬者，其父攘羊，而子证之。"我们说这里耿直，就是他父亲偷了羊，他儿子去举证他，这是忠君，忠于社会治理。孔子说，"吾党之直者异于是"，我们这说直跟你们说的不一样，"父为子隐，子为父隐"，他父亲偷了羊，儿子给他隐瞒，儿子偷了羊，父亲给他隐瞒，这个叫耿直，所以一直比较难解。这就是孔子"孝为先"的思想，先孝而后忠，这个思想后来一直到汉武帝时期才得以扭转，这就是为什么司马迁会受宫刑。

因为儒家有一说："其为人也孝悌，而好犯上者，鲜矣；不好犯上，而好作乱者，未之有也。"犯上作乱往往在家里不是孝子，这就是孔子的思想，来用道德感化稳固一个家庭，稳固乡里，然后稳固诸侯国，最后行到天下，这就是儒家后学所总结出来的修齐治平，修身、齐家、治国、平天下，这就是儒家的一套社会治理模式。因而我们在这个学术史上，我们在文学史上所讲的诗教等，都是从儒家、从孔子 45 岁主政之后出来的学术理念。

这就是我们所要讲的，"孝，礼之始也"。原来讲孝，以孝治国，所以影响了楚文化背景下成长起来的刘氏集团到中原执政。这个从汉惠帝，从汉高祖也有这方面的一些德的讲求。我们知道孝惠帝就是汉惠帝，据传是喝了酒生的，不太聪明，所以后来有人想要替代他的太子之位，这就牵扯到他们内部的斗争。但是怎么样来稳固呢？吕后让他去请“商山四皓”，以孝德感动他们，得到他们的诚心辅佐，然后保住了太子位。所以汉代皇帝常以“孝”为谥号。通经致用，举孝廉。举孝廉导致经学的失势。我们知道西汉往往是以经取士，后来变了，变了之后才会出现纯学术的经学，才有了郑玄的古文经学的胜利，所以无论什么东西我们去做研究的时候都要看到另一个方面。

文帝也是讲孝道的，汉武帝最后变了，他爸爸汉景帝那个时候也是，开始意识到这个问题，那就是战争越来越多，需要有人去当兵。出了这个问题，大家都是“父母在不远游”那就麻烦了。

这就是李广利和李陵的问题，李广利带着3000骑兵，李陵带着5000步兵，李陵碰到了匈奴的主力1.5万骑兵，苦战8个日夜，矢尽粮绝，没办法投降了。为什么呢？因为他有父母，有妻儿，需要回家尽孝。这令汉武帝十分震怒，所以在朝廷上问的时候没有人敢搭腔，司马迁接话了，所以被处以比砍头轻一点的刑罚——宫刑。前人有很多说法，这个同学们可以再去查。

我论证，汉武帝的改变就是为了多招兵，多去扩边，使我们中华版图越来越大。这下边是一个论证。霍去病曾言：“匈奴未灭，何以家为？”武帝对外征战，内需人才治理，故借刑司马迁而扭转此风气。

这是关于人人之学的总结，就说执政者讲“为政以德”，从社会精英的“修齐治平”，也就是“稳定家庭”以稳定社会的治理模式，被历代执政者所接受，因而产生了我们的“人人之学”。现在这种观念也被越来越多的外边的人士所接受。

四、天人之学的建构与发展

下边我们来看天人之学。首先我以长江流域的青铜冶炼和铸造、制造这一系列的考古发掘来说明一个很重要的方面——社会生产。在长江流域，青铜冶炼铸造制造比我们中原要早一些，范围大一些，以此来讲对思想文化、社会治理的影响。这一个我是受方辉院长的启示。在 2010—2011 年的时候，有一次学校派车送我们去北京，在路上这四个小时就讨论，我们曾经协商，让两边的研究生互相听课，就是他们需要文献的东西我们需要考古的东西，特别是做先秦两汉的，然后就讲到周人主要靠农业，靠粮食，商人靠什么？他接受了张光直先生 60 年代的一个观点，商人靠着冶炼，靠着铸造祭神的器皿越来越精美来控制诸侯。这个对我有很多的启发。所以后来我就把这个跟杨向奎先生说的神守、山川守结合起来想。考古界后来证明中华文化的发源有两大中心，一个是黄河流域，原始农业社会的发源，另一个是长江流域，冶炼铸造的发源。长江流域的很多东西比我们中原要先进，随着三星堆的发掘大家对这个越来越认可。金沙遗址刚发掘的时候我过去看了看，在那个展览面前站了好久，就是一个像桌子这么半大的石头，比这个还稍微厚一点，切的那个缝，现在用激光切可能才能切成那样，比这个还细，还直，上下一样。我当时就问他们，这在当时是怎么做到的。他们说我们这边也没有研究出来，最终没办法了，就说用牛毛的弓，把牛毛弦上弄上金刚砂这么切出来的，但好像也不能做到那么直，那么平。现在越来越看到，金沙很多的青铜器比我们这边要先进得多得多，这个慢慢地有个系列了。我因为追寻这个，所以注意到这些。第一就是这个甘肃临夏州林家遗址这里，按照时代来说是公元前 3000 年左右，是咱们五帝和尧舜之间的，国家状态之前的时候，在这个地方有比较大的冶炼遗址。这个最早报道出来的是做生态的，做环境保护的，所以同学们去看东西的时候，看的面要宽一点，当时就因为那个地方方圆一百多公里植被破坏得厉害，所以追寻到那个地方的一个冶炼遗址。

再往下就是三星堆，三星堆的出土文物，我估计想做早期学术的同学都会关注，那么精美。再沿江东下，是湖北武汉盘龙城的大规模的铸造遗址。这个距今 3500 年前就有，一直持续到后来，到了西周前后。再往下就是湖北黄石的大冶铜绿山遗址，铜绿山的设计让考古界十分震惊，设计完善，里面像排水系统都有，等等，这个遗址年代上限在商代晚期。然后是江西新干大洋洲遗址，就是在这个遗址追寻到了吴越十分锋利的兵器，这个在春秋特别是战国时期非常有名。

然后就是墨家。《墨子》我们知道原来有七十一篇，后来剩下了五十三篇，这得益于道教的保存。《墨子》现在五十三篇中分为五个部分，这是胡适先生在哥伦比亚大学做他的博士论文的时候提出的，后来严灵峰先生又分了六类，还是在这个基础上，所以现在大家基本都认可胡适先生的分类。他分为五个部分，五个部分其中有两大部分是包含科技内容比较多的，一个就是墨经四篇，墨辩有六篇，包括两篇《大取》《小取》，主要讲逻辑学。墨经四篇，讲了 180 多个或者 190 多个定义，因为标点分章节的不同，数量统计的不一样。这些当时的定义，有 60% 是关于自然科学的，还有 30%、40% 是社会科学的定义。我曾经让一个学生把墨经中的这三四十条定义跟墨家十论现在这三十篇左右的去对比，看看有什么同和异。这个主要是科技理论，集合当时中原的东部的，特别是制造业的理论，写商人的比较多。另一个就是科技产品，在《城守》十一篇中。

关于墨家的科技成就我简要说一说。第一个是数学，关于这个前人研究比较多，咱们的杨向奎先生专门写过一本著作《墨经数理研究》。关于“点”的问题，“点”我们现在很明白，不就是一个点吗？不是，那时候定义很难。点，在《经上》叫作“端”，“体之无序而最前者”。“端，是无同也。”这个与欧几里得的几何学中的“点”的定义一样，但是早了 150 年，这就是我们早期的定义。第二个是“圆，一中同长也”，一个中心点，然后一个同长的半径，它的轨迹就是圆。这些都是很早的。还有数位，“一，少于二”，这个好理解，“而多于五”，一比五多，这就是在的位数不同，就像算盘一样。再就是物理，小孔成像。再就是关于“力”，力是一个无形的东西，我们后来知道“加速度”。“力，形之所以奋也。”有一个有形的东西，突然动了，就是外力推动，这就是力，这就是墨家的解释。这个解释比亚里士多德提出来也早。再就是时空，关于“宇”和“宙”。

咱们学校有一个老师叫姜宝昌，他跟着殷焕先先生读的硕士，“文化大革命”前期他原来是在山师读物理系的，所以他写的《墨经训释》比较好，也获过省里的一等奖。再就是谭戒甫先生的《墨辩发微》，因为郭沫若院长的干涉，所以在中华书局印的，现在科学出版社也有出版。

以上一百几十个定义还没研究透。然后是产品——连弩车。我们知道从弓、矢，一直到弩，弓是人拉着往外放，所以瞄准比较难。这个用机械力拉起来，瞄准好了，就像现在枪的扳机一样，一打就放，那就瞄得比较准了，并且墨家发明的射得比较远。然后是转射机，这个能像机枪那样转着往外发射。这个轒车就是坦克的前身，攻城用的。藉车，是投石头的，用杠杆原理投石头，能投很重的石头。像瓮听、灌水防止敌人攻城的掘进，木头城门怎么防火，等等。这个获得了杨向奎先生高度评价，也获得了美国华裔学者何炳棣的高度评价。

关于秦的武器的这一方面，考古发现，在湖北出土的越王勾践的剑，出土之后是很光亮的，两千年不生锈，他们研究是镀了铬。这个镀铬技术是几十年前德国才发明的，因为铬的熔点很高，要4000度才能够熔化，当时怎么做出来的？并且还有一个，在秦始皇陵前边，在秦兵马俑二号坑中出土的青铜古剑，出土的时候压弯了，压弯了之后放在仓库里，过了几天他们去看的时候直起来了，这就是我们原来的青铜铸造技术，这些都很超前。

五、“李约瑟之问”与中国古代科技生态

秦墨这些科技被消融，他们做科技史的、做墨家学术史的关注比较多，然后我在这儿综合说一下，历代我们超前的在世界上领先的科技技术，像历法的问题，天文仪、圆周率、算盘，磁偏角的发现，游标卡尺等。游标卡尺是1992年春天在扬州出土的，这个有图的，他们说是在王莽时代，跟现在的卡尺十分相似。但是它差了多少年？王莽建国从公元8年到公元23年，到现在两千多年了。类似这种领先于时代的科技发明很多。

在梳理这些发明的时候，我们发现他们基本不在宋代之后，这就是李约瑟提的这个问题。李约瑟写了15卷的《中国科学技术史》之后，提出了这个问题：中国古代的经验科学十分发达，但是为什么中国没有产生近代的实验科学？这就是他的问题，被称为“李约瑟之问”，也就是说中国对人类科技发展做出了很重要的贡献，但是近代科学和工业革命为什么没有在近世的中国发生？研究科技史的人有统计说，从公元5世纪到17世纪初，重大的世界科技成果，中国的比例一直占到54%以上，而从19世纪开始骤然降到0.4%，这个问题值得我们，值得你们这一代作为将来国家的主人思考。

我的思考就是借用生态的理念（咱们老校长讲的生态美学），这是他们科协召集会的时候我提出的，生态是一个动态平衡的系统，主导生态的因素十分关键，也就是说国家政策的问题。中国的“人人之学”历代执政者都重视，

但是中国的科技“天人之学”的发展有点差，被称为奇技淫巧。像火药，火药是我们发明的，但是火药被用于战争很晚。我们早期都有，但是后来再往下发展我们不行了，我们落后了，所以被人家攻破了海防。像这个，用大风筝，用线放出去，去探查敌营，从汉代就有，但是后来我们没发展起来，这都是历史上给我们的启示。所以在科技成果、科技主体、科技管理中，科技管理是很主要的调适者。中国那时没有专利法，像在西方我们发明一个东西受到专利保护，不用多少年我就发达了。像燕京顺德的一个人，他靠着400多万美元起来的，这是一个发明炼铝的教授捐出来的。像诺贝尔奖，都是他们科技发展了，由于专利自己富了，然后捐给社会，回馈给社会的，这个中国古代没有。为什么中国古代那么多好的东西后来失传了，这就是老百姓当中说的“教会徒弟，饿死师傅”，这就涉及科技管理在社会调控中的问题。

另外中国古代还有其他原因，第一个是思想原因。原始的农业生产方式造就了儒家向后看的这种思维模式，为什么？因为原始农业是靠经验来指导，来引领的，周人尚老，所以有“养三老”的制度，我们再用社会生产去看上层的制度，你会看得更加深刻明白。比如在什么时节种庄稼最适宜？因为古代基本一年一熟，太阳从哪个山顶升起来的时候来播种不早不晚，你播早了出了芽一场霜冻冻坏了，你播晚了，最后还没等完全成熟的时候来了寒冷天气，收成减低了，所以经验十分重要。老人有经验，这就是为什么农业社会要“尚老”，这就产生了“往后看”的思维模式，导致了春秋战国时期特别是战国后期社会方士的争论。一个就是儒家和墨家的向后看的“尧舜至上”，我们要仿照尧舜的人治社会去设计新的社会运作模式。另一个是仿天人去设计，这就是黄老，这就是齐学，仿照天的运转，仿照四季的运行去设计治理的理念，这集中在《管子》和《鬼谷子》的《持枢》这一篇中。这两种模式一直在争论。这是思想原因。

第二个是政治原因。因为农业社会传承一直重农业，抑商，压制商人，反对奇技淫巧。

第三个是方法论的原因。同学们要做研究，出去要做一些管理和引领，在这方面我讲多一点。儒家古文经学实证寻源的方法的桎梏使得从方法上出现了问题。我写了一个反证，就是今文经学方法复兴的时代，中国的科技都会发展。比方说中唐到宋代时期火药用于军事，孙思邈总结出来硫黄伏火法配方。在唐昭宗时代，军队就用“发机飞火”，就是火箭，但是我们的运载火箭是20世纪70年代这才做出来，所以美国和当时的我们所说的苏联都害怕。你有原子弹也好，你有氢弹也好，你不能像1945年一样，靠着飞机去投掷，你得有远程运载的东西才能打到敌人的那边去，要不然自己也完蛋了。北宋政府造火炮，但是后来，坚船利炮都是人家的。

社会问题，刚才我讲的思维有不同的路向，向后看的这个思维模式这几年不再这样了，原来总是公布我们比去年增加了多少。我们跟周边比，我们都在亚洲，跟韩国比，跟日本比，跟当时的“四小龙”比，人家进了多少，我们进了多少，应该这么比。所以后来这几代领导人都这样了，关注我们在世界上怎么比、怎么样。

六、三大认知体系命运的启示

最后一个是启示，科技是生产力。邓小平刚提出来时，学界很多人笑，然而事实证明是正确的。科学技术的发展使得生产突飞猛进，现在国家十分抓这个。儒家的稳定倡导向后看，但是我们明白了其中的局限，所以我们要向前看，要倡导“假说”，很多东西都是从奇想、旁逸斜出的思维出来的，我一直开玩笑说我们中国需要一个刊物就叫“《假说》”，想到哪里写到哪里，乱七八糟的“东西”你都写出来，你自己不做供别人做，引发别人去思考。美国的孩子多是被这样训练的。就数学来说，我们去数学比赛也好，我们的基础课程也好，都比他强，但是后来的发展不一定，所以现在我们很多科学家从美国的科技环境中成长起来又回国服务。这是我们这个民族文化的一个问题。

再就是社会上的尊重问题。

再就是传统思维模式的启示，这是第二个启示，就是刚才我们讲的文化缺失就有外边的文化填补，落后就要挨打，所以文化要进步、科技要超前，其中最重要的就是要培养创新性的思维模式、创新性研究，从咱们学术来讲，需要三个大的方面——新材料、新主题、新角度。

新材料不用说了，出土文献也好，但是我们做这个传统文献的，还有几个大家需要注意，有一种叫作古佚书，90年代末中华书局出了个《古佚书辑本目录》。我做过统计，隋前亡佚的书，辑佚学产生之后又被宋人辑出五千多种来。这个材料可以给我们很多新的研究课题，或者你在任意当中发现一种新材料，这个做前面时代的要注意。做中间时代的要注意佛教文献，做后边时代的注意民间文献，咱们袁世硕先生就关注了民间的友人通信，关注了诗文唱和，所以他做了《蒲松龄事迹著述新考》。我在日本东京大学的时候他们说起这个，很推崇咱们袁先生的。新材料很关键，比如民间文献、方志和档案。

敏悟要有新主题、新角度。这个思维很重要，像我们做文献的人刻苦都没问题，特别现在这个电子文献多了，搜罗文献没问题。如何在这个文献上再去生发出你自己的新的东西来，敏悟很重要，我就给同学们提这个。敏悟我再举两个例子，比如刀郎新发的《花妖》这首歌，“君住钱塘东”这个唱词，这个唱词启发我们，要看人家从哪个角度出发的。像他唱钱塘、临安、泉亭、杭城、余杭，都是指杭州这一个地儿，但是是不同时代、不同历史时期的名字，他用地名的变换来说时间的错乱，两个人永远碰不到。阎王也好，小鬼也好，把你发配到这里，但是你们两个差了几百年上千年，所以两个爱人永远碰不到面。这是个敏悟的例子。

第二个是我的博士生导师，我刚开始不认识他，是董治安老师推荐我去跟他申请博士学位，他有一篇很有名的文章我早知道，1985 年发表在《南京大学学报》上的《魏氏“三世立贱”的分析》，他抓住社会历史伦理问题来论证文学的兴盛。曹丕倡导，“文章，经国之大业，不朽之盛事”，当时跟经学所区别的文学作品是不被看好的，司马相如那么大的作家，被当作倡优来对待，他倡导出来了，为什么？因为曹氏三世立皇后都立的“贱民”。在当时那种关注社会出身、关注清流的社会背景下，那是很不容易的。从曹操到曹丕到曹睿都是立贱民出身的做皇后，这个伦理思想的变革，引发了他对于社会学术的关注，把经学作为老大，然后提出文学是并列的或者是可以超越的，这才出现了很多的文论，以及后来文学上唐诗宋词元曲明清小说的繁荣。

这些思维方式现在我们看不太怎么样，跨学科研究从理论上，从 90 年代末开始提，大家关注之后都觉得很新奇。这就是说创新性的研究需要我们对基础资料的搜集，然后把这些资料搜集起来，用所学的哲学的理念和逻辑学的知识、方法论去分析它，分析、归类、提炼，把这一组材料提炼出一个新的理念来，然后把相类的理念融合到一起，提升出一篇文章，乃至大的博士论文的一个题目来，然后再返回来做。这是我们做东西也好，出去做管理也好，乃至做干部也好，所要做的东西。这种思维在学校，特别是在硕士、博士中一定要做好，你出去就会得心应手，才会有成绩。

然后，我们返回来，去把这个东西作为时间上的一个点，尽量考证它的周边的环境，它的社会政治、经济、军事怎么样，它的社会文化的背景怎么样，作者的家学渊源和个人学术成长的特点怎么样，然后去发掘我们做的这一个东西的原因，把你的论文做得深一些。任何东西都是往下发展的，你把发展的这个过程再去考证它周边的三维的原因，这样做出来的成果是立体的，在刊物上比较好发表。

这就是今天我给大家准备的，由于时间的原因，我讲得很粗，就是要扎实、要敏悟，然后你一定成功！谢谢大家！

中国共产党人传统文化观的历史演变与文化建设方略

主讲人：谭好哲

谭好哲，男，1955年生，文学博士，二级教授。现任山东大学文艺美学研究中心主任、全国马列文论研究会副会长、中国中外文艺理论学会副会长、中国文艺理论学会副会长、山东省比较文学学会会长。曾任山东大学文学院院长、研究生院副院长、山东省作家协会副主席、鲁迅文学奖评委。担任中央实施的马克思主义理论研究和建设工程重点教材《文学理论》（第二版）首席专家和《马克思恩格斯列宁文学艺术重要论述摘编》主编。被聘为国家社科基金艺术学项目评委、中国社科院《文学评论》编委、中国社科院期刊评价专家委员会中国文学学科委员、中国人民大学复印报刊资料《文艺理论》编委等。主要从事文学理论和文艺美学方面的教学与研究工作，出版《文艺与意识形态》《语境意识与美学问题》等个人著作5部，主编和与人合作出版《艺术与人的解放》《美育的意义》《文艺美学元问题研究》《山东文化读本》等著作10余部，发表论文200余篇。发表论文被《新华文摘》《中国社会科学文摘》《高等学校文科学术文摘》及中国人民大学复印报刊资料等选载、编选70余篇次。专著《文艺与意识形态》等成果分别获得教育部人文社会科学优秀成果二、三等奖3项、山东省社会科学优秀成果一等奖5项以及其他省级奖励20余项，另获得国家和省级教学成果奖一、二等奖多项。获评国务院政府特殊津贴、山东省有突出贡献的中青年专家、首批齐鲁文化名家、山东省社科名家、山东省社会科学突出贡献奖、山东省首届优秀研究生指导教师等荣誉和称号。

今天我给大家讲的题目是《中国共产党人传统文化观的历史演变与文化建设方略》，为什么要讲这样一个题目呢？因为这些年来“文化”特别是“传统文化”在中国的整个国家生活和学术研究领域中都是一个热词，习近平总书记关于文化问题的论述以及党中央有关文化方面的决策也是学者们研究的一个重点领域。

我个人认为作为高校的学者，我们有两大重要任务，一方面，要从宣讲者的角度去宣讲、解释中央关于文化的重大决策、观点、论断、方针等；另一方面，作为高校的老师，我们首先是学者，要从学术的角度去把这样一些关于文化问题的重要思想、论断学术化，只有把它学术化了，这些思想、论断才会更加有理论说服力，而学术化一个很重要的方面就是历史化、语境化。

美国马克思主义批评家詹姆逊有一句话我非常赞同，他说“理论总是具有处境性的”。这句话也就是说所有的理论其来处和去处都有具体的历史语境，理论来自具体的历史语境，理论若要发生影响力也一定是在一定的历史语境、一定的历史范围之内。我们不应设想我们党的某个领导人讲了关于文化方面的一个论断，或者党的决议上讲了某一个文化方面的观点，好像这都是从理论上推导出来的，理论推导只是其中一个方面，但更多是从历史实践当中总结提升出来的。20 世纪 40 年代，毛泽东《在延安文艺座谈会上的讲话》发表后引发了郭沫若先生的评价，他说毛泽东的讲话“有经有权”，毛泽东深以为然、引为知音。所谓“有权”那就是有权衡或权变，就是根据具体的历史处境去权衡一些问题，我们党关于文化问题的一些决策、观点其实往往都是“有经有权”的。今天我在和大家的学习交流当中很希望把这一点体现出来。

我今天的讲座分为五个部分，包括开始的“引论”和最后的“结语”，中间三个主体部分讲中国共产党人传统文化观的演变。

一、引论：对中国共产党与传统文化关系的三个前提性认识

在“引论”中，我想先讲一下对中国共产党与传统文化关系的三个前提性的基本认识。在这一部分里面有三个关键词：中国共产党，文化战线，传统文化。

一个非常有影响的当代作家在一部小说中写了一个历史故事。故事中讲，在解放战争后期，山东有一个国民党的高官，因为忧虑整个国家落入共产党人手中，决定出山与共产党的军队作战，并对劝其顺从民意的夫人说：“偌大一个中华交到一些没有根柢的人手里，岂不荒唐？”又说：“一群缺乏文化根基的人，可以长久指望吗？”回到历史来看，这个作品当中的国民党高级官员对我们党的评价是不符合历史事实的。我们党尽管是一个穷人的党，但是在文化上不贫穷，而是一个有文化情怀、文化担当、文化创造力和引领力的政党。正如有的学者所言，在国共之间进行比较，国民党没有形成自己的政党文化，而我们党是有自己的政党文化的。我们党的文化底蕴和文化属性主要体现在如下三个方面：

第一，中国共产党是一个有政党文化的政党，它以马克思主义为思想理论武装，始终代表中国先进文化的前进方向。中国共产党是在五四新文化运动的历史语境中诞生的，其成立之时五四新文化运动还没有完全结束，当时党的一些主要的领导人都是新文化运动的主要倡导者。从建党思想来看，它是以新传入中国的马克思主义理论武装自己、以马克思主义为指导思想的现代政党。就领导人身份来看，党的历代主要领导人基本上都是知识分子出身，少数情况例外，有不少人还都是留学欧洲、日本，或者是被我们党派到苏联留学归来的，他们是坚定的革命者，也是优秀的文化人。因此，若说这样一个政党没有文化，那肯定是说不过去的。

第二，中国共产党历来重视文化，将文化工作作为革命斗争和社会建设当中的重要一翼。在中国共产党百年来的发展史上，关于文化工作有两个很重要的历史事件，一个是 1942 年 5 月毛泽东在延安文艺座谈会上的讲话，再一个是 2014 年 10 月 15 日习近平总书记在北京召开的文艺工作座谈会上的讲话。这两次讲话均较为集中地体现了马克思主义对于文化地位和作用的一个基本认识：一定的文化是一定社会的政治和经济在观念形态上的反映，又反过来给予一定社会的政治和经济以伟大影响和作用。正是基于这样一个观点，中国共产党人历来非常重视文化工作。党的十七届六中全会通过了《中共中央关于深化文化体制改革 推动社会主义文化大发展大繁荣若干重大问题的决定》，其中指出：“我们党历来高度重视运用文化引领前进方向、凝聚奋斗力量，团结带领全国各族人民不断以思想文化新觉醒、理论创造新成果、文化建设新成就推动党和人民事业向前发展，文化工作在革命、建设、改革各个时期都发挥了不可替代的作用。”这种不可替代性在我们党的文化语汇当中集中体现于一个关键词，叫“文化战线”。“战线”这个词和战斗有关，我们党把文化战线看成和军事战线同样重要的一翼。1936 年 11 月 12 日，丁玲和我们曾经的老校长成仿吾等人在陕北保安县（今志丹县）成立了一个“中国文艺协会”，毛泽东在成立大会上的讲演中说：“过去我们都是干武的，现在我们不但要武的，我们也要文的了，我们要文武双全。”此后，在延安文艺座谈会上的讲话中，他又指出：“在我们为中国人民解放的斗争中，有各种的战线，就中也可以说有文武两个战线，这就是文化战线和军事战线。”“文化战线”这样一个词语直到今天党的领导人还在使用。比如，习近平总书记在文艺工作座谈会上的讲话当中，便首先肯定“文艺事业是党和人民的重要事业，文艺战线是党和人民的重要战线”。

第三，传统文化在中国共产党人文化建设方略当中一直扮演着一个非常重要的角色。这有两段话可以佐证：一是《中共中央关于深化文化体制改革　推动社会主义文化大发展大繁荣若干重大问题的决定》中指出：“中国共产党从成立之日起，就既是中华优秀传统文化的忠实传承者和弘扬者，又是中国先进文化的积极倡导者和发展者。”二是习近平总书记 2023 年 6 月 2 日《在文化传承发展座谈会上的讲话》当中又重复了这个观点，说“中国共产党既是马克思主义的坚定信仰者和践行者，又是中华优秀传统文化的忠实继承者和弘扬者”。这两段话体现了中国共产党人对自己的文化使命的自我界定，这个界定包含了与传统文化的关系。

怎么来看中国共产党是中华优秀传统文化的忠实继承者和弘扬者这样一个论断？我认为这样一个论断是有它的理论逻辑和历史逻辑的。从理论逻辑上讲，中国共产党自成立之日起，就是把“为中国人民谋幸福，为中华民族谋复兴”作为自己的初心使命。中华民族的复兴当然包括文化在内，包括了中华优秀传统文化的传承和弘扬，而中国人民的幸福生活当然也包括了享受文化的权利和用文化来滋养自己的要求。所以，中国共产党践行自己的初心使命，必然涉及和传统文化的关系问题。从历史逻辑上讲，中国共产党在 100 多年的奋斗和执政的历史中，大多数时期的确都是重视优秀传统文化的继承和发展的。请注意这里我说“大多数时期”，这就意味着我们党在历史上并非一直非常重视传统文化。这是我下面要讲到的。返回历史现场，可以看到中国共产党人的传统文化观是有变化的，经历了一个历史的演变。这个演变我按历史顺序归结为这么几个词：彻底否定、有限肯定、总体肯定、全面复兴。把这几个词贯彻到具体时期中来理解，可分为三个阶段：第一个阶段就是新民主主义革命时期，从 1921 年到 1949 年，这个时期是由彻底否定转向有限肯定的阶段；第二个阶段就是从新中国成立之后的社会主义革命和建设时期到改革开放和现代化建设时期（1949—2011），这个时期是从有限肯定演进到总体肯定的阶段；第三个阶段就是党的十八大之后中国特色社会主义进入新时代以来，这是由总体肯定逐渐演进至全面复兴的时期。这就是我在今天的讲座里面要侧重讲的三个主要部分。

最后，我要由前面的前提性认识作一个概括性的判断，这就是中国共产党在和传统文化结合方面取得了巨大的成就，但是在有些时期也有失误，犯过错误。这一点我们不要回避，因为总结教训也是一个党走向成熟不可缺少的条件，一个党就像一个人一样不可能光是走顺路，光是取得成就，没有犯过错误。1950 年，新中国刚刚成立后，周扬在当时的燕京大学做过一次演讲，题目叫《怎样批判旧文学》，他讲得很清楚，他说过去我们共产党人在对旧文化的问题上是发生过偏向的，在过去异常紧张的军事情势下我们没有能够十分注意地研究这个问题，在个别解放区也错误地斗争过一些知识分子。周扬的这个反思，是就新民主主义革命时期而言的。事实上，在新中国成立以后的一些历史时期，也存在他所指出的这种偏向。比如“文化大革命”时期就是如此，而且还相当严重。所以，我们党在某些历史时期，在文化上也是走了弯路的。回顾历史，对正、反两方面的经验和教训，都应加以科学总结。

以上是“引论”部分，下面三个部分我着重讲我们党在传统文化观上的三个转变。

最近一个时期，也就是党的十八大以来，因为大家比较熟悉，我讲得会比较简略一些，前面两个时期对年轻同学来说可能不是特别了解，我会讲得稍微详细一点。

陈独秀
（1879—1942）

二、第一个转变：由彻底否定转向有限肯定

关于第一个转变我按时代顺序讲如下四点，关键词有四个：封建文化、新民主主义文化、民族形式、批判继承。

第一，由于受五四新文化运动的影响，早期的中国共产党人对传统文化一般是持否定态度的。建党时期的一些领导人，陈独秀、瞿秋白、恽代英等无不如此。

关于五四新文化运动与传统文化的关系，毛泽东在《新民主主义论》里面有一个概括，他说“五四运动所进行的文化革命则是彻底地反对封建文化的运动”，这场运动当时是以反对旧道德提倡新道德、反对旧文学提倡新文学为文化革命的两大旗帜的。五四新文化运动把传统文化定性为封建的旧文化，作为新文化的对立面来看待，这不仅影响到当时也影响到此后一段时期新文化运动参与者和早期共产党人对中国传统文化的态度和选择，传统文化是作为封建旧文化被“反”的对象。下面，我们看看一些代表性人物到底是怎么反传统文化的。

瞿秋白
（1899—1935）

五四时期新青年一派在思想道德领域喊出了一个口号叫“打倒孔家店”。当然后来也有一些人在区分这个概念，比如张申府提的口号是“打倒孔家店，救出孔夫子”，说我们“打倒孔家店”不是要把孔子这个人打倒，我们要救出孔子好的思想，但当时“打倒孔家店”这个口号更响亮，而“救出孔夫子”主张的影响并不大。

恽代英
（1895—1931）

在文学领域，反对旧文学最激烈的是钱玄同，他把旧文学称为“选学妖孽，桐城谬种”，八个字一竿打尽。陈

孔子
（前 551—前 479）

独秀的《文学革命论》是中文系学生现代文学必学的一篇文章，他怎么讲？他说五四文学革命的任务就是三个，他称之为三大主义："曰推倒雕琢的阿谀的贵族文学，建设平易的抒情的国民文学；曰推倒陈腐的铺张的古典文学，建设新鲜的立诚的写实文学；曰推倒迂晦的艰涩的山林文学，建设明了的通俗的社会文学。"大家看，在他的这个三大主义当中新旧文学是一种绝对对立的关系，前面的旧文学要推倒，新文学还要重新建立。这与苏联十月革命之后，那些激进的无产阶级文化派要把过去一切的文化遗产扔到垃圾箱，要重新建立社会主义新文化，思路是一样的。在五四前后进行的东西文化论战中，陈独秀一直是作为西方文化以及马克思主义的欢呼者和中国传统文化的否定者出场的。

卡尔·马克思
（Karl Heinrich Marx，1818—1883）

建党初期的瞿秋白、恽代英情况类似。在 20 世纪 20 年代初期，中国思想界进行过几场论战，一个是东西文化论战，一个是科学与玄学论战。在东西文化论战中瞿秋白发表了《东西文化与世界革命》和《现代文明的问题》等文章，他干脆把东方文化等同于封建文化。恽代英也在《读〈孙文主义之哲学的基础〉》和《反对帝国主义的文化侵略》等文中认定中国文化是农业封建社会的文化。他还反驳后来成为国民党理论家的戴季陶鼓吹的民生主义，以及不相信中国固有文化的价值便没有民族的自信力的说法。恽代英认为，中国传统文化中知、仁、勇、诚之类的观念，是中国少数人的伦理思想，既不是全中国人所共有的，也不是中国人所独有的，虽有其历史存在的意义，但与民族

郭沫若
（1892—1978）

革命的自信力没有什么必然的联系，不必高举起来。大家看看恽代英的看法和我们今天说增强文化自信就得弘扬传承优秀传统文化是不是不同？应该说，正是当时的历史处境决定了他提出这样的理论观点。

当然，也有一些例外，不是大家都一味地反对传统文化。比如，郭沫若先生 1925 年写了一篇很有意思的小品文叫《马克思进文庙》。该文讲马克思进上海文庙看到了孔子，看到孔子和他的弟子谈论人生理想、社会治理理想等，而马克思也和孔子交流，交流到最后感觉相见恨晚，他们的思想有共同性。这有点类似今天习近平总书记讲的中华优秀传统文化和马克思主义有它的契合性，但是这样的观念在那个年代并不占主流。

第二，建党之初和大革命时期，由于当时处于建党初期，主要工作是党自身的组织建设以及发动群众开展各种社会斗争，文化工作没有提上党的工作日程。有一个人叫郑超麟，是我党早期的革命家，后来被打成“托派”。他在回忆文章中说，一直到 1928 年底他卸去中共中央宣传部秘书职务为止，党根本没有列为专项的文化工作，更没有成立文化工作委员会、文化党组或类此的机构。我查了一下近年来出版的 12 卷本的《中国共产党重要文献汇编（1921—1927）》，其中没有关于文化工作的决议文件，从党的一大到六大的党纲、党章和会议决议中也没有关于党的文化工作的内容，更没有涉及传统文化的表述。总之，这一时期连一般意义上的文化工作都没有提上日程，又何谈和传统文化的结合呢？

第三，土地革命战争时期我们党开始重视文化工作，但是传统文化依然受到轻视。

这个时期在党的领导下成立了“中央文委”和“左联”，但进步文化界根深蒂固的对传统文化的抵制态度没有发生根本改变。“中央文委”就是中共中央宣传部1929年下半年成立的中央文化工作委员会，它来负责我们党的文化工作。在“中央文委”的领导下，30年代初期成立了中国左翼作家联盟，简称“左联”。虽然成立了这类文化领导机构和组织，但是该时期传统文化还是没有什么地位。可以举两个人物来加以佐证。一个是胡风，一个是周扬。胡风是三四十年代中国文学批评界的大咖，谁能受到他的赏识那他就马上出名。新中国成立后，我们中文系的第二任系主任吕荧先生就是受到胡风先生的提携而成名的，所以吕荧先生和胡风以及胡风的夫人梅志保持了深厚的友谊。胡风对传统文化持什么态度呢？他在1934年发表的《再谈文学遗产》一文中说，我们所有的一些文学的遗产，不过是千百年来文人相互传授的一些“文字的游戏”，“实在一钱不值”。他认为像《水浒传》《红楼梦》之类可以称为文学，“但是数量之少，直等于零”。这个评价在当时很有代表性。周扬在前述1950年于燕京大学的讲演中也曾指出，五四运动在总路线上是正确的，但也有偏向，当时有

胡风（1902—1985）及夫人梅志（1914—2004）

周扬（1908—1989）

一部分过左的人说西洋一切都好，对整个中国旧文化采取一种完全否定的态度，认为所有的旧的只能进博物馆。这种倾向后来也被左翼文学继承下来。他说自己当时也在左联，也是坚决摈弃一切旧东西，反对旧戏，就连《水浒》也不主张叫人看的。周扬从 20 世纪 30 年代就是我们党在文学战线上的领导人，新中国成立以后做中宣部的副部长、文化部的副部长，可以说是我们党在文化战线上的代言人，他的这种反省我觉得也是很能说明问题的。

第四，全面抗战爆发以后，中国共产党提出了新民主主义的文化建设方略，民族传统文化开始得到重视。这一时期有两个重要文献值得好好学习。一是毛泽东作于 1938 年 10 月的《中国共产党在民族战争中的地位》，在该文中他提出“使马克思主义在中国具体化”这一重大理论和实践问题。再就是毛泽东作于 1940 年 1 月的《新民主主义论》，其中提出了新民主主义文化的建设方略。这个文化建设方略有自己的建设路径，就是要把马克思主义与中国实际相结合，而这种结合的具体抓手就是“民族形式”论。与此同时，对待传统文化也有其原则和方法，原则就是要批判继承，方法就是剔除糟粕、吸收精华。

具体来说，毛泽东在《新民主主义论》中提出要建立和新民主主义的政治、经济相适应的新民主主义文化，而且对这个文化做了界定。他指出，所谓新民主主义的文化，在性质上就是无产阶级领导的人民大众的反帝反封建的文化。就基本内容而言，它应该是民族的科学的大众的文化。毛泽东认为只有把新民主主义的政治、经济、文化结合起来，才能建造一个新民主主义的共和国。这就是他的建国方略和文化建设方略。那么，这种新文化建设的路径是什么呢？毛泽东在《中国共产党在民族战争中的地位》中做出了他的回答，这就是“马克思主义必须和我国的具体特点相结合，并通过一定的民族形式才能实现”。习近平总书记讲马克思主义中国化要实现“两个结合”，“第一个结合”就是毛泽东在《中国共产党在民族战争中的地位》这篇文章里面明确提出来的。

毛泽东关于“使马克思主义在中国具体化”也就是将马克思主义与中国实际相结合的思想包含着丰富的历史内容，具有重大的理论与实践意义。这可以从如下三个方面来看。

第一，提出马克思主义中国化的重大理论问题，标志着中国共产党开始摆脱共产国际的束缚而走向中国革命道路的自主选择与决定。中国共产党在成立以后最初是作为共产国际的一个支部存在的，所以它本来就是一个国际化的政党，它必须有国际主义的这一面。但是中国共产党人逐渐认识到，我们是国际主义者，我们还是爱国主义者，我们既要讲国际主义的一面，还要讲爱国主义的一面，这个时候我们就要考虑中国的实际。

第二，马克思主义中国化的实质就是马克思主义基本原理和中国具体实际相结合，这个相结合的思想事实上是对中国革命自身斗争经验和教训的总结，它不是凭空而来的。我在这里给大家简要介绍一个历史事实：1926 年上半年蔡和森在莫斯科中山大学的旅俄支部有过一个报告，讲中国共产党史的发展。他在报告里面指出：“马克思列宁主义在世界各国共产党是一致的，但当应用到各国去，应用到实际上去才行的。要在自己的斗争中把列宁主义形成自己的理论武器，即以马克思主义列宁主义的精神来定出适合客观情势的策略和组织才行。”这个报告事实上初步提出了马克思主义基本原理同中国具体实际相结合的观点，只是还没有做出一个明确的表述。中国革命后来的发展却没有吸取蔡和森的这样一个观点，我们党在大革命时期走的是苏联城市武装暴动的路子，想通过几个大城市的暴动使中国革命一举取得胜利，但后来证明不行，不符合中国的国情，最后我们走的是“武装割据，农村包围城市”这样的道路，这就和苏联革命的经验完全不一样了。

第三，毛泽东马克思主义中国化思想中所谓“我国的具体特点”即指中国实际而言，它包括两个方面，首先是中国具体的革命的实践，其次是民族自身的历史和文化传统。这也就是说毛泽东当时提出的马克思主义的基本原理和中国具体实际相结合已经包含了与我们的历史文化传统相结合这样一个思想在内，只是没有把它单列出来。

那么，如何来实现马克思主义与这两个方面的结合呢？方法是通过民族形式。这就涉及当时为什么提出“民族形式”论的问题。“民族形式”论在当时的提出隐含着很强烈的文化政治意向。抗日战争时期，中华民族面临着生死存亡的局面，我们要反抗日本帝国主义的侵略，首先就需要民族意识的觉醒。民族意识的觉醒需要做动员，要唤醒民众，这就得强调自己的民族文化，这就是当时大的历史语境。当时有两股主要力量领导中国的抗战，即国民党和共产党，而两者都在争夺抗战和中国新民主主义革命的领导权，这个领导权问题也具体体现在中国共产党和国民党文化政策的区分上。

20 世纪 20 年代至 40 年代的时候，国民党推行三民主义文化政策，主张“建设三民主义的新文学”，在 30 年代初期国民党的组织部系统还发起了“民族主义文艺运动”。这样的政策，这样一些文艺的运动其实都是试图以有利于国民党一党专政的民族主义、国家主义来解释民族精神、民族意识和民族形式。在此背景下，国民党控制的报刊上公开宣言要“打倒革命文学和无产阶级文学”，要求将思想意识统一到国民党的“中心意识”也就是维护国民党一党专政的“民族意识”上来。学中文的同学知道，20 世纪 20 年代后期中国革命文学界一直在倡导革命文学和无产阶级文学，30 年代上半叶又在讲无产阶级文学的大众化，中国共产党人一直是不怎么讲民族主义这个概念的。这时候国民党讲，他们还要以此来打倒革命文学和无产阶级文学，共产党怎么能同意这种文化政策和文化观念呢？这里我要特别提一个人，这个人就是国民党文化政策理论上的阐释者张道藩。我之所以特别讲他，因为他曾在 1930 年 10 月任国立青岛大学教务长，和我们学校有一点关系。这个人年轻的时候在英国和法国学美术，是一个学艺术的人，但是他认识了国民党的元老陈立夫，受到提携，回国以后在仕途上一路高升，后来当了国民党的宣传部部长，国民党的文化运动委员会主任委员等。他于 1942 年 9 月在《文化先锋》上发表《我们所需要的文艺政策》一文，对三民主义文艺政策做出系统阐述。他强调三民主义是救国主义，有四种基本的意识或原则：第一是谋全国人民的生存，那是对抗战时期特定的形势来讲的；第二是事实定解决问题的方法；第三是仁爱为民生的中心；第四是国族至上。这几条分开来看好像也没有什么大错，其实他这每一条都是有所企图的，都隐含着与我们党的文化政策、文艺政策的区分和对立。比如，他说创造三民主义文艺的对象是“全民众”。这与毛泽东的《在延安文艺座谈会上的讲话》中所讲的文艺的工农兵方向是对立的。“全民众”是一个模糊阶级的概念。他说以往的作家都多少带点阶级性，“我们要绝对泯灭阶级的痕迹而创造全民性的文艺”。他又说：“什么是我们的民族意识？就是忠孝仁爱信义和平。”回到具体的历史语境中便会发现，他所讲的这些针对的都是共产党人的文化政策和文艺政策。

所以，毛泽东把“民族形式”论引入马克思主义中国化的理论思考，是与我党同国民党及其文化阵营争夺政治领导权、文化领导权有一定关系的，因为借由“民族形式”论将马克思主义与中华民族自身的文明发展、文化遗产连接起来，也能从一个方面确证中国共产党作为中华优秀传统文化正宗传续者的历史合法性，一个政党要取得民心它也要获得历史的合法性、正统性。“民族形式”论就有这样一层文化政治含义在内。

与“民族形式”论提出的同时，毛泽东还提出了传承传统文化的原则和方法，就是批判继承论。对此，毛泽东在《中国共产党在民族战争中的地位》和《新民主主义论》里都有论述。他说我们要用马克思主义方法对传统文化给予批判的总结，要“剔除其封建性的糟粕，吸收其民主性的精华”，不能够“无批判地兼收并蓄”，等等。后来，毛泽东在其1942年的《在延安文艺座谈会上的讲话》和1945年的《论联合政府》等文中都讲了类似的话。

正是基于对新民主主义文化建设方略的上述规划以及对文化工作重要性的认识，在抗战时期，我们党开始高度重视文化工作，一个标志就是重建文委。1938年中央书记处决定成立中共中央文化工作委员会，这个委员会的级别很高，原来是隶属于中宣部的一个文化工作委员会，后来由政治局和中央书记处之下的中央宣传委员会直接管理，由中央当时的宣传部部长凯丰任书记，比原来的规格是大大地提升了，这表明这个时候我们党对文化工作确实是非常重视了。

综上所述，我们党在抗战时期对传统文化的观念确实有了很大改观，展现出文化工作的新气象。这突出表现在两个方面。一个是文艺领域由20世纪30年代上半叶对文艺大众化的关注，转向了对文艺民族性的关注。过去是文艺大众化，现在是文艺民族化，开始追求中国作风、中国气派，开始重视对人民大众喜闻乐见的民间文艺形式的借鉴和利用。五四运动时期及之后的很多学者都是留洋回来的，接受的都是西方“高大上”的所谓现代新文学和新文化，从根本上瞧不起下里巴人的民间文化和文艺。而在这个时候则开始重视了。第二个是“批判继承论”确立了对文化遗产的传承原则和方法，为进步文艺界和文化界的文艺和文化实践提供了理论遵循。

尽管有以上的改观和新气象，但我还是要说这个时期对传统文化依然是有限的肯定，为什么这么说呢？这可由毛泽东对传统文化的不同提法看出来。毛泽东关于新民主主义文化是“民族的形式，新民主主义的内容”的提法，还有精华与糟粕的二分法，以批判为前提的继承等这样一些不同的说法，都表明那时对传统文化是有选择的，这就使得进步的文艺界不能从根本上改变对传统文化的轻视态度。当然，我们也要理解，那个时期，国家一直处于战争状态，进步文化和文艺界的关注中心主要还是在新文艺的政治宣传作用方面，在文艺满足工农兵的现实文化需求方面，因而在马克思主义与优秀传统文化的结合方面还没有展开也没有条件展开大规模的工作。

三、第二个转变：从有限肯定演进到总体肯定

第二个转变主要发生在从新中国成立之后到党的十八大召开之前这段时期。这个发展时期的关键词有四个，即批判继承、推陈出新、古为今用、弘扬中华优秀传统文化。具体说，这一发展时期又分为如下三个不同阶段：

第一个阶段是社会主义革命和建设时期。这一阶段我

们党关于文化的方针基本上讲就是八个字“推陈出新、古为今用”。新中国成立后，革命和建设事业百废待兴，传统文化也迎来了新的生机。总体来看，这一阶段延续了毛泽东20世纪三四十年代关于文化发展的基本观念和对传统文化的历史定位，强调批判继承，但又进一步将古今文化关系的重心转向“今”的方面。具体来看，早在1942年，毛泽东曾为延安平剧研究院写过“推陈出新”的题词。1951年，他又为中国戏曲研究院写下“百花齐放，推陈出新”的题词。这个题词实际不仅仅涉及传统文化这一面，而是整个文化发展方针问题。1956年，毛泽东发表了《同音乐工作者的谈话》，这是中国化马克思主义文艺理论的又一个非常重要的文献。该文围绕中西文化关系以及文艺民族形式和民族风格的建构等问题而展开，论证了文艺民族化的必然性，而且对中外文艺遗产的接受原则、方法和方针等做了综合辩证的论述。1964年，毛泽东在一封关于音乐工作来信的批示中又做出了“古为今用、洋为中用”的批示。从这些题词和谈话当中可以看出，对于传统文化，“推陈出新”“古为今用”是这个时期毛泽东所强调的中心。

毛泽东之外，我们再看看这个时期另一个重要的人物，就是周恩来总理。周总理在新中国成立后就文化和艺术工作发表了许多重要讲话，其关于文化的观点可以用十二个字概括，这就是“推陈出新，薄古厚今，以今为主”。周恩来本身是非常懂文艺的人，他青少年时期演过话剧，很懂戏剧，他和艺术家有很多的交往，也有很多相关讲话。1949年7月6日，周恩来在中华全国文学艺术工作者代表大会上作政治报告，其中专门讲了“改造旧文艺”的问题。这个报告可以说是为新中国的文艺发展和旧文艺的改造、文化遗产的整理接受提出了一个纲领性的指导意见，也是对“推陈出新”“古为今用”的一个具体阐释。新中国成立以后我们党在文化艺术领域做了一项重要的工作——戏曲改造，改造旧戏曲。这是当时文化转化、文化创新的一项非常重要的工作。

周恩来在新中国成立以后关于文化艺术问题有大量的论述，我不详细展开。这里只从一次讲话看看他对文艺工作方针的理解。1963 年 8 月 6 日，周恩来总理在音乐舞蹈座谈会上有一个讲话，他讲关于文艺工作的方针，过去我们强调“百花齐放，推陈出新”，后来提出“百花齐放，百家争鸣”，“大跃进”时期又提出了“薄古厚今”。他说，“我觉得把‘百花齐放，推陈出新，百家争鸣，薄古厚今’四句话结合起来讲就比较完整”。由此可见，周恩来总理的观点和毛泽东是一样的，都主张推陈出新，同时主张古为今用。而薄古厚今的主张和古为今用的主张基本上是有内在联系的。

毛泽东、周恩来之外，我想再讲一下周扬。1958 年，周扬在河北召开的一次文艺理论工作会议上作了一次讲话，当时《河北日报》发表时用了一个题目叫《建立中国化的马克思主义文艺理论体系》，当代文艺理论界在探讨有中国化的马克思主义文艺理论或者说马克思主义文艺理论中国化的提法是什么时候提出来时，一般要追溯到这篇文章。在这个讲话中，周扬讲中国马克思主义文艺理论在中国社会主义文艺的建设中要担负三个方面的任务，就是加强思想斗争，总结文艺实践经验，整理、批判遗产，三者缺一不可。在20世纪60年代初期主持高校文科教材建设时，周扬又在《对编写〈文学概论〉的意见》里指出："马克思主义文艺观点是从外国来的，不是从我们的文学史、文学理论批评史中发展起来的……我们现在是根据马克思主义普遍真理，回过头来总结中国的文艺遗产和'五四'以来的文学经验，再从中得出我们的马克思主义理论——中国化的理论。我们的方向就是这样。"他说我们要借鉴外国的经验，要总结学习社会主义文学的经验，但是两千年的历史不整理就不能有自己的理论。

周扬是中国当代的大理论家、马克思主义文艺理论家，他对中国传统文艺和文论非常重视，改革开放新时期以后成立的文心雕龙协会就是在周扬的支持下成立的。周扬非常推崇《文心雕龙》，他说我们中国文学的经验、理论的遗产过去长期被忽视，中国的文论、画论、诗论都非常丰富，但是没有很好地系统化。他还说在世界上像《文心雕龙》这样的书是很少的。周扬对中国传统文论和马克思主义的会通也做了很多的思考。习近平总书记说，我们讲马克思主义和中国优秀传统文化相结合，是因为它们之间有契合性。周扬当时也这么认为。周扬当时说，中国传统的文学理论讲文与道的关系，讲载道、言志，文与道的关系就是马克思主义理论讲的文学和政治的关系。所以，马克思主义文学理论讲文学和政治的关系，载道言志的问题可以讲一讲。这不就是在找马克思主义和中国传统文论的契合点吗？

除政策、方针的制定和理论上的研究之外，在文化实践层面，这个时期也做了大量的工作，主要有三个方面：一是整理遗产工作大规模开展，二是旧戏改造运动取得丰硕的成果，三是以爱国主义为主要内容的中华优秀历史传统和文化传统的文艺书写取得了很大的成绩，比如郭沫若的历史剧创作《蔡文姬》《武则天》等。再比如，在当时的戏曲改革中，有一部很出名的戏叫《十五贯》，是被称为一出戏救活了一个剧种的好戏，可谓旧戏新改的典范。

第二个阶段是“文化大革命”时期。这个时期传统文化遭遇了至暗时光，在极左政治路线导控下，对待传统文化的观念已不是“批判的继承”，光剩下批判了。破“四旧”、反“封资修”、横扫一切牛鬼蛇神，一直到70年代初还有一个“批林批孔”，这样一些运动像我这个岁数都经历了。1966年6月1日，《人民日报》发表了一篇社论，叫《横扫一切牛鬼蛇神》，这是“无产阶级文化大革命”正式开始的一个标志。这个社论说，“无产阶级文化大革命”是要彻底破除几千年来一切剥削阶级所造成的毒害人民的旧思想、旧文化、旧风俗、旧习惯，这就叫“破四旧”，对于封建阶级和资产阶级的一切遗产、风俗、习惯都必须用无产阶级的世界观加以透彻地批判。这种横扫一切的做法当然是一种非常极端的行为，完全切断了新文化和传统文化之间在精神上内在相通的血脉联系，其中的教训我们党已经在历史决议当中做出一定的总结，我们应牢牢记取。

第三个阶段是改革开放和社会主义现代化建设时期。改革开放初期，党和国家文化工作的重心是拨乱反正，重申以往工作方针。一个标志就是1979年10月邓小平在中国文学艺术工作者第四次代表大会上的祝词，其中提出“要坚持百花齐放、推陈出新、洋为中用、古为今用的方针”，和传统文化相关的就是“推陈出新、古为今用”，这是20世纪50年代初已经确立的东西，这个时候还要拨乱反正。所以，这个时期基本上是延续了此前四十年代和五六十年代在文化政策、文化方针上的提法，没有进一步提出一些新的观点和主张。

我们党对文化问题进行新的思考，一个比较具有突破性的时期是20世纪八九十年代。这个时期有三个大的事件、两次重要的会议需要我们加以注意。三个事件其中之一就是20世纪80年代对五四反传统的再反思，这次再反思中的一个基本的观点就是说五四新文化运动割断了中国传统文化和现代文化的关系，造成了中国文化的断裂，叫“断裂论”。由于这种断裂给我们后来的文化发展造成了很多问题，所以我们现在要寻根，重续文化根脉。在中国文论领域，有的学者提出了“失语症”说，说五四新文化运动之后我们光会说西方人说过的话，不会说中国人自己的话了，所以要重建中国话语，要重续中国文化传统，要回到我们的文化资源上说我们自己的话。

第二个事件是80年代后期，关于中华文化历史走向的思想论战。这个思想论战是以一部电视政论片挑起的，或者是以它为标志的，就是1988年的《河殇——中华文化反思录》。该片作者提出了一个观点，就是西方资本主义的文明是一种蓝色文明，中华传统文明是一种黄色文明，他们是海洋文明，我们是内陆文明，中华文明的未来应该是去拥抱海洋，走向蓝色文明。这种观点对我们的传统文化持反思和批判的态度，从而引发了一场思想论战。

第三个事件就是现代新儒学回归所引发的文化热、国学热。大家知道现代新儒学主要的代表人物，很多后来到了港台和海外，这些港台和海外的学者作为现代新儒学的代表人物，他们的思想和著作到了 80 年代以后，随着改革开放开始回流，又回归母国，回归大陆，而很多大陆人还很青睐这种思想，对其很感兴趣，这就助推了 80 年代的文化热和 90 年代的国学热。后来还引生出了中国的马克思主义能不能和中国传统儒学相会通的问题。

这样一些重大的攸关中国思想文化发展走向的事件都涉及对传统文化的取舍问题，对传统文化的定性和评判问题，也就使得传统文化越来越进入到 20 世纪八九十年代的思想文化场域当中。由于在这些思想文化事件引发的论争中，有的思想和言论存在与我们党的文化政策不一致的东西，这便促使我们党自身要去考虑，我们应该怎么样应对这样一些论战，我们到底应该采取什么样的文化政策，中国的文化向哪走。此时期我们党的理论思考，体现在党的第十四次和第十五次全国代表大会报告中。党的第十四次代表大会报告里提出“要继承和发扬中华民族优良的思想文化传统”。大家不要轻看这样一个表述，在党的十三大及以前就没有这样的表述。到了党的十五大，大会报告中又提出了“建设有中国特色的社会主义文化”，这也是以前没有提出来的。要建设有中国特色的社会主义文化就要立足中国现实，要继承自身历史文化的优秀传统。

第三个阶段的最后10年也就是21世纪最初的10年特别值得重视，这10年我个人把它定义为传统文化的新定位时期，主要就是如何弘扬中华文化的问题。这个时期有几次重要的会议，一个是党的十六大，强调必须把弘扬和培育民族精神作为文化建设极为重要的任务；一个是党的十七大，强调要全面认识祖国传统文化，强调文化建设要保持民族性、体现时代性。此后，2011年10月召开的中共十七届六中全会通过的《中共中央关于深化文化体制改革　推动社会主义文化大发展大繁荣若干重大问题的决定》也是很重要的文件，这里面对传统文化问题做了大量的论述和理论概括。其中提出要建设优秀传统文化传承体系，还提出了要“维护民族文化基本元素”。这些新提法都是过去没有的，很值得我们去研究。与这些党的会议和文件相关联，2012年2月15日，中共中央办公厅和国务院办公厅还印发了《国家“十二五”时期文化改革发展规划纲要》。总体来说，这些党的文件、党的决策，涉及对传统文化的一些新论断新观点，最主要的就是把弘扬传统文化和赓续民族血脉、培育民族精神、建设中华民族共有精神家园联系了起来。

综合来看，第二个转变时期我们党对传统文化是越来越重视了，特别是从党的十五大提出“建设有中国特色的社会主义文化”以后，我们党的文化战略日益明晰，传统文化的地位在国家整个文化战略当中具有的地位越来越重要，已经由过去那样一种有限的肯定转向总体性的肯定了，对传统文化有了一种与时俱进、渐趋包容与宏阔的文化态度。这种总体的肯定表现在三个方面：其一是强调全面认识祖国传统文化。其二是这个时期的文件和党的领导人的讲话不再以新旧论传统文化。直到 20 世纪五六十年代，我们党的一些领导人讲话还是把传统文化叫旧文化，新和旧隐含了一个价值上的判断。而党的十五大以后则越来越强调优秀传统文化与当代文化之间的历史对接，把优秀传统文化作为发展社会主义先进文化的深厚基础。其三是不再仅仅从为新文化建设提供借鉴的角度论传统文化古为今用的意义，而是从中华民族历史存续与生存发展的高度论传统文化对赓续民族血脉、培育民族精神、建设中华民族共有精神家园的价值和意义。

四、第三个转变：从总体肯定演进到全面复兴阶段

党的十八大以来，我们党的传统文化观由总体肯定演进到全面复兴的阶段。这一发展时期的关键词有这样几个：习近平文化思想、创造性转化、创新性发展、文化自信。这个时期在文化发展上有两个大的关注点，一个是党的十八大以来中国特色社会主义进入新时代，文化在这个新时代当中扮演着愈加重要的角色；一个是在这样一种历史和文化语境中形成了习近平文化思想。习近平关于文化工作有大量的讲话，其中提出了许多新观点、新思想、新论断，很多是大家都学习过、较为熟悉的，我就不详述了。

应该怎么样来学习和理解习近平文化思想呢？我个人认为我们可以首先从他的主要论断或第一原理出发。习近

平文化思想的主要论断或者是第一原理即“两个结合”论，就是把马克思主义基本原理同中国具体实际相结合、同中华优秀传统文化相结合。这“两个结合”的提出，也有它的时间节点。我们党第一次明确地提出“两个结合”的概念，是在习近平总书记2021年7月1日在庆祝中国共产党成立100周年大会上的讲话中。此后在2022年10月16日党的二十大报告和2023年6月2日在文化传承发展座谈会上的讲话中他又对“两个结合”做了进一步的分析和强调，这些大家都学习了，我不再复述内容了。这里我想简单做一个思考性提问，即习近平传统文化论述的理论逻辑和历史逻辑是什么？我认为应该从两个重要文献里面去寻找答案，一个是他2013年8月19日在全国宣传思想工作会议上的讲话，提到了对传统文化和我们今天的社会主义道路之间、马克思主义之间要有“四个讲清楚”。再一个就是2014年2月24日，他在主持十八届中央政治局第十三次集体学习时也有一个讲话，提到了“两个讲清楚”。“四个讲清楚”讲什么？他说要讲清楚每个国家和民族的历史传统、文化积淀、基本国情不同，其发展道路必然有自己的特色；讲清楚中华文化积淀着中华民族最深沉的精神追求，是中华民族生生不息、发展壮大的丰厚滋养；讲清楚中华优秀传统文化是中华民族的突出优势，是我们最深厚的文化软实力；讲清楚中国特色社会主义植根于中华沃土、反映中国人民意愿、适应中国和时代发展进步要求，有着深厚历史渊源和广泛现实基础。“两个讲清楚”讲什么？他说要讲清楚中华优秀传统文化的历史渊源、发展脉络、基本走向，讲清楚中华文化的独特创造、价值理念、鲜明特色，增强文化自信和价值观自信。

我个人认为，前“四个讲清楚”主要是从传统文化和我们今天所走的道路之间，以及今天的马克思主义之间的关系的角度来讲，后面“两个讲清楚”是从传统文化自身来讲，我们研究传统文化，首先要讲清楚传统文化自身的这两个方面的问题。“六个讲清楚”的论述，表明习近平总书记关于中华优秀传统文化的论述绝非就文化论文化，而是有其高瞻远瞩的战略站位。“六个讲清楚”的实质就是把弘扬中华优秀传统文化与中国特色社会主义道路自信、理论自信、制度自信以及文化自信的建立，与社会主义核心价值观的构建有机联系起来。我认为这就是习近平总书记文化论述的理论逻辑前提和历史逻辑基础。如果我们要研究习近平的文化思想，却搞不清楚他为什么要讲传统文化，搞不清楚他的理论逻辑和历史逻辑，那么有很多问题是说不清楚的。

习近平传统文化论述的新思想、新观点、新论断主要有哪些？我把它简要概括为如下三个方面：第一，习近平总书记提出并阐述了优秀传统文化是一个国家、一个民族传承和发展的根本，而中华优秀传统文化是中华民族生存和发展的重要力量。第二，习近平总书记从中国当代社会主义核心价值观的培养，增强和坚定文化自信，以及为解决当今世界的诸多突出难题提供智慧方案和力量等方面，论述了传统文化古为今用的意义。第三，习近平总书记以传统文化的继承、弘扬和当代文化创新发展的关系为中心，提出了要做好传统文化的创造性转化和创新性发展。

习近平文化思想体现了中国的经验、中国的智慧、中国的方案，能够成为我们进一步建设社会主义文化的思想武器和行动指南。关于习近平文化思想的意义，现在报刊上有很多的论述，对此，我个人认为它标志着中华民族文化大发展、大繁荣进入了一个新的历史方位，也标志着马克思主义文化理论创新达到一个新的思想高度和境界。具体来讲，习近平新时代中国特色社会主义思想的文化篇，使中国特色社会主义思想得到进一步完善，标志着我们党对中国特色社会主义文化建设规律的认识达到了一个新高度，也表明我们党道路自信、理论自信、制度自信、文化自信达到了一个新高度。现在有一个说法是习近平文化思想“明体达用、体用贯通”，我赞成这一说法。党的十八大以来，我们国家在文化发展繁荣、在优秀传统文化的创造性转化、创新性发展中取得了巨大的成就，这与习近平文化思想的理论指引是分不开的。

五、结语：中国共产党人的传统文化观是马克思主义中国化的重要构成内容

中国共产党人的传统文化观是马克思主义中国化的重要构成内容，在这一方面也有几个关键词，即马克思主义中国化、“第二个结合”、思想解放。这里，我想简要地谈如下三个问题：

第一，我们必须充分认识“第二个结合”也就是马克思主义与中国传统文化相结合的伟大历史意义和文化实践

意义。目前，对“第二个结合”的文化实践，人们谈论的较多，但是我认为我们首先要去认识其伟大的历史意义。“第二个结合”与“第一个结合”是关系到国之大者的问题，也就是说我们党在每一个历史时期关于传统文化的论述，都是“有经有权”的，都是和党那个时期所进行的历史斗争、所要完成的历史任务紧密相关的。

具体一点说，“民族形式”论与马克思主义中国化的理论自觉和抗日战争时期的历史形势紧密相关；“批判继承”论与新民主主义革命以及社会主义革命和建设时期文化战线上意识形态领导权的争夺和建立紧密相关；而“转化创新论”就是“两创”论，则与新时代中华民族伟大复兴，与文化自信的建立，与党和国家大发展、大繁荣的战略规划以及百年未有之大变局中全球范围内文化软实力的竞争密切相关。在转化创新这个层面我特别提到了全球范围内文化软实力的竞争，我们要认识马克思主义必须和传统文化相结合，不能光从中国自身来讲，还要从世界范围来讲。我们这些年一直讲文化“走出去”，我们最容易“走出去”的是什么？不是我们党治国理政的政策观念，不是我们党的马克思主义的思想理念，因为西方很多国家不是社会主义国家，它的党不是马克思主义的政党，不乐于接受这些东西，认为这是一种意识形态的宣传。但是我们讲中国传统文化的东西，很多东西他们都能够接受。我们的孔子学院在国外很多国家很受欢迎，就我去过的孔子学院来看，很多都是在向外国人讲中国传统文化的东西，讲传统文学、传统艺术以及传统民俗等。所以，我们要放在国际大环境与格局当中去看“第二个结合”的伟大历史意义、文化实践意义。

第二，我们要深刻把握从文化遗产的“民族形式”论、“批判继承”论，到中华优秀传统文化的“转化创新”论在文化发展通变关系上所实现的重要的历史转型。这主要可以从两方面来看。其一，在以往的“批判继承”理论当中，传统文化与现代新文化实质上并不处于同等重要的历史地位。以往人们通常把传统文化视为异于新文化的一种旧文化，正因为这样来看，所以导致人们在一些时期，比如说五四新文化运动时期，比如说在“文化大革命”时期，用轻视的、俯视的眼光来看待传统文化，以至在 1949 年之后还引发了旧文艺还有没有前途、会不会走向消亡的问题。新中国成立之初周恩来专门就旧文艺会不会消灭、还有没有前途这些问题做出理论上的回答。所以我们说过去讲“薄古厚今”，已经隐含了很重要的价值判断，将传统文化和新文化置于不平等的关系之中。但是“两创”论使人们看待传统文化的眼光和态度由轻视、俯视转变成了重视，甚至仰视，这就使得传统文化在今天所受到的重视达到空前的程度。今天，我们党强调对传统文化的传承要建立传承体系，要体系化地传承，全面地传承，全面地复兴。其二，在新旧文化和文艺的历史通变关系上，“批判继承”论更加注重以新代旧，更讲究新变，所以“古为今用”是落脚点。而“转化创新”论更加注重“古今贯通”，它不着重旧文化与新文化的区分，而是讲中华文化就像一棵大树，传统文化是主干部分，新文化是在这棵大树的主干的基础上发出的新枝新芽，它将来也会长成这个树干的一部分。我这个比喻不一定很恰当，但意在说明新旧文化在同一个母体上生长的血脉贯通性，说明“转化创新”论更加强调了古今贯通、长远久通。刘勰的《文心雕龙》讲文学有几句话叫“文律运周，日新其业。变则其久，通则不乏”。“批判继承”论过去比较多地讲“变”，而“两创”论更多是讲“通”，这是我的一个看法。

第三，我们要深入理解“第二个结合”是又一次的思想解放。习近平总书记在 2023 年 6 月 2 日的讲话当中提出“第二个结合”是又一次的思想解放，我们怎么理解这个话？要理解这个话我们还要简单地回溯一下历史。我认为就历史的进程来说，所谓的又一次思想解放，从近处说就是相对于 1978 年党的十一届三中全会所开启的思想解放运动而言。那一次思想解放使全党、全国人民从对马克思主义和社会主义计划经济体系僵化的理解当中解放出来，回到实事求是的马克思主义思想路线，回到符合中国实际的发展道路上来，开始了改革开放和社会主义现代化建设新时期。这是新时期以来的第一次解放。如果从远一点说，毛泽东 20 世纪 30 年代末提出“第一个结合”也就是马克思主义必须同中国的具体特点即具体实际结合，其实在当时也是一次思想解放运动，把我们党从对马克思主义的教条理解中解放出来，从中国革命的具体特点出发找到了中国革命的正确道路。而“第二个结合”着眼于破解“古今中西之争”这个世纪难题，是在熔铸古今、会通中西的思想进程中实现党和国家指导思想的又一次与时俱进。

在这里，我想从中西关系、古今关系两方面谈一下“第二个结合”是又一次思想解放的问题。从中西关系上讲，为什么说是第二次解放呢？过去有人认为马克思主义是外来的，它会水土不服，它和中国的传统文化根本是不搭界的东西。但是“第二个结合”强调马克思主义与中华优秀传统文化是高度契合的，由于有这种高度的契合性，所以能够实现二者之间的互相成就，从而让马克思主义成为中国的，让中华优秀传统文化成为现代的。这的确是一种思想认识上的解放。同时这种解放还隐含了一种对中西关系的新认识、新姿态。从五四新文化运动开始，中国一些先进的知识分子，用鲁迅先生的话说是“睁开眼睛看世界”。那时看的主要是西方，有一些人觉得西方什么都好，甚至西方的月亮都比中国的圆。改革开放之后是不是也有类似的思想呢？也有。在 20 世纪 80 年代有一种观点认为中国没有发展好是文化基因不好，中国应该做三百年殖民地，如果做三百年殖民地中国就发展起来了，就和西方一样了，这显然也是全盘西化的观点。所以在中和西的关系上，中国的思想文化界有一派观点是对西方单向认同的。马克思主义最初也是一种西方的思想，把马克思主义和中国传统结合起来有利于打破对西方政治、西方文化的单纯的认同态度，这是从中西关系上讲。

从古今关系上讲，“第二个结合”解构了传统和现代两分法的思维方式。五四新文化运动以来，在古今中西上，人们通常用二元分离式的思维去考虑问题，好像古老中国的东西就不会成为现代的，现代的就和古老的没有关系。

但是“第二个结合”就把我们的现代化、现代文明和我们的古老的文明对接起来，实现了这两者之间的会通，也就是相互交融、相互改变、相互塑造。用习近平总书记的话说“让我们能够在更广阔的文化空间中充分运用中华优秀传统文化的宝贵资源，探索面向未来的理论和制度创新”。这种古今会通使得中国式的现代化反过来赋予了中华文明以强大的现代的力量，而中华文明则赋予了中国式现代化以深厚的历史与文化底蕴。

我今天所讲的内容大致上就是这些，最后我想用两幅图表达我一点隐含的寓意。一幅是《伏羲八卦图》。大家知道，伏羲一般被认为是中华文明的始祖。我们现在经常讲中华文化一万年，中华文明五千年，五千年文明有的说法是从黄帝开始，按照传说，黄帝是伏羲的后人。伏羲所在的年代在距今 4000 年到 5000 年左右，那正是中华五千年文明开始产生的时候。一万年的文化发展、五千年的文明发展，我们的前人给中华民族积累下丰富的文化遗产，我们今天应怎样去继承它、弘扬它，又应怎么去创造新的文化？在此，我用一幅扬帆出海图表达一下自己的期待之情，其寓意来自两句唐诗“长风破浪会有时，直挂云帆济沧海”。今天，我们在更加广阔的舞台上、更加广阔的空间里来发展中华民族的文化，一定会像这艘大船一样扬帆启航，有一个更好的前途。

我今天讲的是我学习我们党的有关决议文件，梳理我们党的文化发展理念的历史所获得的初步体会，可能有讲述不对的地方，请大家批评指正。

学习传统文化　加强文化自信

主讲人：徐国亮

徐国亮，1963年生，山东莱州人。本科、硕士毕业于山东大学，中国人民大学博士毕业，中国社会科学院应用经济学博士后。三级教授，博士生导师。现任山东大学马克思主义学院党委委员、学位委员会委员、思想政治教育学科点负责人、马克思主义文化理论与“两创”学术团队首席专家。

主持国家社科基金重点项目2项，教育部哲学社会科学研究重大课题攻关项目子课题1项，主持省部级课题8项，先后在《文史哲》《光明日报》《孔子研究》《红旗文稿》《思想理论教育导刊》《科学社会主义》等刊物发表学术论文80余篇，多篇论文被《新华文摘》和人大复印资料转载，被中宣部“学习强国”学习平台推送。出版《中国之治的光辉道路》《思想政治教育——基于新视野的系统分析》《政府权威论》《马克思主义为什么行》《斗争精神》等专著5部。多项成果荣获国家“五个一工程”优秀奖、省部级奖励。

大家都知道，党的十八大为我们提供了三个自信——道路自信、理论自信、制度自信。2016 年，在庆祝中国共产党成立 95 周年大会上习近平总书记又提到了“文化自信”，而且“文化自信”是我们最重要的自信。从 1920 年 8 月，我们在上海建立第一个共产主义领导小组，一直到 2021 年 3 月 22 日，我们一直强调的是“一个结合”，就是马克思主义基本原理同中国革命和建设的具体实际的结合。2021 年 3 月 22 日，习近平总书记去福建武夷山考察，武夷山有一个非常重要的景点就是朱熹书院，那是宋代大哲学家、大儒朱熹教学、研究的地方。在朱熹书院，总书记做了一个重要的讲话，这个讲话我想在座的同学，特别是我们马院的同学都知道，两个非常重要的提法：第一个是没有五千年的中华文明就没有我们今天的中国特色社会主义，第二个是我们要用新时代的精神来激活中华优秀传统文化生命力。

过去我们讲“两创”，就是我们把自己的传统文化通过创造性转化、创新性发展来实现我们“两创”的任务。这一次是用新时代的精神激活我们传统文化的生命力。大家如果感兴趣，可以看一下 2023 年 6 月 2 日的讲话，与这个讲话的思想是基本一致的。

当时我就有一个研判，7 月 1 日庆祝中国共产党成立 100 周年大会和 2022 年的党的二十大上会有一些新的提法。果然，在“七一”讲话里总书记提到了“第二个结合”，特别是到党的二十大我们进一步强调了“两个结合”的问题，党的二十大报告中有许多马克思主义中国化原创性的提法和原创性的贡献。但如果你叫我选，哪一条排在第一位，我认为把“第二个结合”的提出列为第一位。

我们讲了一百年的马克思主义基本原理同中国革命和建设的具体实际的结合，到“七一”讲话提到，马克思主义的基本原理和中国具体实际的结合。党的二十大报告里有很多闪光点，有很多马克思主义中国化的原创性的贡献、原创性的提法。但是，我认为“第二个结合”的提出是排在最重要的位置，2023 年 6 月 2 日总书记在我们的文化传承发展座谈会上又进一步解释了“两个结合”之间的关系，特别是我们学人文科学的同学，这个讲话必须要好好看看。在这个讲话中，总书记提到“精神上的独立自主”，这都是最新的提法，我们过去提“独立自主”一般从共产国际开始。在我们党的成立过程中，共产国际和我们存在这样或那样的一些关系。后来再提“独立自主”是 50 年代在苏联撤走大量的专家、大量的技术人员之际。这两年提“独立自主”是美国在科技等方面打压我们。

6 月 2 日的讲话我们又提到的“精神上的独立自主”到底指什么？特别是总书记认为这是“又一次的思想解放”。“‘第二个结合’是又一次的思想解放”，这给在座的老师、同学，特别是我们马学科的同学提出了下一步学术上要聚焦的一些问题和研究方向。

所以我今天主要从三个方面来讲述：第一个是讲我们文明突出的连续性，这主要是从历史方面来着手。第二个是讲我们文化的丰富内涵和基本精神。第三个，中华文化的底色正是中国社会主义的鲜明特色，这是总书记的原话。

所以结合这个要点，我主要是汇报一下我2023年申报的国家重点课题，就是中华优秀传统文化的宇宙观、天下观、社会观和道德观与科学社会主义价值观主张存在高度的契合性，就我们前期研究的一些成果和大家一块儿交流学习一下。

一、中华文明具有突出的连续性

要讲“文化自信”，我们首先要把自身的历史简单地梳理一下。习近平总书记在6月2日的讲话里提到了中华文明的五个特性，其中把有突出的连续性放在了第一位，之后依次是统一性、创新性、包容性、和平性，等等。讲文化自信首先要知道我们的历史，我们的文明是世界上最长而且没有中断的文明，靠的是什么？就是靠我们的文化。对人类历史的进程有影响的文明单位，我们一般来讲有九个，上古时代有四个，“四大古文明”，中古世纪之后还有五个文明单位。这九个文明单位在人类历史的进程中起过重要的作用，但是在今天依旧有重要影响的只有三个。一个是我们大家看到的西方基督教文明，工业化发达的七个国家和第二梯队的十几个国家，他们的国教都是基督教；第二个是中华文明；第三个是伊斯兰教文明。

基督教产生在公元纪年，伊斯兰教产生在公元6世纪，相当于我们唐朝时期，我们的文明在公元前5000年就有，到今天共是7000多年的历史。

基督教是从犹太教来的，公元前11世纪，希伯来人从两河流域来到巴勒斯坦地区，建立以色列犹太王国，后来产生了犹太教。犹太教的教义是排外的，也就是讲上帝的福音只传给犹太的子民，别的族群享受不到。公元前586年，巴比伦军队占领了耶路撒冷城，然后从耶路撒冷城抓走了大量犹太贵族和犹太老百姓到巴比伦去服劳役。在这些被抓走的犹太人中间他们传送着一个消息，说他们的保护神耶和华会派一个叫以西结的先知来救他们回家，但是很遗憾，这个先知没来，波斯帝国的军队打败了巴比伦军队。被抓走的犹太人回到家乡，把他们部落的神耶和华供奉起来。罗马军队占领了耶路撒冷城之后，把大量的犹太人、犹太教徒钉死在十字架上。这样大量的犹太人开始四处流浪、四处求生机，在四处流浪的犹太人之间，产生了很多的小教派，其中就有一个教派，他们认为他们的保护神是耶稣，即基督。这是在公元纪年。大家只要是认可耶稣的教义，不管各国、各族、各方、各民，都是好兄弟，都是好姐妹，信奉这个教的教徒认为，原来的犹太人和上帝的契约过时了，我们要定新的契约，这就是《圣经新约全书》。罗马帝国的统治者看到了基督教对老百姓的影响，他的态度发生转变，到了公元313年，认为基督教是合法的。到了公元325年，把基督教上升为国教。后来（公元395年）基督教一分为二，西部的基督教定都在今天意大利的罗马，叫罗马公教或者天主教，东部的基督教定都在当时的君士坦丁堡，他们认为自己是正宗的，所以叫斯拉夫东正教或者正教。

伊斯兰教文明产生在地中海边，创始人是穆罕默德，穆罕默德出身于没落的贵族家庭，他的父母亲早逝了，他跟着叔叔做游商，叔侄二人走到耶路撒冷城之后，接触到了犹太教和基督教，穆罕默德要为穆斯林兄弟创造一个新的教义。他完成了《古兰经》的写作，在《古兰经》里面，至高的崇拜的神叫安拉，其他的都叫顺从者。这个文明在今天的中亚、中南亚，我们国家的西部也受其影响。

所以说今天三个强势的文明，一个是我们的华夏文明，一个是基督教文明，还有伊斯兰教文明。

那么，其他的文明第一个就是古巴比伦文明，它生活的空间是中亚的两条河交界区域，一条河叫幼发拉底河、一条河叫底格里斯河，就在两河之间冲积的平原上。这个文明产生的时间是公元前4500年，但是它在历史上有过多次的中断。

第二个是古埃及文明，它生活的空间是尼罗河的两岸。这个文明在公元前4500年就有了，这个文明曾经历了31个王朝，在这31代王朝里，15王朝、16王朝、25王朝、27王朝和31王朝都是被异族所占领。埃及在近代是法国的殖民地，后来成为英国的殖民地。埃及原来在伊斯兰的世界里也是数一数二的，但是在今天的影响式微了。

第三个是古印度文明，这个文明也是生活在两条河之间，一条叫恒河，一条叫印度河。该文明产生的时间是公元前2500年，它产生的比较晚，且在公元前1750年的时候发生了中断。印度在近代是英国在亚洲最大的殖民地。1947年，印度和巴基斯坦分开，成了联合国两个有独立主权的国家。1971年，东巴基斯坦又从印度分开，这就是今天的孟加拉国，所以印度一分为三，由原来的一个国家变成了三个国家。

后面的三个文明，首先是古希腊罗马文明，它产生的时间是公元前 1500 年。这个文明在历史上有两段时期比较辉煌，第一段时期就是公元前 11 世纪，叫荷马时代，“荷马史诗”就是发生在这一时期。另一个比较辉煌的时期是公元前 6 世纪，轴心时代。大家都知道公元前 6 世纪古希腊出现了影响至今的伟大的思想家：苏格拉底、柏拉图、亚里士多德、毕达哥拉斯，等等。我们在这个时候出现了老子、孔子、孟子、庄子，等等，这时候的印度出现了佛祖释迦牟尼。希腊进入了封建社会之后，特别是到了罗马帝国时期的时候这个文明出现多次中断，而且多次分裂。

其次是玛雅－阿兹特克－印加文明，这个文明生活空间是中南美洲亚马孙河的两岸，这个文明在公元前 10 世纪就有了，但是很遗憾，1533 年欧洲的探险者踏上了中南美洲的大陆，这个文明发生中断了。中断的标志就是语言的消亡，现在的中南美洲的官方语言是葡萄牙语和西班牙语，海德格尔有一句名言，叫“语言是存在的家园”，如果一个族群连他自己的语言都没有了，那么这个族群的文化就终断了。

最后是斯拉夫东正文明，这个文明也是产生在两条河中间。东欧有两条河，一条是第聂伯河，另外就是波兰维斯瓦河，在这两条河之间冲积的东欧大草原上，产生了这个文明。这个文明在历史上有两段时期比较辉煌，第一段时期就是公元 15 世纪往后的 200 年里。第二段时期就是 1917 年的 11 月 7 日苏联的十月社会主义革命，在世界上建立了第一个社会主义国家，从产生到 1991 年，这段时期比较辉煌。

世界上有影响的九个文明中，我们的文明最长，而且我们的文明是没有中断的，没有中断的原因是什么？就是我们的文化。而我们的文化正是我们文明的突出的特征之一，讲的是统一性。一方面讲我们的物质文明，一方面讲我们的精神文明。讲精神文明我们经常提到“三观”，第一观叫“宇宙观”，我们从《周易》以来一直强调天、地、人统合协调的宇宙观，讲天人合一。第二观就是西周特别是孔孟以来，我们一直强调民本主义的社会政治观，以民为本，在我们今天则自然而然到以人民为中心、为人民谋利益。第三观就是修身、齐家、治国、平天下的人生价值观。我们的文明没有中断的根本原因就是我们的文化，我们的文化具有突出的统一性，就是习近平总书记在“六二讲话”里面讲中华文明特性的时候讲的统一性的问题。

我们历史上也有冲突，有时候冲突也非常激烈，但是同学们有没有发现，我们民族历史上的冲突在方向上有一个共同特点，都是北方的游牧民族、半游牧民族南下，但是南下的结果是什么？是融合了。我们这个民族从历史上到今天有五次大的融合史，第一次是从奴隶社会晚期一直到秦朝统一中国之前，史书记载我们当时是3300多个部落国，最后变成战国七雄，秦朝统一了其他六个国家，变成一个“大中国”的概念。第二次融合是两晋南北朝、五胡十六国，特别在北魏时期，这是北方地区中原化一个非常重要的窗口，就是北方的这些国家、这些族群，他们最大限度地接受了汉文化，这个时候佛教从印度来到中国。佛教到中国以后，很快成了我们文化的三大支柱之一。本来这是一个外来的东西，但是到中国来我们将之中国化了，所以这一次我们融合的结果是在宗教方面的一次融合，而且佛教到了中国后，从在印度时的宗教概念，转变为人文概念，成为道德教化的学问。

第三次融合是唐朝，这一次融合的结果是什么？是各个民族之间关系上的相对平等，汉族和少数民族之间在关系上的相对平等。第四次融合是元朝，元朝的统治者认为治理中国的指导思想是儒家文化，是四书五经。第五次融合在清朝，这是满族融入我们中原文化非常彻底的一个朝代。所以说，我们文明的特征就是统一性。中国的历史就是一部统一史，三国时期，不管孙家、刘家、曹家，都想灭掉另外的两方建立统一的霸业。所以说正是我们的文化对我们的民族统一性的特征起到一个非常重要的作用。这就是我们要讲的第二个问题。

二、中华文化的丰富内涵和基本精神

前面我们的六个讲座里我们的老师都会涉及这些内容，在这里我再简单提一下。第一个是文化的三大支柱，第二个是文化的基本精神，支撑我们文化的三大支柱主要是儒家、道家和佛教。儒家强调以人为本，道家强调自然主义，佛教讲解脱主义。不管是儒家的人文主义，道家的自然主义还是佛教的解脱主义，大家记住，他们都是讲人生观的。

我们首先看儒家文化的核心，讲的是仁学。仁学是调节人和人之间关系的一门学问。孔子的学生问孔子，老师什么是仁，孔子讲“仁者，（爱）人也，亲亲为大”，所谓的仁，爱其他的人、关心体贴其他的人，那么你关心体贴谁？首先从你的家人开始，哪些亲人？爸爸妈妈、兄弟姐妹、配偶和孩子。所谓的仁爱亲人，亲人就是我刚才讲的这些。孔子接着讲，作为一个统治者要把家庭中这种对父母的孝、对亲人的孝，放大到天下去，要爱天下的老百姓。所以说儒家文化是要求我们积极入世，怎么入世？怎么成人成才？他给每一个社会成员设定了内圣外王的成人与成才之路。所谓的“内圣”就是追求道德的养成、追求道德素质的提升。所谓的“外王”就是建功立业，积极进取，学而优则仕，我们用毛主席的话讲叫“为人民服务”。现在在我们高校的周围，居住着大量“躺平”的年轻人。社会学家称之为“3N”族，不去参加教育，不去参加培训，不去参加工作。儒家文化怎么实现内圣外王的？它给我们设计了三纲领、八条目，所谓的三纲领是《大学》的主题词“大学之道，在明明德，在亲民，在止于至善”，做大事的学问和奥妙第一要张扬道德，第二要亲近老百姓，第三要尽量做到完善。所以我们中心校区最主要的路叫明德大道，我们的办公大楼叫明德楼，从哪儿来的？从这里来的。除了三纲领还有八条目，这八条目我从幼儿园就会背，叫正心、诚意、格物、致知、修身、齐家、治国、平天下。正心是心正，诚意是意诚，然后来达到我们道德素质的提升。我们今天提出来建立和谐社会，思想资源源自哪里？中国传统文化的儒家的仁学。

第二，道家文化的核心要义是什么？推崇人和自然的和谐发展。道家文化的三大要义：其一，无为而为；其二，少私寡欲；其三，治大国若烹小鲜。治理一个大的国家，就像我们在家里做饭，煎小鱼，为了保证鱼的完整性，不要来回翻这个鱼，简单地处理就可以了。少私寡欲是指什么？是你的就是你的，不是你的不要伸手，伸手必被捉住。无为而为是什么？就是我们和自然的关系的处理，你不要破坏自然，你破坏了自然大自然会给你报复的。道家的创始人之一庄子就写了一个寓言故事。他说当时天下有三个神，南边的神叫倏，北边的神叫忽，中原这个神叫混沌，就是地球，没有五官七窍，倏和忽到混沌家作客，混沌招待得非常好，两个兄弟很感动。两个兄弟有一段对话，他说混沌没有眼睛看不见美丽的景色，没有耳朵，听不到动听的音乐，没有嘴巴，吃不到山珍海味，我们要帮他，怎么帮他？日凿作一窍，混沌七日便死掉了，当人在地球上凿成和人一样的五官七窍之后，这个地球反而毁掉了。这是两千多年前庄子对人的警示，不要破坏自然。

我们在前几年提出来的科学发展观，特别第四条可持续性的发展观，和今天习近平总书记提出来的“两山”理论，理论资源就是道家文化关于人和自然关系的论述，总书记讲“绿水青山就是金山银山”，实际就讲这个。

这是我们历史上的两派主流文化，但是有两个问题这两派主流文化始终没有从正面回答：一是人为什么痛苦？二是人有没有灵魂？如果有灵魂的话，人死了之后这个灵魂到哪里去了？这个时候佛教来到中国，我前面讲的佛教解脱主义。佛教来到中国，它首先回答了缠绕在老百姓心中的两大困惑。佛教讲，你前世作恶太多，佛教讲因果，佛教认为人是有灵魂的，而且人死了之后，灵魂进了地狱，它把地狱还分了十八层。佛教在中国很快适应了中国的文化和土壤，它在老百姓心中影响是非常大的。而且佛教到了中国来之后，我们的先人对佛教做了两大创新。一大创新叫人间佛教，就是佛教在中国完全生活化、福利化、功能化了。比如，有五个菩萨其中有一个菩萨叫大势至，在中国没道场，其他的四个菩萨在中国都有道场，比如掌管人间的美好与善良的菩萨叫作普贤菩萨，他的道场在峨眉山；注重老人身体健康、平平安安的这个菩萨叫地藏王菩萨，他的道场在安徽的九华山；掌管生男生女、传宗接代、爱情婚姻这个菩萨叫观世音菩萨，他的道场在浙江的普陀；考大学、考博士、考硕士，管这个的菩萨叫文殊菩萨，他的道场在五台山。在印度，所有的菩萨在寺庙里面、在佛堂里面、在一个小小的佛龛里面，但是到了中国，我们把他放在东西南北四个方向。过去没有高铁，没有自驾车，没有飞机，你得走着去，你要把这四种美好都求得来，那是需要时间的，需要体力的，需要磨炼你的意志。

另一大创新叫心即佛，就是我们讲的禅宗。我们的先人对佛教最大的创新，信佛的最高境界，佛在哪里？佛在心中。在印度，佛在对面，佛在对面的寺庙里面，佛堂里面，佛龛里面；但是在中国，对面可以什么都没有，佛在心中，这是最大的佛、最高的佛。我们用哲学的话语去转换，就把成佛的理想由彼岸的世界移到了主体世界，这个主体的世界也叫此岸的世界。我刚才讲了，佛教在印度是宗教，到了中国来变成人文科学，由神到了人，而且这个人是觉悟的人。

所以大家注意 2014 年习近平总书记在联合国教科文组织成立大会上的讲话，在那个讲话里面，总书记用了好长的篇幅介绍了佛教到中国来的过程，介绍了伊斯兰教到中国的过程。这就说明我们的文明具有突出的包容性，“六二讲话”中五个特性中的包容性。外来的文化，大家看看，历史上中西文化只有两次交融，第一次交融是佛教到中国来。大家想想，佛教到了中国来挤兑掉了阴阳家、法家、兵家、墨家，它上升到第三位。第二次中西文化的交融，就是马克思主义来到中国，这两次交融的路径是不一样的，佛教到中国来是从民间到官方，统治者看到这个东西对老百姓在精神上有影响，所以回过头来支持百姓信佛。马克思主义到中国来，进入中国的路径是我们早期的知识分子在西方留学、勤工俭学，然后把它译介到中国来，从革命者到执政者经历这样一个过程。今天我们需要解决的一个问题是什么？就是党的二十大报告中提到的马克思主义中国化和时代化问题。外来的文化怎么能够融入土壤里去，2014 年纪念孔子诞辰大会上总书记讲话说，我们的指导思想是马克思列宁主义、毛泽东思想和中国特色社会主义理论，但是总书记接着讲，同时我们不是历史虚无主义，也不是文化虚无主义者，我们不能数典忘祖、妄自菲薄。在这个讲话里面，大家就可以看出来，“第二个结合”就开始提到了。

我们刚才讲了三大支柱，中华文化的基本精神还有哪些？我想利用提取公因式的方式与大家交流一下，这也是我自己的体会，不一定大家都能够认可。其一就是我们的文化基本精神是阴阳互补，五行化合，崇尚自然。这是我们文化的哲学基础，阴阳的理论是中国的先人在我们哲学的领域里提出来的。大千世界，无奇不有。但是我们的老祖先真的很聪明，用一条简单的直线和一条断开的虚线就说明世界生成的两极，一个叫阳，一个叫阴，阴阳之间的转化促成了事物的变化和发展。五行化合什么关系？就是对世界生成的最初的元素的认可。在古希腊的哲学里面，哲学家认为世界最初元素的生成，或者是水，或者是火，或者是原子，他们只认可一种。但是我们的老祖先认为，世界的生成由五种元素组成，水、木、土、火、金，而且这五种元素中间存在生克关系。这样又直接产生了我们在生活中的一门学问，就是中医学。我们的五行化合理论和中医学密切联系在一起。大家学传统文化，要理解我们的基本精神，首先把阴阳的理论和五行的理论搞清楚，这两种理论正是我们易经文化最核心的内容。学传统文化，首先要学好《易经》，《易经》为大道之源、中学之首，我们也很骄傲，我们山东大学有国家级的周易研究基地，《易经》在历史上到今天一直有争论，有人说是科学，有人说是迷信，《易经》实际是一个哲学问题。哲学研究什么？三个对象：人和人的关系、人和组织的关系或者社会的关系、人和自然的关系。那么《易经》研究的也是这三个对象，人和人的关系、人和组织或者社会的关系、人和自然的关系。2020年武汉发生了新冠疫情，武汉市政府报批了两个医院，一个叫火神山，一个叫雷神山。2003 年发生 SARS，在北京的东北方向有一个镇叫小汤山镇，我们建了一个医院，因为那个地方产温泉，把几个单位的疗养院打通建成的。火神山、雷神山医院的命名这就是周易文化在今天现实的运用，在中医学里，“木”代表肝功能，代表四肢，“火”代表心脏，“土”代表脾胃，“水”代表肾脏和泌尿系统，肺和呼吸道有关系属“金”。在五行的生克关系里，五行相生，水生什么？木。木生什么？火。火生什么？土。土生金、金生水，一种相生的关系。五行之间还有一种相克的关系，水克火，火克金，金克木，木克土，土克水。好了，大家注意新冠属肺，肺属金，五行谁克金？火。火什么颜色？红色。这个火神山是“火克金”的含义。雷代表木，蓝色和绿色代表木，木生火，火克金，形成一个循环。

其二，以人为本，德性实践，这是我们文化基本精神中非常重要的一条。以人为本就是以民为本，就是今天的以人民为中心，为人民谋幸福、谋利益。德性实践是中国哲学的三大特征之一，我们哲学的三大特征第一崇尚自然，第二体征生生，第三德性实践。老子在《道德经·五十七章》里面讲过，“我”代表统治者，统治者无为民自化，统治者好静民自正，统治者无事民自富，统治者无欲民自朴。《黄帝内经》里讲“天覆地载，万物悉备，莫贵于人”。所有的条件我们都准备好，起关键作用的是人。孔子在《论语》讲过一句话，他说：“为政以德，譬如北辰，居其所而众星共之。”我们的文化从头到尾把德性实践放在首位，这是核心内容。

其三，自强不息，厚德载物。这也是我们民族精神的核心内容。党的十六大报告第一次概括民族精神是什么，就是以“自强不息，厚德载物”为引领的、为核心的。所谓的自强不息就是民族的性格，所谓的厚德载物讲的就是包容性，文化的包容性。当然，你看在空间的结构里，六十四卦里面的乾卦代表西北，西北什么地方？昆仑山。昆仑山是我们文化的象征，昆仑山西北方向在《周易》里面是乾卦，乾卦是父亲，父亲是什么特点？刚毅坚卓，发愤图强，永不停息。在《说文解字》里，我们讲到“道德”的“德”，是“上升”的“升”，有了道德才能上升，有了道德才能得道。从历史上，我们的先人就把德性实践看作我们治国、治家的根本。

其四，中庸之道，体征生生。中庸之道是指我们面对社会、面对生活的一种态度，体征生生讲的是与时俱进。这个“shi”有两个汉字，一个是时间的“时”，讲的是纵向的维度，第二个是世界的“世”，讲的是横向的维度。时间变了，条件变了，你要跟上变化。外围变了，其他人变了，你也要跟上变化。这是我们刚才讲的，在三大文化上的支柱之外我们又总结了四个方面的基本精神。当然可能还有其他的一些概括，在这里我们讲这四条，这是我给大家讲的第二个大问题，正是我们的文化包容性，才使我们的民族历史悠长，而且没有中断。

黑格尔讲只有黄河、长江流过的那个中华帝国是世界上唯一持久的国家。英国大哲学家罗素也说，从孔子以来，埃及、巴比伦、波斯和马其顿，包括罗马帝国都消亡了，但是中国却以持续的进化生存下来了。靠的什么？就是我们的文化。这就是我要讲的第三个问题，我们文化的底色正是中国特色社会主义的鲜明特色。

三、中华文化的底色正是中国社会主义的鲜明特色

这个标题我用了习近平总书记的原话。6月2日的讲话中总书记提到了中国特色的关键在于“两个结合”，中国特色社会主义道路首先是社会主义，这是从马克思主义那里来的，同时中国文化当中朴素的社会主义元素，也提供了中国接受马克思主义的文化基础。大家注意，后边这句话就是我们研究的对象，同时也是我今年申报国家课题的一个出发点，即中华优秀传统文化中的“四观”和马克思主义的价值观主张具有的高度契合性。

下面我领着大家破一下题，就是我们文化中的朴素的社会主义元素有哪些？它是我们中国接受马克思主义文化的基础，就是讲契合。6月2日讲话中习近平总书记提出了“‘第二个结合’是又一次的思想解放”，总书记提到“精神上的独立自主”，我想特别是今天来的马院的同学特别多，我在大大小小的场合里讲过多少次，这里我们会受到很多的启发，我们为什么要和人民群众“日用而不觉”的共同价值观念融通起来？我有一个研判，我们下一步的文化宣传思想教育工作要面向基层，教育研究的对象要下移，大家在网上看到河南“白术”事件，发生的时间窗口是什么？是在什么样的情况下才出现这样的问题。我们现在亟须对某一个行业、某一个特殊群体的思想政治教育展开研究。

所以第三个问题我从以下几个方面破题。

第一，就是天人合一的宇宙观，它是人与自然和谐共生的文化基础。在这里面，我们重点研究了“和谐共生”是什么？所谓的“和谐共生”是中华“和”文化在人类与自然关系领域实践运用的观念体系。和谐共生是世界万物对立统一、相依相生、相谐相长的世界观，是统和矛盾对立、寻求中庸协调的方法论，是一种差异共存，相合相长的价值观，蕴含着生命共同体辩证统一的哲学智慧。和谐共生在具体的实践当中主要体现在“道法自然”上。怎么来实现道法自然？第一要“敬道慎为”。所谓的“敬道慎为”就是要尊重规律、敬畏规律，这是道家文化的要义，实际也是我们生活的必然要求。你要遵循规律，不要破坏规律，你遵循了规律，我们可能正常地向前发展，但是破坏了自然规律、违背了自然规律，那么就会受到大自然的报复。“慎为”是谨慎，小心谨慎。

第二，道法自然要求我们要“重农顺时”。我们从农村出来的同学知道，农民种植庄稼、收获庄稼，什么时间浇水、什么时间施肥，这都是有自然规律的，特别像我们先人发明的二十四节气，二十四节气和我们农村庄稼的种植、修理、收获都有着直接联系。2 月 4 日立春，咱们可以发现，就是立春这一天前后放的水果、地瓜等食物口感就完全不一样。“重农顺时”讲天时、地利、人和，所谓的天时就是要遵循自然规律。孟子曾经讲过一段话，他说，你虽然有智慧，不如我们要遵循规律，你虽然有很先进的工具、农具，不如我们顺应大自然，就是抓住时机去种植、去修剪、去收获。在《论语》里面孔子也讲，天能说什么呢？四季、四时，他照常运转，百物他照常生活，就说你不管承不承认、认可不认可，这个规律是摆在那里的。荀子在《富国》篇中也讲过希望统治者少去安排一些劳役的事，不要去占用或者是侵犯农民种庄稼的时间，这样的国家才能富强。

第三，“谨其时禁”。所谓“谨其时禁”，就是我们的老祖先在很早的时期，就根据自然的规律，特别是动植物生长的规律，设计了一些政策上的规定。我家在渤海湾，国家规定渤海从5月1日到9月1日这4个月是禁止捕鱼的，为什么呢？就是为了可持续性的繁殖，实际上我们的老祖先早就这样做了。《礼记》里面有一段话，“断一树、杀一兽，不以其时，非孝也”，这个树还没有长大、这个动物没有长大，你就把它杀掉了，这就是不尊重它的规律，“非孝也”。《礼记》里边讲“昆虫未蛰，不以火田”，就是这个昆虫还没有长大的时候，你不能用火烧农田，你烧了，我们试想把这些虫卵都给烧掉了，那么对于世界的多样性，特别是食物链就发生了中断。《礼记》里还有一句话“国君春畋不围泽，大夫不掩群，士不取麛卵”，这是什么意思？就是你在春天的时候狩猎不能把湖全部围起来，把动物赶尽杀绝，要赶尽杀绝的话，食物链就中断了，而且生物的多样性也取消了，要保留着这些麛卵、这些虫卵。

第四，“得养则长”。“得养则长”是我们传统文化中讲的朴素食物链的问题。在自然界当中，大家知道有一种食物链，人类也是食物链中的某一端，但是如果把食物链一端给消灭掉了，那么这个世界的多样性就没有了，那就可能影响到我们大自然正常的运行和发展。你看这一年在沿海一带建立了好多的风电，而且风电在北欧早就有争论。那个风轮的声音影响了鸟类和蜜蜂的生活环境，而鸟类和蜜蜂的生活环境是食物链的某一端，那么会导致这样一个地区它在食物链上的中断，可能会影响其他的低端食物链上一些动物的繁殖和生存，实际上这个争论在80年代北欧就有过。我们的老祖先在这方面有很多像“得养则长”这样的论述。

第五，“节物惜用”。道法自然要求我们人类要在使用自然资源的时候有节制，要遵循适度的原则。孔子在《论语》里面讲过一段话“钓而不纲，弋不射宿”，就是用鱼竿去钓鱼，而不是用网去捕鱼，这个箭我不去射那些已经归来的、已经在鸟巢里面的这些鸟类。“川渊枯，则鱼龙去之；山林险，则鸟兽去之。土弊，则草木不长。”这些古训实际都提到了，人类如果无休止地去把自然资源耗费掉，可能会影响到后续一系列的问题，就是万物生息。这是我们讲的朴素的、可持续性的一种发展观。最典型的就是春秋战国时期有一个“里革断罟”的故事，鲁宣公和里革去捕鱼，但是鲁宣公用的那个渔网的网眼是非常小的。大家想想，网眼小了，把小鱼、大鱼都给打上来了。里革看到鲁宣公这个网之后很生气，然后用刀把网割断了，扔掉了。大家想一想，你是一个大臣，你把国王的渔网给割了、给扔了，那是了不得的，是要受处罚的，但是鲁宣公很开明，他不仅没有生气而且还表扬了里革。这个故事讲的就是我们在过去也有这样朴素的、可持续发展观的一些具体的事情。

我们从道法自然、和谐共生，我们把宇宙观和马克思主义的科学社会主义价值观来契合，契合什么？人与自然和谐共生的价值理念和马克思主义的生态观是相契合的。在哪些方面的契合？其一，心境的契合，我们传统文化强调的是“心随天放”，马克思主义自然生态观强调的是“人化自然”，这是人性价值与自然价值的统和。其二，认知上的契合，我们的传统文化强调“人和物丰”，马克思主义的生态观强调的是“物质转换”，这是人的主体能动性与客观规律性的统一。其三，伦理上的契合，我们的传统文化强调的是“悯物节欲”，马克思主义的生态观强调的是“生态环保”，这是人类社会伦理与生态和谐理论的统一。其四，审美契合，我们传统文化强调的是“诗意的栖居”，马克思主义生态观强调的是“生态美学”。你看我们的老校长曾繁仁先生给我们作的第一个讲座讲生生美学，实际就是把这个打通了。

协和万邦的天下观是人类命运共同体在文化上的渊源。协和万邦的天下观，包括以下几个方面。

（1）“协和万邦”是以“天下”为视野的世界观，我们的先人认为“天下观”的源头是天圆地方的时空观，我们先人认为从空间的结构上天是圆的、地是方的。我们的先人认为所谓的“天下”是指自然也是社会，自然和社会是一体化的。大家都知道地球是圆的，特别是在中世纪之后，地理大发现之后，地球是圆的，世界是普遍联系的。天下的观念也进一步地强调了世界普遍的联系性，在气象学里有一个“蝴蝶效应”的概念，也是指这个。

（2）“协和万邦”是以“天下”为目的的治理观。就是我们的先人从治理原则、治理目的和价值内核方面提出了民族的思考，比如“道王合一”“厚德包容”“保和太和”“和平发展”，而且这些都是以儒家文化的“仁”为核心的，为价值内核的，讲究的是亲人善邻、以德怀远。

（3）“协和万邦”是以“天下”为对象的安全观。我们的传统文化强调在矛盾的消极方面和合共生、求同存异，我们追求的价值理念是崇正义、尚和合、求大同，在《尚书》里描述的，“克明俊德，以亲九族。九族既睦，平章百姓。百姓昭明，协和万邦”，达到我们在周易文化里面提到的：万邦咸宁。

（4）“协和万邦”是以“天下”为视域的文明观。文明的发展路径是在周易文化里面倡导的以文化人、以文化成可以消解我们历史上的华夷之辨，来达到天下的文明。华夷之辨是有关中原文化和边缘少数民族文化关系的争论。大家都知道，我们原来的中原的概念就是指以河南为中心，长城以北、河西走廊以西，长江以南和山东的胶莱河以东，我们把它叫作四夷，东夷、北狄、西戎、南蛮，中原文化和四夷的文化一直是有争议的，我们通过以文化人、以文化成，进行华夷之辨，来达到天下的文明。

那么，协和万邦是以天下大同为目的的发展途径，我们的先人认为未来的理想社会是人人为公、天下大同的社会，这个天下大同的蓝图是以平均为目标，没有压迫、没有剥削、平等自由、和谐团结、劳动与奉献成为人的本真的追求。所以在《礼记·礼运》篇里面，我们详细地描述了未来社会的大同盛景。什么样的盛景？老人怎么样、孩子怎么样，这个社会的关系怎么样。

协和万邦的天下观与科学社会主义价值观主张的契合。

第一个方面是人类历史发展方向上的契合。我们的先人强调的以“四海为家”和马克思主义强调的“世界历史”，这是契合的。比如我们强调的是以德怀远、华夷相安，四海之内皆兄弟，四海之内若一家。这些倡导和马克思主义的世界历史观的提法是一致的。马克思在《德意志意识形态》里讲：“历史向世界历史的转变……是完全物质的、可以通过经验证明的行动。”统一世界市场的形成，打破了闭关自守的世界格局，使处于世界历史进程中的各个国家和民族由闭守的状态转化为开放状态。

第二个方面是理想社会奋斗目标的契合。“大同社会”和马克思、恩格斯倡导的“自由人的联合体”是契合的。我们的先哲一致倡导，我们要建立一个理想的社会，叫大同社会、小康社会。“天下为公”的社会是全民公有，选贤与能，讲信修睦，各得其所，人人为公，各尽其劳，自觉奉献。那么，马克思在《德意志意识形态》里面倡导的“自由人联合体”是什么？他讲：“只有在共同体中，个人才能获得全面发展其才能的手段，也就是讲，只有在共同体中才可能有个人自由。”在《共产党宣言》里面，马克思也讲：“代替那存在着阶级和阶级对立的资产阶级旧社会的，将是这样一个联合体，在那里，每个人的自由发展是一切人的自由发展的条件。”这是和我们老祖先倡导的大同社会、小康社会、天下为公这些朴素的社会主义思想相契合的。

第三，人的解放价值导向契合。我们老祖宗讲的“天下为公”与马克思讲的“人类解放”是高度契合的。马克思追求的解放是“人类解放”，不是个体的解放，解放的主体是现实的个人，希望人类能够从具体的生产、生活束缚当中解脱出来，进而实现从必然王国向自由王国的飞跃。

第四，和而不同的社会观是凝聚价值共识的思想原点。这里我引用了 2014 年 3 月 27 日习近平总书记在联合国教科文组织总部的讲话，这个讲话实际讲了“和而不同”这种社会观，总书记讲：“世界上有 200 多个国家和地区，2500 多个民族和多种宗教。如果只有一种生活方式，只有一种语言，只有一种音乐，只有一种服饰那是不可想象的。”而且总书记在讲话中引用了《左传》里齐国上大夫晏子对话齐侯的一段故事。在这个对话里左丘明提到了“和”就像是我们吃一顿美食，大家想一想一顿美食需要很多的油盐酱醋调料、香菜来烹饪，只有这样烹饪出来的美食才有味道。而且晏子还讲，声音和味道、美味是一样的，它必须是有各种不同表现的符号和手段，这样奏出来的音乐才能够好听。但是如果以水去掺水，大家想一下这个水有什么味道？如果我们的音乐就是一个单一的音符，那么这个音乐是很难听的。总书记用了大段的古文来解释“和而不同”有关思想就是我们今天正在研究论证的，“和合向生”是“和而不同”的社会观表证和合。中华的和合文化讲了多样性的统一，在社会观的内容方面表现为哲学观上的对立统一、和合生长；政治观里讲的是多种政治力量的和平共处、多边制衡、团结和睦；经济观里讲的各种资源的配置，多环节的协同生产、多要素的分配；文化观讲的是百花齐放、百家争鸣；国家观讲的是统合国家、集体、个人不同利益的共赢发展。

“和而不同”讲的是包容差异，也就是讲“和”的前提是“各”，只有保持了“各”的独立性，才能“太和”和“利贞”，才能达到社会的和谐发展，万邦咸宁。

和而不同的社会观凝聚价值共识为哲学智慧追求，体现了马克思主义矛盾统一的唯物辩证法思想。“多元一统”、和而不同的社会观是凝聚价值共识的思想原点，它既主张矛盾的对立又主张多元一统的处事原则。

第一，价值共识产生于不同价值观的对立之中，“同一和差异”是两个主要的对立，当它们被分开来考察时候都互相转化。价值共识还达成了不同价值观的冲突和融合。恩格斯在辩证法里说：“一切差异都在中间阶段融合，一切对立都经过中间环节而相互转移。”这与朴素的社会主义元素的提法是完全契合的。

第二，和合致谐，是和谐的“谐”，和而不同的价值观是构建和谐社会的理论基石，“和合生物”揭示了人类文明发展的历史规律，我们的老祖先在这方面有很多的论述，比如“一阴一阳之谓道”“积善成德，神明自得，圣心备矣”“和能生物”“合能生物”。“明分使群”昭示着人类社会理论缘起的智慧，差异起伦，等级有序，这个在荀子那里有很多地方都提到过。“和合致谐”标的了人类社会对立统一的价值哲学。

第三，“和达化异”这是我们处世的方法，是凝聚共同价值的最优选择。在历史上传统的手段是通过武力征服，但是“和而不同”的处世方法的精髓是“道德”，讲的是“已欲立而立人，己欲达而达人”，我们讲的是“泛爱众”，这是第三个方面的契合。

第四，人心和善的道德观是我们中华民族独特的伦理精神标识。人心和善的道德观与马克思主义价值观具有高度的契合性，表现在三个方面。其一是道德目标的契合。我们的传统文化追求的个人之“善”与马克思的社会之“和”这是相契合的，这是在个人的道德目标和社会的道德目标两个方面的契合。我们个人道德目标的“和”是在“善”的方面，马克思主义倡导人的自由全面的发展，我们的传统文化倡导的是“至善达德”“君子的品格”和“圣贤的品格”。在社会道德目标上的“和”，马克思主义强调的是“正义”“平等”“全人类的解放”，我们的传统文化强调的是“天下为公”“天下归仁”“社会和谐”，这是道德目标的契合。其二是道德思维的契合。我们的传统文化强调的是“依善而和”“由和至善”这样一个路径。道德发展在历史观上的契合，马克思主义强调的是社会的文明由低级向高级，人们的道德素养也是不断进步的，我们的传统文化强调的是“革故鼎新”“因革损益”。在道德发展群己观上的契合，马克思主义强调“集体主义”的原则，我们的传统文化强调“天下为公”“独善其身与兼济天下相兼顾”“杀身成仁”，等等。在道德的发展知行观上的契合，马克思主义强调的是人们的道德认知必须在道德实践中得到发展，在不断的自我否定中得到完善，我们的传统文化强调的是“反省内求”“吾日三省吾身”这样的具体实践要求。

其三是道德内容的契合。人格之善与人际关系之和的有机融合展现了“心善”与“人和”“业和”“亲和”“际和”的关系，实际这四个方面就是我们今天强调的“四德工程”。首先，就是与个人品德的内容相契合，“心善”与“人和”，马克思主义强调人的道德意识是在人类社会生产关系互动中产生的，人对利益的认识以及人的自我意识决定了道德的走向，我们的传统文化强调“慎独”，强调“克己”，强调“君无守”及“无为而为”，等等。

其次，与职业道德的契合。我们的传统文化强调“心善”，马克思主义理论强调“业和”，马克思认为，“没有无义务的权利，也没有无权利的义务”，围绕着职业“从他们阶级地位当中所依据的实际关系当中——从他们的生产和交换的经济关系当中，获得自己的伦理观念”，这样形成了“敬业奉献”“诚信公德”的职业道德的内容，我们的传统文化里也这样提“为政以德”“任人唯贤”等。

最后，就是与家庭美德的契合。我们的传统文化强调的是“心善”“亲和”，马克思主义理论里对家庭美德的论述也非常多，比如婚姻家庭的起源有很多方面的论述，我们的传统文化里强调夫妻互爱、相敬如宾、父慈子孝、兄友弟恭、邻里友善，等等，这些最基本的内容。与社会公德的契合，我们强调“心善”与“际和”，根据马克思的观点，影响人际和合的关系，不能尽人心之善的根本原因在于阶级社会的剥削制度，因此，他提出必须要“消灭阶级”、建立共产主义社会，才可能有“真正人的道德”。“只有在共同体中，个人才能获得全面发展其才能的手段”，我们的传统文化里讲到的“天下为公”“亲仁善邻”“己所不欲，勿施于人”这些都是“心善”与“际和”的人际关系的“和”。

我简单汇报一下我们正在研究的宇宙观、天下观、社会观和道德观这些社会主义的朴素因素和我们科学社会主义价值观主张的契合。通过学习，特别是我们通过阐释体会到“第二个结合”的重要性，也更加体会到文化自信最根本的内容。文化的优秀、国家的强大、人民的力量，就是我们文化自信的强大底气，就是文化自信的水之源木之本。只有对自己的文化有坚定的信心，才能获得坚持坚守的从容，鼓起奋发进取的勇气，焕发创新创造的活力。

《四库全书》纂修对当代文化战略有什么启发？

主讲人：杜泽逊

杜泽逊，山东大学讲席教授，《文史哲》主编，文学院、儒学高等研究院古典文献学博士生导师。教育部长江学者特聘教授，全国古籍整理出版规划领导小组成员。长期从事中国古典文献学研究，承担国家社科基金重大项目“《五经正义》汇校与研究”，国家社科基金特别委托项目“《永乐大典》存卷综合整理研究”，国家古籍保护中心委托项目“《日本藏中国古籍总目》编纂”等。代表著述《尚书注疏汇校》《四库存目标注》《文献学概要》《微湖山堂丛稿》等。曾获得国家教材建设奖一等奖、宋云彬古籍整理图书奖、华人国学大典国学成果奖、学术名家奖等。

今天给各位汇报的题目是“《四库全书》纂修对当代文化战略有什么启发”。几年前，在文学生活馆给大家汇报过一次“《四库全书》是怎么修成的”。这次讲座内容和上次有相同的地方，也有一些新的思考，尤其是对当代文化战略的启发，在上次讲座中没有产生这方面的心得，这次是有一些考虑的。三年疫情之后，中共中央干部局所规划的部长级干部历史文化讲座恢复了线下模式，第一场让我去讲了《四库全书》。我在那次《四库全书》讲座当中，就有了一些心得。当时部长级干部听讲的有 120 余人，整体反应是很好的，所以 6 月 1 日习近平总书记考察国家版本馆，其中的《四库全书》专题，让我去汇报。前后是有一个直接的因果关系的。

《四库全书》是我从做研究生毕业论文以来一直关注的一个话题，也是研究文献学这门学问所没法避开的一个主流话题，所以《四库全书》纂修会一直成为我们关注的对象。

一、《四库全书》是一部什么样的书?

《四库全书》非常庞大，是一部丛书。什么叫丛书?就是我们把若干部书放在一起形成一套新的书，至少得起一个新名字。以《四库全书》来说，《四库全书》包含的书有 3400 多种，这 3400 多种书在《四库全书》里是互相独立的。《四库全书》里有《史记》，有《汉书》，有《后汉书》，这些书都是互相独立的，但是他们有一个总名称叫《四库全书》。《四库全书》的性质就是丛书。我们在买书的时候可能会发现，买的这一本书是某一套书的一种，那个套书就是从书。在从书内部，每一部书的原始面貌、独立性不被破坏，《四库全书》就是这种性质，就是包含有 3400 多部书的套书。

《四库全书》是毛笔抄的，没有雕版印刷，也没有活字印刷。为什么没有雕版印刷呢？我认为就是资金跟不上。这书太大了，雕版印刷会花费大量的钱，财力上可能达不到。誊录一部书所花的钱和雕版的钱相比，还是誊录比较容易。所以，当时《四库全书》就抄了七份。《四库全书》，“四库”是经、史、子、集四个部分，分为经库、史库、子库、集库，所以叫“四库”。《四库全书》装订是包背装，跟现在的博士论文很像。包背装看不见线缝的痕迹。包背装的面是绫子的。这个绫子的封面分四种颜色，与春天、夏天、秋天、冬天对应。春天是绿色，树木花草都发芽了，所以是绿色；夏天火热，所以是红色；秋天是蓝色；冬天就是棕色。当时设计这四种颜色，我不太清楚是谁提出来的，但是乾隆皇帝对这个有解释，所以在这里特别跟大家介绍，它分四种颜色。

打开之后，每一册都盖着皇上的印，玉玺。例如这一幅图是“文渊阁宝”。《四库全书》一共有七套，其中第一套叫文渊阁《四库全书》，在皇宫里。

文渊阁《四库全书》

文渊阁《四库全书》现存于台北故宫博物院，台湾商务印书馆有过影印。山东大学图书馆有一套影印版同时也有电子版，文渊阁《四库全书》查阅并不费事。

文津阁《四库全书》放在承德避暑山庄。北京的商务印书馆影印的，做成了精装。文津阁《四库全书》现藏于国家图书馆。国家图书馆老馆在北海公园，国图老馆前面的街叫文津街，就是因为有一套文津阁《四库全书》。

丛书除了像《四库全书》以外，我们熟悉的《二十四史》，《史记》《汉书》《后汉书》《三国志》《晋书》《宋书》《南齐书》《梁书》《陈书》《魏书》《北齐书》《周书》《隋书》《南史》《北史》《旧唐书》《新唐书》《旧五代史》《新五代史》《宋史》《辽史》《金史》《元史》《明史》，到《明史》为止是二十四部书。《二十四史》是在乾隆年间定型的，因此不会包括清史。到了北洋政府时期，进入民国，修了一套《清史稿》。这套《清史稿》始终没有进入正史，为什么呢？进入正史一定要国家承认才行，国家要颁发一个法令。《清史稿》没有获得任何政府的承认，包括中华人民共和国政府。为什么不承认它？它对辛亥革命表述得不好，称“匪党”，对孙中山先生表述得不好。国民政府把它列为禁书，更别说进正史；中华人民共和国也不能允许它对辛亥革命那个态度，所以它始终不能进入正史。既然不能进入正史，政府就要有个态度。什么态度？重修《清史》。所以，台湾说他们要修《清史》。大家知道为前朝修史，只有正统朝廷才可以。中华人民共和国政府是唯一的合法政府，因此修《清史》的任务不能交给台湾。在 1949 年中华人民共和国成立之后，我们国家第一个五年计划就有“修清史”。成立五人清史工作小组，由国家领导亲自挂帅。修不修呢？

不修，只说要修，这就是声明一条：我要修。到2000年江泽民总书记时，政协和全国人大都联名提出这回要真修《清史》。曾经的清史五人领导小组还剩一人，中国人民大学教授戴逸先生，已经垂垂老矣。2000年的时候为什么要修呢？因为我们的国库充盈了，有这个力量了，所以2000年以后开始运作修《清史》。这次修《清史》跟过去不一样。过去是把专家调到京城里头成立清史馆，现在反过来了，现在国家进行项目制，把清史规划好之后先分成90多个课题，从全国有条件的单位予以委托或招标。我们山东大学承担了大概六项，我一个人承担两项。清史项目承担两项主体工程的大概只有我一个。这两项不能分开。第一是《清人著述总目》。清朝人到底写了多少书，我开一个清单出来，必须要有足不出户就能开出来的能力。你要跑遍天下的话，20年、50年也干不完，不会让这么干的。第二就是要修一个《清史艺文志》，从《汉书》开始有《艺文志》，一直到《明史》都有《艺文志》，清史也要有艺文志。这两个项目必须得由一个单位承担，所以都给了山东大学。《清人著述总目》2000年启动，接下来是“非典”，冒着“非典”开展这项工作。我们领来了这个项目，2004年9月1日正式开工，先后参加项目的有三四百人之多，终于将《清人著述总目》编成了。写卡片130万张，这个数字很难想象，能把这个屋堆满了。为什么写卡片？因为那时候网上信息非常少，只能这么干。经过合并、分类、排序，最后形成了符合我国目录学学科要求的《清人著述总目》，著录清朝人的著作227000种。全不全呢？不全，因为那时候没有国家普查。别说是人家外头，连山东大学图书馆也没有出版过普通古籍目录，山东省图书馆的古籍目录也没有出版。清史项目 2000 年上马，不可能等各家都公布了书目，更何况到现在大家都没公布。在那样一种情况下想收全是困难的，所以 227000 种达到历史的新高，但它绝对不是最后的答案。

227000 种书，每一种书有标准书名、标准卷数、标准作者及其籍贯，然后是版本。每个版本有馆藏，每个馆藏有出处。因为我们没有亲自看这些书，但它是有来源的。每个人都有小传，一两行，写他的经历，哪里人，字什么，号什么，哪年的进士，哪年生，哪年卒，这些材料。所以这一部《清人著述总目》是一个比较大的数据库，它要正式出版，由中华书局出版。中华书局出了书卖给谁啊？这么大的体量，很难盈利。由国家出版基金评为重大资助项目，一本不卖也赔不了。这就是国家要办大事，它有自己的机制，不用害怕，关键是把这书编出来。如果这书编出来，无法出版的话，就我们山东大学也能办了。所以这个事情我们不怕，出版之后肯定是个标志性成果，也就是短期之内很难再做。

但是到 2023 年才出了清样，这个清样有 25000 页之多，16 开的。我从 40 岁干到 60 岁才看到清样，按照我们现在的考核制度我早就得“非升即走”了，所以这个重大项目很不好办。但是我们不能怕。有的人说学校到底亏待我没有呢？那肯定没有。杜老师多有面子啊！你好好干，组织上看得见你。在这个问题上，我在这个地方给大家说明，这是大事。《清人著述总目》在两三年之后会正式出版，精装43册。

国家的《清史》已经修完了，现在也在看清样，很快就要出版。这次修《清史》，是由中央政治局常委批准，成立十一个部委组成的国家清史委员会来组织撰修的。修出来之后当然会进入政府所承认的正史，这是政治问题。你认为学术与政治无关，怎么能说无关呢？关系非常密切。我之所以说这个问题是跟整个今天讲的话题有关，就是我们国家的文化必须有一个多元一体的格局，必须有一个统一的认同。现在世界上所有有战争的地方，大多是因为文化的分歧和宗教的分歧产生的，在这个问题上我们要有清醒的认识。要百花齐放，没问题，但是最终要汇成长江、黄河。长江、黄河必须维持它的支流，要不然它要干涸。支流和主流的并存状态，就是我们国家的现状，这叫“多元一体”的文化格局。我们国家的民族也是这样，习近平总书记在民族工作会议上讲了。“多元一体”的格局是一个大局，这个大局很重要，如果能为这个大局做事，就是服务国家了，这是问题之所在。所以《二十四史》是一部大丛书，按照现在来说应该有“二十五史”。“二十五史”这个名字你们可能听到过。在北洋政府时期，北洋政府大总统徐世昌颁发的法令中承认了一部《新元史》。已经有《元史》了，又有一部《新元史》，批准进入第二十五史。还是没有《清史》。《新元史》是由胶州人修的，叫柯劭忞。《新元史》是一部名著，《二十四史》当中由山东人修的并不多，但是有《新元史》，就叫作“二十五史”了，由开明书店出版。等到《清史》出完了之后，新“二十五史”有没有《新元史》呢？还是包含《新元史》为“二十六史”呢？这个我就管不着了，我现在就管我的《清史》项目。

90多个子课题，我们只是一部分。工程浩大，参与的人数千人不止，所以这个是件大事。

《二十四史》的标点项目，毛主席、周总理亲自指示启动的，项目组在中华书局。山东大学在《二十四史》标点工作当中承担了五种，由王仲荦先生、卢振华先生、张维华先生承担。一共二十四部，我们山东大学承担了五部。50年代后期就开始标点了。2006年《二十四史》标点开始修订工程，修订的时候我们山东大学也承担了一种——《南史》，这一种的承担者叫张金龙，一个著名的教授，他被首都师范大学挖走了，项目也带走了。我们山东大学在修订工作中处于零的状态。最近有突破，在去年，西北方面领了《后汉书》的修订，十几年没完成，中华书局给收回了，收回以后委托山东大学完成。《后汉书》交于山东大学来完成，由我们的特聘教授赵生群先生来主持。赵先生是中国历史文献学会会长，文学院的特聘教授，现在正在抓紧进行，我也参与了这件事情，这样我们山大有一本《后汉书》。

“四库”——经库、史库、子库、集库，是谁提出来的呢？现在看到资料是唐朝人。唐朝的国家图书馆的确把书分在四个仓库：经典在经库，历史书在史库，诸子百家在子库，名家的诗文集都在集库。“四库”这个名称在乾隆年间使用是借用唐朝以来的老名称。《四库全书》这四个字组成一个大书名，这是清朝人独有的，这就是传承和创新。老是向壁虚构是不行的。

《四库全书》用的是开化纸。有个开化县，他说开化纸是他们生产的，他们还申请非遗，但是历史上从没记载过，包括他们县的县志没有记载过他们向朝廷供应纸的历史。如果有的话这是不得了的量，他不可能不记录的。最近几年有人从有关文献中找出来了，它是泾县造的，叫“泾县榜纸”。“泾县榜纸”这个答案已经有了，发表在我这个行当比较重要的刊物叫《文献》。我看这个结论是没有问题的，确实是“泾县榜纸”，至于为什么叫开化纸还是不知道。有人说了这个纸放上若干年之后有细微的黄斑，说这属于桃花纸，所以叫“开花”，如果是那样还凑合，要不然没法解释。至于说开化这个地方搞非遗，搞就好了，比不搞强，我也看了一眼，他弄得也不错，大家都想着沾光，比大家都躲着强。

《四库全书》不是什么书都要，好多的书都不收。《四库全书》里没有《西厢记》，没有《水浒传》《西游记》，俗的东西不要。但是你看现在这些书不都是经典吗？咱们现在跟那时候的观点不一样，评价标准不一样。《红楼梦》《西厢记》到底好不好呢？那当然好了。《红楼梦》里面的贾宝玉也看《西厢记》，清朝皇宫里也演《桃花扇》，但《四库全书》不要。这就是说我们在做形象工程的时候有讲究。它不要归不要，它也不认为不好。道教和佛教的书，讲经的书是不要的，只要传记，比如说《高僧传》《云笈七签》。道家的经典在《道藏》里头，不在《四库全书》里头，但是道士的传记它是要的。佛家的经书在《大藏经》里头，《四库全书》不要《金刚经》这些，它要的是传记和史料。

《四库全书》还把当时的书分了等。修《四库全书》的时候一共从全国各地，包括皇宫，征集了一万来部书。挑了三分之一修成了《四库全书》，另外三分之二有6793种，将近7000种，不要。又说不出个理来，它就说这个书水平不是太好。实际上也有的很好，像戚继光的集子、汤显祖的集子、袁宏道的集子，都在《四库存目》里头，《四库全书》没要，顾炎武的书也有。种种原因，最重要的书收入了《四库全书》，《十三经》《二十四史》没话讲，诸子百家都要，李白、杜甫的诗集不敢不要。但是另外三分之二入了《四库存目》，每部书写了一个提要。也就是说提要有上万篇，而《四库全书》里头有书的只有3000多种。另外将近7000种，《四库全书总目》当中有，也有这些书的介绍，可在《四库全书》里找不着这个书，这部分书只保存目录，叫《四库存目》。

我在20世纪90年代以来一直在研究《四库存目》，研究《四库存目》的人就我一个。我为什么要研究这个东西？二百年来这些书还在不在人世间？有很多好书，像戚继光的集子难道不重要吗？我们是需要的。它究竟还在不在人间，现在在哪里，是什么版本，我在做这个调查工作。正常情况下要持续几十年，但是国家忽然有需求。

1992年，国务院第三次古籍规划会有两位先生，一个叫周绍良，一个叫胡道静，提出《四库存目》很重要，要进行调查研究，并且要把这批书印出来，这样跟《四库全书》配起来才算是完璧。他们的言论发表在国务院《古籍简报》

上。国务院《古籍简报》是不卖的，但是我们山东大学古籍所能收到这个文件。也有一些先生，国务院古籍小组成员董治安先生他们能收到，山东大学图书馆古籍部也能收到，所以我每期都能看到。像看报纸一样，它只有二三十页。我一看我在做这个事，我本来想偷偷地做，他在国务院会上讲了。如果国图的人组织这么十来号人干出来，我怎么办？我就给古籍所所长董治安先生报告了。他说我给你写几个人的名单，你写信给他们征求意见，你把你的规划写好。名单有傅璇琮、赵守俨、安平秋、章培恒、周勋初、黄永年等。我就写了一个规划，《四库存目标注叙例》，用文言文写的。这几位先生都是古籍界的大拿，他们看了以后就来信表示充分肯定。傅璇琮先生就把我的规划登在国务院《古籍简报》，这样就宣誓于天下：山东大学有人做了。而且这个是文言文的，水平高。北京大学马上申请，他们要印这批书。国务院古籍小组秘书长傅璇琮先生说："你要印这些书，你知道书在哪里吗？"不知道。"不知道的话，山东大学有人调查，你得请他参加。"于是他们就请我参加了。我参加了《四库全书存目丛书》，把我的一部分成果贡献给国家项目。借助于这个国家项目的便利，扩大了我的调查范围，加速了我的调查进程。所以我一共经过了 15 年，把这项工作不仅完成了而且出版了，一共有 8 本。这就是我的调查报告和研究报告，叫《四库存目标注》。而这个《四库全书存目丛书》最后也完成了。我担任了《四库全书存目丛书》的总编室主任、常务编委。总编是季羡林先生。跟季先生有这么一个合作，所以季先生来到山东大学参加百年校庆，他大概推测我的职称成问题，就特别表扬了我。《四库全书存目丛书》这么大，1200册，主编是他，我不是第一作者，我第六。他得了第一届霍英东贡献奖，第六的话在山东大学很难得分了。再说了书都是影印的，有人问：杜老师这书非常重要，你写多少字啊？我说我是搞古籍整理的，我要是写了不瞎了吗！你整理司马迁《史记》，人们要问你哪篇是你写的，你怎么说呢？这没法对话，所以给我零分。零分就零分，我不能为这个就不干了。所以分类管理很重要，唱戏的如果唱得好，像梅兰芳，你就是老大。应该是这样评价才行。

《四库全书》纂修过程当中，用国家标准对所有书进行了分级分等，并且用国家标准对一万多部书全部下了结论，这一伟大的工程，我们在后头要讲讲它的意义在哪里。

二、为什么要修这样一部大书？

咱们中国有一个传统叫“盛世修书”，这回给总书记汇报《四库全书》，总书记当场就发表了这样一个意见。《四库全书》一共七套，文澜阁《四库全书》被烧去了四分之三，那圆明园的、扬州的、镇江的全烧了。好在抄了七套还剩三套半。要是像《永乐大典》只有一套的话，难免有灭顶之灾。所以国家版本馆的建设是很必要的。它不开放，就是把书藏起来，像敦煌藏经洞那样。敦煌藏经洞里有5万件，如果有五个藏经洞该有多好？唐朝的长安城想买一本书不是随处可买吗？全都是唐卷子。可是流传在人世间的还有几件呢？几乎是绝迹了。可是一个藏经洞就搞了几万件，你们想想这多么重要。所以国家版本馆有四个，把书堆到里头不用给人看，想看去图书馆里看。现在看来不值钱，把书堆里头，1000 年以后就值钱了。这个馆的任务就是藏书，连设计都是按敦煌门脸那样设计的。这个构想，我是赞成的，成本并不太高，所以要有这个头脑。《永乐大典》在八国联军进北京的那年毁坏了 90% 多，《四库全书》，也遭受过巨大迫害。所以总书记听了之后他就说："我非常关心中华文明历经沧桑流传下来的这些典籍版本。"他说："盛世修文，在我们这个时代，国家繁荣，社会平安稳定，有传承民族文化的意愿和能力，要把这件大事办好。"我就表态，我说我们一定努力干好。总书记还表扬了山东大学，说山东大学文科很好，中文、历史、哲学很有影响。我说总书记给《文史哲》编辑部全体编辑人员的回信我们正在学习、落实。总书记很满意。

"盛世修文"，总书记是这样说的。历史上也说"盛世修书"，这真的是个传统。战火连绵，没辙，一旦和平稳定了，马上就办文化事业。历朝历代都这样，这个是有规律的，乾隆皇帝也不例外。

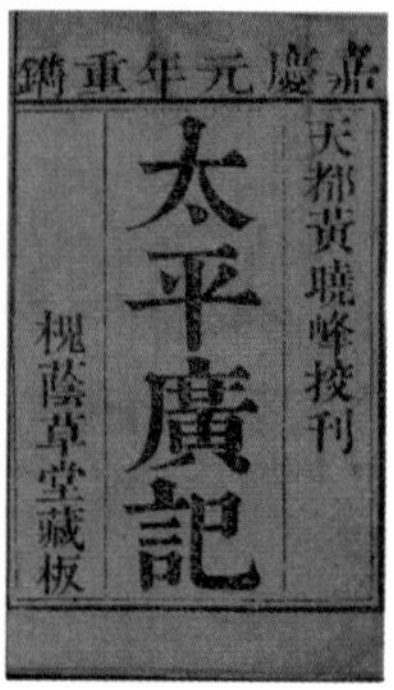

《太平广记》

康熙的时候修《康熙字典》，修《全唐诗》，也在不断地做。但到了乾隆时期达到顶峰，所以"盛世修书"是我们国家传统。宋代修《太平广记》五百卷，《太平御览》一千卷。为什么叫这个名字呢？"太平"是个年号，宋太宗的年号叫太平兴国。康熙的年号叫康熙，洪武、永乐这都是年号。明朝、清朝的皇帝，一个皇帝一个年号。他不改年号，所以这个年号可以代表这个皇帝。但是以前的皇上换年号，比如说唐玄宗有开元、天宝，不能叫“开元皇帝”，也不能叫“天宝皇帝”。所以只有明清时期的皇帝才能用年号来代替。太平兴国年间修的这部大书，就叫《太平御览》。皇上说了，一天给我献一卷，我一天看一卷，一千天看完。一千天看完之后就叫《太平御览》。皇上看了叫“御览”。所以这个是典型的“盛世修书”。《文苑英华》也是一千卷，也是那时候修的。宋代的文化不得了，像《册府元龟》也是一千卷，同样是在那时候修的。所以“盛世修书”是我国的传统。明朝的时候修《永乐大典》，两万多卷，一万多册，不得了。在西方的百科全书里面介绍说“《永乐大典》是人类有史以来最大的百科全书”，所以这部庞大的书不得了，蕴含的中华文化可以说是无所不到，无所不包。武则天时期修过《三教珠英》，一千三百卷。许敬宗是武则天时候的大臣，他修的《文馆词林》一千卷。再早的曹丕也修过《皇览》，800 多万字。一有机会就会修。康熙时期修的《康熙字典》到现在来说也是标志性产品。

“书同文”是秦始皇搞的，表面上看是统一文字，而本质上是统一文化。他不仅要统一文字还要统一字形。我们现在打字是什么字形？宋体字。宋体字是什么时候产生的？定形在明朝万历年间。宋代没有这种东西，因为明代模仿宋版书，最后形成了定形的东西。宋体字为什么会受大家欢迎？横平竖直，横细竖粗，无论笔画多么多它都不会糊，这都是雕版印刷的时候由雕版工人探索出来的规律。

我们现在不是统一字形了吗？如果不统一字形，数据库怎么开发？自动识别怎么办？这个东西必须要统一的。中华人民共和国出版物不仅有标准的写法，还有标准字形，繁体字有标准繁体字字形，这样识别起来就容易了。譬如进入山东大学时一扫脸就可以，为什么呢？因为我们一个个处理的。“书同文”含义非常之丰富，为了强有力的国家的信息能够畅通，就要统一。语言更得统一，推行国家通用语言文字，我在这个地方如果讲我老家滕州话，这怎么能行？苏州、扬州这一带的话我们都听不懂。谁的方言都宝贵，但是总得有个共同语言。不同的民族也是这样，无论是新疆，还是内蒙古，作为中华人民共和国公民总要听懂普通话。没说不让你说家乡话，国家还成立语言保护工程，我们山东大学研究方言还是全国的标杆。不光让你说，还让你研究。但不能不学普通话。所以“书同文”在今天依然是一个重要任务，它是很重要的政治任务。放任自流是很严重的问题。我们一讲政治就觉得是有其他的目的，有什么目的？国家团结不好吗？

清朝康熙年间还修过《全唐诗》，修过《佩文韵府》，这些书部头都很大，像《钦定古今图书集成》一万卷，康熙末年修成的，这书保存下来了，没像《永乐大典》那么惨。《古今图书集成》里面什么都有，东西太多了，早就有电子版，有机会的话可以用用这个书。

前两天我到山东农业机械工程学院作一个报告，他们搞农学史，我建议他们把《古今图书集成》这部书关于农业的部分全部拿出来，里面的材料非常多，不光要研究农业技术，还要研究农民生活、农民的婚姻问题，农民的迁徙问题。我们家说是从洪洞来的，得研究这个问题。各种农作物，各种农具都有。这里面材料非常全，材料出于什么地方全都注出来了，这真是一部百科全书。像这些书都是清朝修的。

“盛世修书”不是说只修《四库全书》，它不断在进行文化上的汇总工作，这些汇总成果是我们文化的标志，很重要。《御纂七经》代表清朝在经书注解方面的水平。《十三经注疏》早在南宋时期就开始形成了，清朝的时候在武英殿精心地出版了，代表清朝的版本。《十三经注疏》在中国传统文化当中居于核心地位，排在第一名。《二十四史》排在第二名。《二十四史》有了中华人民共和国的版本，而且这个版本还在修订。《十三经注疏》并没有诞生中华人民共和国的版本，因为从辛亥革命就开始批孔，推翻了封建主义，封建主义的核心就是儒家文化，代表人物就是孔子。批了上百年批倒了没有？没有批倒。不仅没有批倒，我们还要在海外建孔子学院呢。习近平总书记十年前到曲阜发表了讲话，明确表了态，这是我们的资源。在这种情况下，对于儒家经典《十三经注疏》难道不应该整理出属于中华人民共和国的版本吗？可我们现在面临巨大的困难，唐宋元明清重要的版本，它们之间的文字差别还没有清算，怎么可能产生通行的版本呢。而我们山东大学在十一年之前就开始对《十三经注疏》进行精细的校勘，成立了校经处。古籍整理界、海内外都知道山东大学的校经处。我们在组织队伍、坐班，日复一日地对各种版本的文字差别进行清算，清算之后才有可能由我们各经书的专家，比如山东大学的周易研究中心，由他们的专家来讨论不一样的文字对与错，经过这样的讨论才能形成通行版，这就是古籍整理。《十三经注疏汇校》在我退休之前是不可能完成的。《十三经注疏》这一套的版面是一万多个，要校三遍，同时要校十四五个版本。如果一个人校，每一天工作四个小时，也要大约五百年才能完成。谁能干？愿意干也活不了这么长。但是十个人就变成五十年了，二十人就变成二十五年了，三十人就有可能了。我们现在三十多人天天坐班，好多学校让我去讲学我都不去。我为什么不去？我得赶紧校这个书，有什么比这个重要？同时，我要培养青年学生，像尼山学堂。读不懂经书怎么校对？所以这个任务我认为比较重要。《清史》任务，《十三经》的任务，《永乐大典》的任务哪个不重要？我前几天讲我的学术生活，就讲这个，说来非常啰唆，就不多说了。武英殿《十三经注疏》真正代表了清朝水平，一万多个版面全部加了标点，开天辟地第一次。而它的标点准确度很高，文字的错误相对比较少，雕版非常漂亮，所以这个《十三经注疏》在清朝文化工程方面也是一个代表性东西。清朝做了很多这种标志性东西。

乾隆皇帝，真可谓雄才大略，文治武功，了不起的皇帝。

这是第一点，盛世修书是我们的传统。

第二点，我认为就是乾隆皇帝的雄才大略，这一点我不做过多解释。

第三点我认为这是学术发展的必然。

到了清朝，兴起了一门也许不算新学问，但达到了新高度的“考据学”。考据学的代表，前期是顾炎武。考据学能让我们的历史，能让我们的语言文字，它的解释精密化，这就是它的用处。顾炎武有《日知录》，是他的代表作。顾炎武代表作中排在第一号的是《日知录》，这里面考证了很多问题。我给尼山学堂学生上课，就拿《日知录》的一小部分给大家读。这个是很重要的，要有兴趣把《日知录》全部看了。这个不是很费事，但要慢慢看。顾炎武还有研究音韵学的代表作《音学五书》，现在还是经典。古代没有录音机，想研究古代的语音很难，需要考证，顾炎武就擅长这套，可以说他是开山大师。清朝音韵学家很多，都以顾炎武为标杆，以顾炎武为创始者。这门学问叫“音韵学”，研究古代语音的。

顾炎武的继承者，我说的是学问的继承者，他不一定听顾炎武的课，他叫江永。我个人认为，江永无论水平还是方法都不低于顾炎武，但他的名气没有办法跟顾炎武比，因为顾炎武除了学问之外，还是个重要的政治人物。江永写的《古韵标准》是由山东人刊刻的，这个人叫李文藻。他在广东潮阳当知县时出版了《古韵标准》，他是青州人。前两天文学院的老师都到青州参观青州博物馆，那水平之高，北齐时期的佛教造像高于敦煌，简直是太厉害了，艺术的高峰。大家有机会可以到青州博物馆看，我不是打广告，确实是好。网上也可以看博物馆，他们那个菩萨超薄的衣裳，石头刻的，那种飘逸感太好了。他们领导就感慨，当时那么动荡，生活那么不好，怎么就产生了这么好的艺术？青州的菩萨，那些佛的像都是笑脸，笑得那个纯，一看就是从内心流出来的。我跟他说，我有一个考虑，就是人世间缺少这个东西，艺术家就寄托在艺术品上了，这个东西是用心做出来的。他说，你的解释我觉得太好了。所以你们有空可以看看，我们国家在乱世，人们向往什么东西，从那里能看出来。江永在《古韵标准·例言》提出著作有三难：一是淹博难。淹博就是渊博。二是识断难。面对纷繁的现象有判断力。三是精审难。不出任何纰漏。这三条可以说是清朝学问的高标准、高精尖。

戴震是江永的学生，他在一封写给是仲明的信中说："仆闻事於经学，盖有三难：淹博难，识断难，精审难。"如果把这两个摆在一起，你就知道这是从他老师那里来的。那你说戴震怎么不说江先生说呢？这不好说，他什么样的语境也不知道，反正一看就是继承来的。这个"三难"是乾嘉学派的精神。

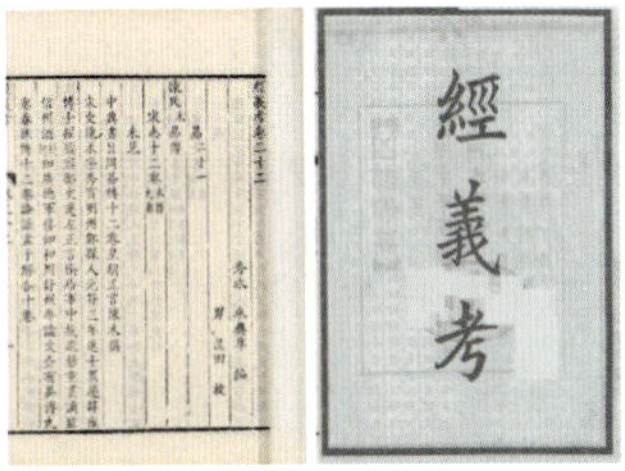

《经义考》

还有像朱彝尊这样的人物。在清朝初年，朱彝尊编了部大书叫《经义考》，把古往今来对经书的评价，关于经书的学说汇集在一起，三百卷。今天上午和下午我都在上这个课，"《经义考》导读"，读的是《春秋》这一部分，何等博大精深！所以《经义考》这个书，在经学研究方面，在资料的网罗和辩证方面，达到的高度，我们在今天也不甚好超越。这就对清朝的学者提出了挑战：怎么超越《经义考》？所以说《经义考》树了一个高标。

至于乾隆皇帝雄才大略，他要超越他的祖父康熙皇帝，这里再补充说几句。

我这回给总书记讲《九章算术》。《九章算术》是四库馆臣戴震整理的。戴震整理《九章算术》很艰难。一共九卷，乾隆年间存世的只有前五卷，后四卷是从《永乐大典》里辑出来的。他发现晋刘徽、唐李淳风的注释是对着图说话的，讲数学得有图。而图从宋朝以来就丢失了，戴震全部补上了图，并且对图做出了说明。因此《四库全书》里头的《九章算术》是迄今为止水平最高的一个版本。乾隆皇帝就在戴震整理本前面题了诗。古籍整理工作者，他的古籍整理成果皇上题了诗，什么感觉？这级别太高了！于是我就把这诗给总书记讲了一遍，一共八句。而在这个诗里头乾隆皇帝就表扬了他的皇祖。为什么？因为他的皇祖是数学家，写了两部著作，一部是《数理精蕴》。我说到这个地方，总书记说：“他还邀请传教士一块儿研究呢。”我这就知道总书记了解这个历史。所以乾隆皇帝很特别，他对文化，他对他的祖父康熙皇帝是非常尊敬的。尊敬到什么程度呢？皇宫里有一个地方，在皇上上班的昭仁殿东面有一个小房子，那里头可能有取暖设备，皇上休息的时候在里面躺躺。他说皇祖在这里休息，我不敢在这里休息。他把这里变成了一个书房，让皇子皇孙在这里读书。我觉得他内心里面是很尊敬他的爷爷的。所以乾隆皇帝希望超越康熙皇帝。在修《四库全书》之前，他虽然干了很多的活，但还达不到康熙皇帝的水平，修了《四库全书》以后我认为就超越了。他在心里头挂着这么一个任务。

第四个原因就是学术发展有客观的推动。像顾炎武、江永这帮人，他们达到了那个高度，超越了古人。你想修这个书没有水平也修不了，皇上再积极有什么用？能亲自干吗？所以还是要有这个学术力量。

三、《四库全书》是怎样纂修的？

乾隆三十七年正月初四。我们在座的各位包括我，正月初四在干什么？还过年呢。在正月初四，乾隆皇帝就给全国下达了一个谕旨。这个谕旨很长，其中心意思就是我要读书，请各地的总督巡抚把书献上来。这个通知应该说很具体了，而且对于要什么书，不要什么书，都说得很清楚。一连十个月，没有任何地方领导搭理。你知道多么严重吗？他们为什么不约而同地没有搭理呢？因为皇上下旨求书，历史上有的是，大家的习惯就是不用理，既不用回复，也不用献书。为什么不用理呢？他们就觉得皇上也不过是充充样子而已。谁知道这次是真的呢？到了第十个月，又下一旨，说我在正月初四下旨，竟无一人回复。这帮人一看事情大了，都赶紧回复了。他怎么回复？说我等在办着呢。真办了吗？肯定是没办。没办也得说办。但是在这一天之后要还不办，就别干了。所以从他回复皇上之日起，马上就得成立专门委员会，设局来采访书。各地源源不断地把书送到翰林院。有多少书呢？上万部。每部书有的有多个版本，所以那个书可能得有几万部，不得了，一次巨大的文化聚集。

同时，献书要有个过程。安徽学政朱筠，立马上了第二道奏折。他给皇上出一主意，说现在各地的书要上来需要时间，宫里头有套大书叫《永乐大典》，里头有很多书，有些书现在人世间没有了，建议从《永乐大典》中把人间没有的书先拿出来。乾隆皇帝收到这个折子之后立马下军机处。军机处的大臣叫刘统勋，是山东诸城人，大约相当于国务院总理。立即下军机处讨论朱筠的建议。还要讨论吗？赶紧地办！刘统勋这个人能耐极大，他是乾隆皇帝真正的左膀右臂。他马上制定了一系列规程，非常快。抽调大臣，抽调翰林，马上就开始从《永乐大典》往外辑佚书。到乾隆三十八年二月份就让内务府总管福隆安给这些人“开饭”，这一“开饭”就解散不了了。“开饭”是常设机构的重要标志，并且乾隆皇帝下了一道御旨，将来把这些书敛起来以后，编一套书叫《四库全书》。重大项目经过一年的时间就出炉了。所以有些重大项目不是一开始就能出炉的，它有个酝酿的过程。乾隆三十七年正月初四下旨的时候根本就没有这个项目，他不过是说自己要看书。但是这么一议论，那么一议论，出来了。这个纂修《四库全书》的单位叫“纂修四库全书处”，简称为四库馆。很快正总裁、副总裁都有了，刘统勋亲自担任正总裁。他的儿子刘墉同样也参加了，都是骨干。连和珅也参加了。光在四库全书馆里头，重要的编辑，也就是说翰林这一级的就三百多人，先后十年当中抄写人员累计有3000余人。据专家统计领毛笔、领纸，库房里头都跟不上。所以修《四库全书》耗费了大量的国家资产，但是现在看他是在所不惜，是一定要做。

在这个过程当中乾隆皇帝频繁地抽查，他居然在很多书上都题了诗，像《九章算术》。他还在《永乐大典》上题了诗。为什么？因为有发现。《永乐大典》第8339卷有宋代的一部兵书《守城录》，他就在这一册上题了诗。乾隆皇帝关于《四库全书》的题诗、题跋，能出一大摞书，作为主编他是无愧的。可是我们现在提到《四库全书》，都不说是乾隆主编，究竟是为什么呢？辛亥革命之后，学术界的重要任务是去孔子化、去帝王化。他就要表扬主办的人，比如说《四库全书》有纪昀。纪昀能耐虽然大，还是全靠皇上。质量不过关，纪昀曾经被罚俸一年。负责校勘的叫陆费墀，因为皇上发现了很多错字，把陆费墀罚至倾家荡产。罚他什么？扬州、镇江和杭州这三部《四库全书》的装订费让他拿。还发现一个人叫卜维吉，也是翰林、四库馆臣，他光被罚就罚了几十次。所以乾隆皇帝对这个质量要求是很高的。他是从长远考虑的，是要树一块碑的。

各地献书前四名，每家赏一套《古今图书集成》，一万卷。这其中有天一阁范懋柱。现在这个天一阁还在，我们国家历史最悠久的藏书楼了，四百年岿然独存，了不起。汪启淑，在杭州，前四名。鲍士恭，在杭州，前四名。马裕，在扬州，前四名。有人说，老师，前四名怎么没有山东人？在明清时期江浙两省的文化之先进不是咱们能想象出来的，太厉害了，他们真是很厉害。南宋以来这个现象就逐渐形成了，文人渊薮。但是文化发达区除了江浙以外就能轮上山东、安徽、江西这几个比较先进的地方。

修《四库全书》还有几个台柱子，其中一个叫周永年。他是济南人，我建议济南市图书馆塑周永年铜像。这个人很厉害。周永年写了一篇文章叫《儒藏说》。佛家有《大藏经》，道家有《道藏》，咱们儒家也要有《儒藏》。他对《儒藏》的设计和后来《四库全书》是一致的，所以他被征调到四库馆，就实现了他的抱负。他一生几乎不写任何著作，他的心血都花在《四库全书》上了。所以周永年这个人我认为他是个表率。更有意思的是他联合翁方纲、桂馥把自家书拿出来办图书馆，叫“藉书园”。这在全世界都是领先的，了不起的，这是图书馆学。国家办图书馆是在清朝末年，他在乾隆年间就有这个意识，而且真办。为什么让济南市图书馆塑他的铜像呢，这才是真正伟大的地方。

这个《旧五代史》是《四库全书》某个草稿本，因为它是线装书，《四库全书》不是线装的。修《四库全书》的时候，从《永乐大典》辑出了很多书，刚才我说了《九章算术》后半部，这个是《旧五代史》。《二十四史》当中有《旧五代史》。《旧五代史》在乾隆年间找不着了，到现在也还是找不着，但是现在的《旧五代史》是从《永乐大典》辑出来的，所以《永乐大典》很厉害。

《续资治通鉴长编》这部书在清朝乾隆年间找不着了，是从《永乐大典》辑出来的。研究宋代的历史排在第一位的不是《宋史》，而是《续资治通鉴长编》，作者是李焘。康熙皇帝休息的地方昭仁殿，乾隆皇帝把它布置成一个书房，题了个匾额叫“天禄琳琅”。乾清宫边上的昭仁殿就是这个小房子。皇宫里有个武英殿，是专门刻书印书的地方。刚才说到武英殿刻的《二十四史》很厉害，就是这武英殿，皇宫里头站在太和殿往西南方看就是。大家到故宫时可以稍微留意下，看一眼武英殿，里面没什么东西，但到了这个地方要凭吊一下。《十三经》《二十四史》都在这儿出版的，皇家“出版社”。

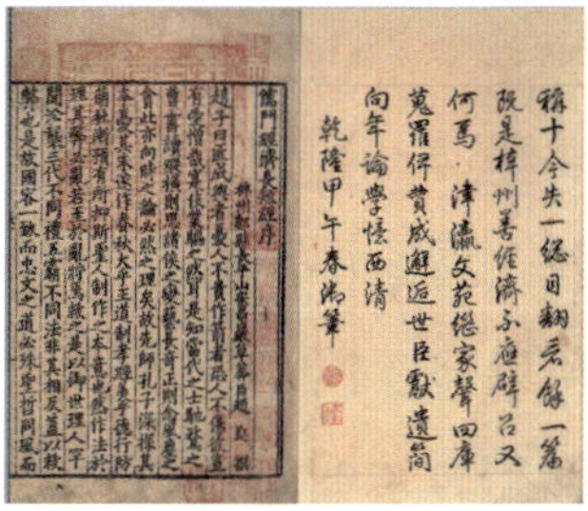
《儒门经济长短经》所附题诗

“内府藏本”，《四库全书总目》里著录的多是从武英殿库房里出来的。乾隆皇帝对那些献书多的，挑选好的本子，录副本，然后在原本上面题诗，敲锣打鼓给他送回家。这是为什么？是为了勉励别人献书。乾隆皇帝说了，你献的书我不要，我抄了副本把原书还给你，还盖上翰林院的印。这样一盖印，本来值一百块钱成五百块钱了，这多好！

抄写《四库全书》也有规定，一天不让多抄，怕写潦草。举人以下，谁愿意来抄，得有人推荐，经过考试，就可以当“誊录”。举人以下也就是说秀才、生员，就是比范进还要低的，范进是考上了。要想到翰林院去当誊录，得托人找关系，除此之外字要写得特别好，差了不行，要考试的。抄书的话自己管自己饭，不给工资，不管饭。那谁愿意干？抄够一定的量赏给举人。举人很难考，三年考一回。进士每次全国不过四百来个，平均到每年一百来个。全国高考前一百名才能考上进士，我是绝对没有可能的。那要考举人，怎么也得山东省前一百名。山东省前一百名我也没有可能，我都不如范进。所以这个东西很难考。抄够一定的数量赏给举人，这是很大的面子，所以有三千多人去抄，这当中也有人后来成了大人物的，他的出身就是四库馆誊录，没有经过科举考试。

我的学生李振聚还买到了一册当年四库馆誊录的账本子。这个账本子谁也不知道是个什么东西，李振聚一看《四库全书》账本子，他内行。他买了以后献给我，他说“献给老师一本书”。我说这什么东西？他说“你好好看一看”。我一看这不是誊录的账本子吗。我是《四库全书》专家，所以他要献给我。我看了几天，记录了一下，又还给他了。我说我不能要，你好好写个文章可以发《文献》，我们这行当的顶刊。果然《文献》发表了。这是重要发现。谁也没见过这个东西，我估计当时可能当废品处理了，现在我们知道的就这一册。这里头记载的某誊录人员抄了多少页，退回誊抄多少页都有。还要划等，优等、一等、二等，上面都有，这些东西也不得了。

这册誊录账本子里头还夹了一封信，这封信是当时阮葵生写的，他是一位翰林，他给国子监的人卜维吉写的信，信里说抄录的人怎么样去参加科举考试。是为他们操心的，这封信也很重要。这封信贴在那个本里头。光这封信也值钱了。

阮葵生是写信的人，收信的人便是卜维吉，也是四库馆里的。他被罚俸44次，这是《四库全书》内府档案记载的。下面的苏青鳌记过50次，这活不好干。陆费墀被罚得倾家荡产，他的后人陆费逵创立了中华书局。陆费逵在创立中华书局的文件当中特别说他的祖上陆费墀是《四库全书》总校官。他姓陆费，是个复姓。有人称陆费逵“陆先生”，就不大合适了。

文澜阁

《四库全书》抄了七份。紫禁城文渊阁《四库全书》现在到台湾了，圆明园的文源阁本被英法联军烧了，沈阳盛京文溯阁本被迁到甘肃去了，承德避暑山庄文津阁本现在在北京国家图书馆，杭州的文澜阁本被太平军烧掉了四分之三，还剩四分之一，光绪以来陆续抄全。扬州文汇阁本被太平军烧掉，镇江文宗阁本被太平军烧掉，所以有三整套都被烧了。英法联军烧了一套，太平军烧了两套。故宫盛《四库全书》的文渊阁，你站在太和殿往东南方看，故宫里的房子都是黄琉璃瓦，只有这个是绿琉璃瓦，一眼就能看到。你到那以后看一眼，书已经没了，书去楼空，书上台湾了。这房子我进去看过，一片漆黑，书架子还在，书已经没了。

文源阁已经只能看历史上留下的图画了，它在圆明园遗址已经没有了，在遗址立一石头，上面写着文源阁。文溯阁在沈阳，阁还在，书却去了甘肃。辽宁整天要，甘肃整天保。避暑山庄的文津阁，房子不怎么起眼。杭州重建的文澜阁，原阁被太平军破坏了。扬州大观堂，也只能看图画了，它被太平军烧掉了，连书带阁什么也没有了。镇江的文宗阁，前些年重建的。建这个东西有用吗？有用。我去过，我站在前面这么一看，马上就想到了往事，“凭吊”就是它最大的贡献。我们不能对着树凭吊，一定要有这么个东西，才能发思古之幽情。我不会写诗，会写诗肯定得写首。

四、《四库全书》修书过程中几个重要的人物

修书过程中几个重要人物，我在前面已经介绍过一些了。一个是纪昀，真正的主编。纪昀这人学问大得很，不得了。他作为《四库全书》总纂官当之无愧。既有微观能力，也有宏观能力。既有文学，也有历史。《阅微草堂笔记》不过是他玩儿的，都成了名著。纪昀曾经这么说：“有人说我对江西诗派的评价不大如意，等《四库全书总目》出来了，这样的话就没有了。”他俨然把《四库总目》当成自己的了，其实是代表官方。

第二位总纂官叫陆锡熊，上海人。尽心尽力，水平很高，是名进士。等到《四库全书》修完了之后，他发现此书还有错，便继续修订。东北那一套已经运到东北去了，派陆锡熊带着队伍去东北，天寒地冻，陆锡熊在东北冻死了。

刘统勋去世之后，于敏中接班。于敏中的才干不如刘统勋，但是他也发挥了很大作用。乾隆皇帝一个女儿嫁给曲阜的衍圣公孔庆镕，因满汉不能通婚，就以于敏中女儿的名义嫁人，所以叫于夫人。她的那个坟所在地也修得好，牌坊大，整个孔林没有比她堂皇的，叫于氏坊，你一看那个坊就知道，她不可能是于敏中的女儿。于敏中关于《四库全书》纂修有一批信，写给陆锡熊的，民国间陈垣先生整理印出来一册。

刘墉，《四库全书》嘉庆初年检查时，他在圆明园陪太子呢。皇上说，告诉刘墉别回来了，圆明园有套《四库全书》，检查任务归刘墉，给刘墉派两个修书匠，有需要

改的当场修改。刘墉的才干也不用多说。

戴震，刚才说过了，《九章算术》就是他整理的。戴震没等修完《四库全书》就去世了。戴震考进士老是考不好，皇上说考不好没关系赏给你吧。为什么？人家有本事。戴震的脚有毛病，所以他经常不能上班，在家干。他干的活都是样板，这个人水平太高了。等到《四库全书》快要完成的时候，他想找个地方去讲学，没等出京就死掉了。这个人也是把心思都贡献给《四库全书》了，戴震是乾嘉学派两位代表人物之一。乾嘉学派分吴派和皖派，戴震是皖派代表人物，吴派的代表人物是苏州人惠栋。

四库馆里还有一个骨干分子，是余姚人邵晋涵。山东大学历史系八马同槽，里面的黄云眉先生是余姚人，并且他是浙东学派。黄云眉先生给邵晋涵先生写年谱，便是《邵二云先生年谱》。黄云眉这个传统了不起，给他修年谱，修成之后交给商务印书馆出版。结果“一·二八”事变给轰没了，他又从废纸篓里找出材料来重修。他有一股气！我买了这个他重新修的本子，我看了说明，知道黄云眉先生是浙东学派，他讲气节。“文化大革命”以后中华书局出了《明史考证》八本。黄先生搞《明史》很厉害，他是初中文凭，所以我们的学历观念也得破一破。

另一位台柱子是程晋芳，程晋芳家里很阔绰，徽商。所以在京城里修《四库全书》，他和朱筠这两个人，朋友们都喜欢到他们家去串门，因为他们两家管饭。等到《四库全书》修完，《四库全书》搞了十年，程晋芳所有家产都花完了。这人太仗义了。程晋芳既然生活这么困难，《四库全书》结束了，他想到陕西投奔陕西巡抚状元毕沅，结果死在半路上，连棺材都是毕沅给他买的。结局便是如此。

还有姚鼐。姚鼐修《四库全书》一年就气跑了。他跟纪昀那帮人聊不到一起去。他说，你们要读的是古人所未见之书，我则愿读古人所常见之书。照姚鼐的思路，那《四库全书》没必要修了。修《四库全书》就是要多搜集书，所以他的思想不对，他也没有耐心，再等半年翰林就到手了。直接回去了。此人著作等身，是个文化巨匠。姚鼐是桐城派。

还有一位就是翁方纲，北京人，跟桂馥关系十分好。翁方纲八面玲珑，朋友极多，书法现在非常值钱，著作非常多。在四库馆里头极为勤奋，那时候没有图书馆，也没有字典，他下了班就到琉璃厂书店去查书。修《四库全书》的时候条件没有现在的好，没有网络，但他留下了很多手稿，现在都传世。

五、《四库全书》的命运

《四库全书》的命运刚才给大家已经交代了。《四库全书》的底本在翰林院，八国联军进北京都烧掉了，留下来的不多。现在到北京还能看见翰林院残留的房子，很少有人知道这是翰林院的原址，真正的翰林院就这样完了，结束了。

台湾的故宫博物院藏了一部《四库全书》，就是文渊阁那一部。圆明园的也被烧掉了。甘肃为留住《四库全书》建了一个文溯阁，跟皇宫模样一样。

文津阁《四库全书》移到北京图书馆，就是文津街那个地方。后来迁到白石桥的新北京图书馆，《四库全书》实际放在那里。

六、《四库全书》的历史评价

有人说《四库全书》篡改古书，真有其事。譬如骂少数民族的地方，它动了。这个问题两面看，首先不该改，但是这个东西确实有个立场问题。总体估价：《四库全书》是我国文化史上的一座丰碑。它保存了大量的典籍，另外它校勘古书，很多古书的错误它都修改了。像《九章算术》有不少错误戴震都改正了，改正以后都有说明。还利用《永乐大典》补齐了后四卷。《大典》里搜出来的还有苏轼的小儿子苏过的《斜川集》。苏轼被流放到海南，是苏过陪他去的，苏过年纪轻轻就死掉了。到了嘉庆年间，修《全唐文》，又一次使用《永乐大典》，从《永乐大典》里面辑出了一部大书叫《宋会要辑稿》。《四库全书》辑佚工作没做干净，我们现在正在整理《永乐大典》，里面还有一些东西。这是辑佚工作不彻底，也是存在的欠缺。

近些年出现了大部头古籍丛书《续修四库全书》。《四库全书》到乾隆，《续修四库全书》续到辛亥革命。

《四库全书存目丛书》

再就是《四库全书存目丛书》，我们山东大学有一部。我为这个书干了四年，主要时间都住在北大。影印了 4508 部书。《四库全书》才 3400 多种，它有 4500 多种，从总数上讲多出 1000

多种，每一种书我都捋了不止一遍，不是一字字捋而是一页页捋，不能让它出错。另外，引起了《四库全书》研究，论文非常多，这门小学科叫“四库学”。

七、《四库全书》与多元一体文化格局的延续和发展

这也就是对我们现在的启发。习近平总书记特别指出，“一部中国史，就是一部各民族交融汇聚成多元一体中华民族的历史”。6 月 2 日的讲话中，他说中华优秀传统文化有很多重要的元素，比如，天下为公、天下大同的社会理想，民为邦本、为政以德的治理思想，九州共贯、多元一体的大一统传统，修齐治平、兴亡有责的国家情怀，共同塑造出中华文明的突出特性。又指出，中华文明具有突出的统一性，长期的大一统传统形成多元一体、团结集中的统一性。中华文明的统一性从根本上决定中华民族各民族文化融为一体，即使遭遇重大挫折，也牢固凝聚，决定了国土不可分，国家不可乱，民族不可散，文明不可断的共同信念。所以文化统一是国家统一的基础。

关于“书同文”我在前面给大家介绍了，《四库全书》是一次对中国自先秦以来的典籍用国家意志进行的一次分等的活动，用国家意志对每部书进行了评价，这个是了不起的大贡献，到现在是无法超越的。

我在考虑这样一个问题，对以前的成果进行总结是今后取得突破的起点。在乾隆以后到今天，我们国家发生了什么样变化呢？我在这里给大家说这么一个现实。我们国家在辛亥以来所有学科都重构了，我们中国历史上并不存

在什么“中国文学史”“中国通史”“中国哲学史”“中国经济史”，没有的。也没有“文学概论”“语言学概论”，所有这些都是重构的，包括数理化，都是在这一百多年来由中国知识界重构的。这些重构的体系怎么去找呢？把大学教材都拿来，摆在一起，就是我们这一百年来重构的我们国家所有知识体系。这是开天辟地的大变化，但是对这样一个变化，我们至今还没有作总结，然而这个总结是必要的。所以我认为应该修一部《中华典籍全书》，就像《四库全书》那样，对每一部书作一个提要。提要要由专家来写，数学的，刘建亚去写，他写出来肯定水平高。就是这样的想法。《中华典籍全书》对所有的书进行分等，每一部书下个结论。对整个的学术发展也要下个结论。这样我们下一步的突破就是一个新起点。我认为我们国家要想办大的文化事业，这可能是个选项。

我的体会讲完了，谢谢大家！

（2023 年 11 月 12 日讲，据录音速记稿整理，杜泽逊审订）

中华文明与中国古典学及其现代重建

主讲人：江林昌

江林昌，山东大学历史学院特聘教授，中华文明形态研究中心主任、博士生导师，中国先秦史学会副会长，中国历史研究院学术委员，山东省社会科学名家（历史学），山东省泰山学者等。曾先后师从姜亮夫先生与李学勤先生，参加国家“夏商周断代工程”和“中华文明探源工程”。曾任第十届、十一届、十二届全国人大代表，教育部高校人文社会科学重点研究基地山东师范大学山东省齐鲁文化研究院院长、首席专家，烟台大学副校长、烟台市人大常委会副主任、烟台市政协副主席等。出版学术专著《中国上古文明考论》《书写中国文明史》《漫步中国文明史》《考古发现与文史新证》《中国史诗研究》等10余部。在《中国社会科学》《历史研究》《文学评论》《文艺研究》《文学遗产》《中国高校社会科学》《学术月刊》《文史哲》等刊物发表学术论文400多篇。目前，致力于“考古发现与中华文明史”“考古发现与中国学术思想史”“考古发现与中国文学史”研究。2020年6月起，担任党中央决定启动的国家“十四五”重大文化战略工程《（新编）中国通史》“春秋战国卷”主编。

感谢主持人郑敬斌院长，感谢学校人文社科研究院的邀请，给我这么一个机会，与在座的各位同学以及线上的朋友们，就中华文明与中国古典学汇报一下我个人的学习体会。

我首先感觉到我们山东大学人文社科研究院对习近平总书记考察山东，对儒家文化、传统文化重要指示精神的高度重视。安排这么一个活动，很有意义。我今天想给大家汇报的题目从五个方面来阐释。第一，中国古典学迎来了黄金时代；第二，中华文明的东方模式与中国古典学的内涵特色；第三，五千多年中华文明史的绵延性与中国古典学的完整体系；第四，“两个结合”与中国古典学的现代重建；第五，中华民族伟大复兴与中国古典学走向世界。

我将这五个要点放在世界文明史和中国百年考古的背景当中做出阐述。下面我们讲第一点。

一、中国古典学迎来了黄金时代

我们大家都以为“古典学”这个词汇是从古希腊、古罗马来的。事实上中国汉代已经有“古典”这个明确概念了。《史记》《后汉书》里面都有记载。特别是《后汉书》里面明确强调，当时的孝明皇帝“垂情古典，专意于六经”。这个“六经”把“古典”统一起来，恰好是指春秋战国时期的民族典籍。当然我们现在讲中国古典学，还是要跟古希腊、古罗马的古典学传承对照起来、融通起来理解。西方的古典，首先是指古希腊、古罗马的文献典籍，这叫作古典文献，是第一个层次。第二个层次是古希腊、古罗马时期的古典文献所记载的历史文化，又称为古典文明。第三个层次是研究这些古典文献、研究这些古典文明的学问，称为古典学。与之相对应，中国古典学，就是讲春秋战国时代整理以及产生的经典文献。这是两个概念，整理就是以前有的，产生就是那个时候形成的，这属于第一个层次。第二个层次，由春秋战国时代文献所记载的那个时期及以前的三千多年中华文明史，我们称它为中国的古典文明。第三个层次，就是汉代以后，我们历代的学者研究先秦的典籍以及中国文明史的这些学问，叫作中国古典学。中国古典学还包括我们近代以来的现代科学意义基础上进行研究的古典学，我们叫作现代古典学。

中国古典学黄金时代的到来，这个判断实际上不是那么简单能够做出来的。在 20 世纪 70 年代，中国考古有大发现，大量重要的考古遗址遗物都展示出来。我的导师李学勤先生说“这是中国考古学大发现的时代”。什么叫考古大发现？他有一个经典论述。他说，考古大发现是能够改变人民传统观点的。重大考古发现，不是发现财宝，不是它的经济价值，而是它的学术价值、文化价值。李学勤先生明确表示，当时只是大发现，还不是黄金时代。既然是大发现，为什么不是黄金时代呢？当时，我不理解。后来随着年龄增长，学习深入，才知道一个学科的黄金时代的到来，不仅需要相关学科的成熟，还需要社会经济基础。李先生所盼望的古典学的黄金时代，我觉得现在已经到来了。

二十多年来，我一直在思考这个问题。我认为党的十八大以来中国古典学的黄金时代已经到来，或者我们要迎接这个黄金时代的到来。2022 年我在《历史研究》发表一篇文章，正式提出了我这个观点。我说“百年考古推动中国古典学步入黄金时代”。不过只是刚刚开始步入，还没有完全进入。迎接中国古典学黄金时代到来，我们已具备了如下五个条件。

第一，考古材料的丰富性。2020 年 9 月 28 日，习近平总书记主持第十九届中央政治局第 23 次集体学习考古学，他总结说百年考古经过几代人的接续努力，取得了巨大成就，“延伸了历史轴线，增强了历史信度，丰富了历史内涵，活化了历史场景”。所以考古材料的丰富性是我们迎接中国古典学黄金时代到来的重要条件。

第二，学科发展的成熟性。我们在座很多同学都属于不同的学科，我就不展开讲了。我们的甲骨学、青铜器铭文、简牍、帛书等古文字学已经很系统了。另外，像历史学、训诂学、天文学，包括科技测年等等，这些学科经过 100 多年的发展，也已经很成熟了。这为中国古典学黄金时代的到来提供了学科支撑。

第三，综合国力的先进性。新中国成立以来，尤其是改革开放以来，我们的经济发展迅速，中国人从“站起来”到“富起来”，现在已经“强起来”了。到 2010 年，中国的经济总量超过日本，成为世界第二大经济体。党的十八大以来，我们国家的经济由高速度发展转化为高质量发展，进入了新时代，现在我们进入中国式现代化了。综合国力的先进性也是黄金时代到来的重要条件。

第四，世界变革的创新性。大家知道总书记反复强调的，现在我们面临的是世界百年未有之大变局。这个大变局需要理论创新，而且也需要思想创造。春秋战国时代就是因为大变革才有中国古典学，古希腊、古罗马也是大变革后才有古希腊、古罗马的古典学。因此当今世界变革是理论创新、中国古典学发展的重要背景。

最重要的是第五点，观点立场的民族性。2016 年 5 月 17 日，习近平总书记主持全国哲学社会科学工作座谈会，在会上第一次明确提出“我们要立足中国，借鉴国外，挖掘历史，关怀未来”这么一个方针，建构我们中国自己的“学术体系、学科体系和话语体系”。我曾经在 20 世纪 80 年代经历过“西方话语中心论”的氛围，当时的人文社科研究一切以西方理论为标准。现在我们知道，西方的理论对我们有借鉴作用，特别是马克思主义理论有指导意义，但是不能照搬套用。所以，我们要建立自己的“三大体系”。这是我们古典学黄金时代建立的条件。我们要坚持“两个结合”——马克思主义与中国实际相结合，与中华优秀传统文化相结合。我们应该在马克思主义基本原理指导下，结合中国的材料，研究中国古典学，建构我们自己的古典学“三大体系”。

以上五个方面，我认为是中国古典学黄金时代到来的条件基础。我们要满怀热情地去拥抱这个时代，我们要去创造这个时代。

二、中华文明的东方模式与中国古典学的内涵特色

2022年5月27日，习近平总书记又主持第十九届中央政治局第39次集体学习考古。在这次集体学习当中，习近平总书记总结说“我国有百万年的人类史，一万年的文化史，五千多年文明史”。总书记要求我们把中华文明起源同中华文明特色形态等重大问题研究紧密结合起来。结合起来的目的是干什么呢？这有两个阐释，第一要阐释研究中华民族多元一体的演进格局，第二要研究阐释中华文明的精神特质。这演进格局与精神特质都体现在中国古典学里面。中国古典学必须放在中华文明的自身独立起源、自身发展规律的背景当中去了解。

我觉得这是我们现在一个新的时代课题。我们最终的目的就是为当今中国式现代化所展现的人类文明新形态提供坚强有力的历史依据和理论支撑。研究这个时代课题，我们必须充分重视百年考古新成果。

这里有一个学术史背景。20世纪初期，为了要建立现代中国历史学，前辈学者就审查古史资料。审查的结果是，觉得上古史不太好讲。20世纪二三十年代中国古史研究曾经有一段迷茫过程。五千多年中华文明史前面的两千多年无法讲。现在考古学的发展，延伸了历史轴线。我们五千多年文明史可以用考古材料做实物证据并用科学的方法做出研究证明了。在这样的背景下，我们进一步了解东西方文明起源背景的异同。

大家知道，埃及的尼罗河，中东的两河流域，南亚的

印度河流域，中国的黄河和长江，这是世界上最早独立起源的古文明。它们的共同点都是在北纬三十度左右。

我们再具体分析，发现还有一个很重要的问题，这也是我最近几年学习的心得体会。尼罗河、两河流域和印度河都是南北走向，唯独中国的黄河、长江是东西走向。这一点非常重要。马克思在《资本论》里面强调，要研究文明史必须了解它的地域环境、气候条件，再去理解它的生产方式与生活方式。南北走向就会有不同的气候条件，因此会产生不同的政治形态，也容易产生不同政治形态之间的冲突，造成地区不安。中国的两河乃至西辽河，都是东西走向，实际上在同一个纬度，有同样的气候条件。这就使得中国农耕文明具有一定稳定性。中国先民很早就安居乐业，这个跟文明产生的地理环境背景是有关系的。

中国在一万多年前就发明了农业。黄河流域是旱地粟作农业、长江流域是水田稻作农业。两大农业区主要集中在长江中下游和黄河的中下游。今天中国的 960 多万平方公里土地当中，过去有 300 多万的土地是农耕文明区。一万年以前，我国原来的采集生产开始转变为农业生产了，原来的动物狩猎变成家养畜牧了。一万年来中国的农牧生产绵延不断，在全世界没有第二个文明古国有这样的条件。在这样的背景当中，到了五千多年前，我们的文明产生了。

黄河流域出现了 3 个文明区，长江流域也是 3 个。然后在河套地区我们又发现了石峁为代表的文明区。而辽河流域则有红山文化为代表的文明区。这样实际上有 8 个文明区。中华文明开始的时候是多源的，多源头独立起源。著名考古学前辈苏秉琦先生说，中华文明起源是“星汉灿烂”“满天星斗”。因为中华文明多点同时起源，所以“满天星斗”。这个认识意义很重大。以前我们只认为黄河文明一元论，但是实际上中华文明是多点起源的。

到了五帝时代晚期，直至夏商周时代，多点起源、多线发展的中华区域文明都开始向中原集中了。文明走向了“多元一体”。这是中华文明发展当中的重大格局变化。习近平总书记要求我们讲清楚中华文明起源和发展过程当中所展示的中华民族多元一体的格局是如何形成的。考古学为我们提供了证据，这个非常重要。现在的问题是为什么会集中到黄河流域，而不集中到长江流域呢？这又是一个重大的学术问题。

我们从考古资料上可清楚地认识到，一万年来，我国北方的旱地粟作农业在黄河的中游和下游，往南方发展；南方的水田稻作农业往北方发展，就在黄河中游和下游结合了，在黄河中游和下游既有南方的水田稻作，又有北方的旱地稻作，第一次多元文化在黄河流域的融合，多种农作物在黄河中游和下游的繁殖，促进了人类大脑的发达，促进了财产的增加，于是这里率先产生了文明的中心，周边的文化向中原地区融合。这个按照马克思主义理论就是生产力决定生产关系，生产关系决定上层建筑，第一次在中国见证了。就是南北两个农业区，南北多个文化区，在黄河中游和下游的融合发展是使得我们中华文明多元走向一体的根本原因。我称它为中国文明的第一次融合。

再一个原因，就是整个中国的版图，可以大致分成三大板块：北方，是草原文明、草原文化；今天的西藏和青海是高原文化；然后是东部、东南部农耕或者农牧文化。从中国地形图，大家可以看出黄河距北部的草原文化比较近，而长江流域，距北部的草原文化就比较远。我认为这是黄河流域成为一个中心的原因。为什么长江流域不能够担当这个历史的重任，只有黄河的中游和下游能够担当，这也是地理条件决定的。在这个基础之上，就有了我刚才讲的第一次大融合产生了中华文明向中原的汇聚。第二次融合造成了夏商周早期文明“多元一体”格局。我觉得历史研究、文明研究有很多课题，有待于我们在座的同学们去探索。司马迁《史记》记载，《五帝本纪》之后，就是《夏本纪》《殷本纪》《周本纪》，然后《秦本纪》写嬴秦部族从西部过来，统一中国。秦汉以后的成熟文明都在黄河流域。习近平总书记反复强调说我们中华文明从多元走向一体。我们要从学理的角度去证明它、研究它，而不只是说一个结论。这个结论如何形成的，需要我们实证。

在这样的背景当中，我们看中华文明第一个特点：农牧生产、天体崇拜与中国古典学的宇宙观、人生观。

刚才我们谈到了黄河与长江中游、下游的农耕文明和畜牧文明。万物生长靠太阳，农牧生产催生了天体崇拜。甲骨文里有许多卜辞，都是“侑出日入日”。这个“侑”是祭祀。太阳出来了要祭祀，太阳下山了也要祭祀。甲骨文里有很多这样的材料。《尚书·尧典》讲到了“历象日月星辰，敬授人时”，“寅宾出日”“寅饯纳日”。《山海经》又记载了东部有 6 座山，太阳依次出来；西部 6 座山，太阳依次下去：这 12 座山刚好形成了太阳运行的一年 12 个月。另外《礼记》《国语》等大量的材料都讲到了祭祀太阳，这些是文献资料。这说明甲骨文记载与传世文献记载是一致的。

然后再看考古资料。在山东多个地区的大汶口文化层里出土的多个大陶尊上都有一个“日月山”组合的刻画符号。这些陶文是刻在大陶尊最显要的中部外侧。这些陶尊不是一般的生活用品，而是当时的祭祀礼器，是祭祀天地的，是贵族大墓里面或者部族酋长的墓葬里面出来的东西，这是重要的材料。还有一个陶尊上的刻画是：下面一个土堆，上面一个禾苗生长出来。这是汉字最早期的“封”。将“日月山”陶文与“封”陶文联系起来，就可明白，祭祀太阳是为了祈求农业的丰收。

以上讲的是农牧生产上的太阳崇拜。这是“天道”，是宇宙观；然后由“天道”而“人道”，形成中国特有的人生观。这可由最初的“道”来说明。《庄子》《周易》《老子》都讲“道”。这个“道”不是一般的“道”。这个“道”中间是眼睛，然后两边是个道路、十字路口，最下面是脚。三者合起来，表示眼睛在走。为什么眼睛在走？原来在神话世界里面，眼睛代表的是太阳神。《山海经》里面讲烛龙睁开眼睛，天下大白；闭上眼睛晚上就来了，天黑了。这个烛龙就是太阳神的动物化。

然后再看这个“德”。最初的“德”作“值”，下面没有“心”旁，“值”字中间的眉毛竖起来了。竖起来表达了正直的意思。所以值的本义是公平正直。后来到了孔子的时候，就是古典学时代，我们的精神道德体现出来了，于是在原始“值”下面加个“心”，成了今天的“德”。要公平正义，内心必须要有这个观念，所以才能够在行动上面体现出来。要内化于心、外化于形，这就是“德”的体现了。所以，今天的社会道德教育和古代的古典学文化完全可以联系起来。

然后再看《周易》里面大量的记载，就是根据太阳崇拜而引申的宇宙观，再到人生观。《周易》由乾卦而引申有“天行健，君子以自强不息”；由坤卦而有“地势坤，君子以厚德载物”。《孟子》讲：“士，穷不失志，达不离道”，“古之人，得志，泽加于民”（要像太阳一样普照天下）；但是不得志的时候，就应该像晚上太阳在地底下运行一样，“修身于世”。最后达到“穷则独善其身，达则兼济天下”的境界。《老子》的“以柔克刚”“君人南面之术”，都是太阳崇拜的宇宙观而引申的人生观。我自己常常在体会，儒家讲的是太阳的白天运行精神，道家总结的是太阳晚上运行的过程。因此，道家讲柔弱，儒家讲刚健。刚健和柔道互补，于是有儒道相济，最后形成一个完整的思想体系。这些都是我们中国农耕文明才会产生的思想。古希腊和古罗马是海洋文明，不可能有这样的精神道德。这是一个很重要的方面。

接下来我们讲中华文明第二个特点：血缘管理、祖先崇拜与中国古典学当中的社会观、伦理观。

恩格斯在《家庭、私有制和国家的起源》里面总结古希腊、古罗马的文明起源，认为有一个很重要的条件，就是血缘管理没了、瓦解了，地缘管理出现了，于是文明就形成了。同时，这个阶段还形成了公共权力。但是中国不是这样的，中国在五千多年前阶层分化了，有私有制了，占据这个私有制的是贵族阶层，具体从事生产的是部族内部的族民。但是文明起源阶段的统治阶层和被统治阶层之间不像古希腊、古罗马的地缘管理下的那种阶级关系。中国的阶层关系是部族内部同血缘的，是具有人情味的、温情脉脉的那种家族血缘管理。我称它为父权家长制宗族公社。然后在这个基础上形成夏商周时期的农村公社、井田制度等。这是中华文明的一个重要特色，这个特色成就了我们今天所看到的古典学的内涵。

中华文明血缘管理模式形成了中国古典学里的许多重要观念。其中之一是“家国一体”。

以前我读屈原的《离骚》，知道屈原对楚王、对楚贵族阶层都很失望，他忠心爱国，却遭受排挤，直至被流放。但屈原始终没有离开楚国，最后投汨罗江以身殉国。屈原为什么会这样？开始我不太理解，后来学历史较深了才明白这是“家国一体”观念支配了屈原的思想。屈原那个时代“楚材晋用”，他完全可以跑到其他国家去，但他始终不愿意离开楚国，虽然他在楚国已经找不到自己的政治出路了。他知道君王昏聩，周边小人当道，最后他飞升天国，准备离开楚国。“陟升皇之赫戏兮，忽临睨夫旧乡。”他刚要离开楚国国境的时候，突然之间他看到自己的楚国。于是“仆夫悲余马怀兮，蜷局顾而不行”，最后他没有办法，就跳汨罗江了。他宁愿牺牲自己的生命，也不愿意离开自己的国家，为什么呢？原来这个“国”就是他的“家”。《史记》里面记载得很清楚，《屈原列传》说，屈原的祖先和楚王的祖先原来是同一个家族，或者说屈家是楚王的一个分支，所以追根溯源他们是同根同族。《离骚》开始讲“帝高阳之苗裔兮，朕皇考曰伯庸。摄提贞于孟陬兮，惟庚寅吾以降”。这个“帝高阳之苗裔兮”的“高阳”就是楚国最早的祖先，楚王的祖先，屈原说这也是他的祖先。屈原用牺牲自己鲜活生命的方式，来表达他对自己宗族、对自己国家的忠诚。这是多么动人心扉啊！只有把握了中华文明的血缘管理的特点，才能理解屈原的深沉情感与崇高精神。这个特点恰好是跟西方文明起源的差别所在。中国古典学中类似的例子很多，如“祖先崇拜”“尊老爱幼”等等，都与血缘管理有直接关系。这里就不展开讨论了。

三、五千多年中华文明史的绵延性与中国古典学的完整体系

接下来我再给大家汇报一下五千多年中华文明史的绵延性与中国古典学的完整体系。

司马迁的《史记》，前面是十二本纪，然后就是十表八书。十表中有两个表，就是《十二诸侯年表》与《三代

年表》。司马迁生活在公元前100年前后。他在这两个表里，由他生活的那个时代往前推断文明史年表，具体推到了西周晚期的共和元年，即公元前841年。再往前便只有王世而没有具体年代了。现在百年考古以后，国家“夏商周断代工程”推出了公元前841年以前的三代年表。再接下来，就是“中华文明探源工程”，把文明起源的三个阶段也论证出来了。其中第一阶段为公元前3800—前3300年。加上公元后的2000年，说明中华文明史已有5300—5800年之多了。前两年我应中央党校的《学习时报》之约，写一篇题目叫作《“中华文明五千多年”的“多”是如何论证的》的小文章，对此有详细介绍。

现在我们看春秋战国时候的古典学，就会明白春秋战国古典学的形成实际上有近三千年的文明起源与早期文明发展的深厚积累。法国有一个著名学者叫韦尔南，他有一本书叫《希腊思想的起源》。他说，“中国、印度、伊朗、希腊四个古典文明中心，前三个是在原始宗教内部发生的突破创新”，但古希腊哲学不是宗教内部，而是在宗教外部形成。东西方文明不一样，东西方的古典学也不一样。美国学者史华慈，他在《古代中国的思想世界》里，把孔子《论语》和柏拉图的《理想国》进行比较，发现孔子思想有传统背景。我们知道孔子讲“述而不作”，为什么“述而不作”？因为孔子要继承前面的文化，所谓“祖述尧舜，宪章文武”。但是柏拉图没有这个背景。

孔子整理的“六经”，即《诗》《书》《礼》《乐》《易》《春秋》都是远古部族历代酋长口耳相传下来的“先王之政典”，都是对中华文明中农牧生产、血缘管理等特点的总结。诸子哲学中还有些是对农牧生产、地缘管理的探索，那是“法后王”了。这就是法家思想的形成。吕思勉先生有一本《先秦学术概论》，他说先秦诸子的学问，非至晚周的时候才突然兴起的，“其在前此，旁薄郁积，畜之者既已久矣”。怎么个“久”法？百年考古告诉我们，一万年来的农牧生产、文化史，五千多年来的文明史。积蓄这么久了，到了春秋战国时代“遭遇时势，乃如水焉，众派争流；如卉焉，奇花怒放。积之久，泄之烈者，其力必伟，而影响于人必深”。总结得特别好。

地中海的克里特文明影响到迈锡尼文明。但是迈锡尼文明之后到古希腊文明产生之前，有200多年的空白。这个200多年的空白，西方学者称之为“黑暗时代”。韦尔南为什么说古希腊、古罗马的哲学不是宗教内部形成？因为前面的历史是有断裂的。大家知道“希腊以前无希腊”，实际上还有一个事实就是“罗马之后无罗马”。为什么罗马之后无罗马呢？原来罗马之后的中世纪，西方文化又断裂了，又是一个“黑暗时代”。在古希腊、古罗马的古典学前后都是有文化的断裂，有个前后黑暗的时代。但是我们中国的文化是完整的。我们五千多年文明史绵延发展，中国古典学应该放在这样的背景下作系统考察。

五帝时代是古典起源期，夏商西周是前古典期，春秋战国是古典期，然后秦和两汉是后古典期，魏晋到明清，那是古典影响期。近代以来是古典学的现代期。这是我在认识五千多年中华文明基础上，对中国古典学的初步分期，是否妥当，大家可以讨论。

全世界没有哪一个国家的古典学能够像中国这样，有五千多年绵延不断的文明史背景下的完整体系。西方没有，古印度也没有。古代印度文明史也有断裂。印度虽然有独立起源的古文明，但是五千多年前起源的印度哈拉巴古文明，到了公元前 1700 年前后，相当于中国的夏代晚期，突然之间消失了。印度河流域又回到荒无人烟的洪荒时代。过了 200 年左右，到公元前 1500 年前后，雅利安人来到印度河流域。也就是说，在印度古文明之后，雅利安人来到之前，印度河流域曾经是没有人类活动的蛮荒之地，有 200 年左右的黑暗时代。我们之所以能建构中国古典学的三大体系，因为中国有独有的五千多年绵延不断的文明史背景。

四、“两个结合”与中国古典学的现代重建

第一，我们要着力推动中国经典新证工作的展开。大量的考古材料，为我们全面研究先秦秦汉传世文献经典创造了前所未有的条件。20 世纪初，王国维、郭沫若、于省吾、陈梦家、陈直、杨树达、饶宗颐、李学勤、裘锡圭等先生利用甲骨文、青铜铭文、简牍帛书等出土文字资料，来印证传世文献经典，获得了一系列成果。王国维先生因此提出了“二重证据法”。到了 21 世纪，考古发掘更广泛更深入，考古成果更丰富。仅甲骨文的发现，空间上已突破安阳，在更多地区发现了，西至陕西岐山周公庙，东至济南大辛庄，北至北京琉璃河，都有甲骨文发现；这些甲骨文，不仅有商代的，还有周代的。至于青铜铭文、简牍帛书的出土更多。

这些材料是司马迁写《史记》的时候都没有见过的。我们完全可以用这些材料来印证、弥补先秦经典当中的很多问题。这就是习近平总书记讲的，百年考古丰富了历史内涵。2001 年香港大学著名的国学大师饶宗颐先生在北京大学作演讲，他提出了新经学问题，值得大家重视。

第二，全面总结中国古典学在春秋战国大变局时代下的转化创新。

第三，归纳总结中国古典学如何凝练成了中华民族精神。

第四，分析总结中国古典学如何深刻影响了秦汉以后中华成熟文明的绵延发展。

第五，深入研究中国古典学对世界文明已经产生，并且还将继续产生怎样的影响，做出怎样的贡献。

这五个课题完成了，我认为中国古典学的黄金时代是真正到来了。这方面我们还有大量的工作需要去探索。“两个结合”是我们建立中国古典学黄金时代“三大体系”的指导思想。2021 年 7 月 1 日，庆祝中国共产党成立 100 周年大会上习近平总书记提出了“两个结合”，到了 2022 年党的二十大报告进一步确定了“两个结合”的理论体系，到了 2023 年 6 月 2 日文化传承发展座谈会上，习近平总书记对于“两个结合”又提出了五个方面路径原则：彼此契合性、相互成就性、道路根基性、创新空间性和文化主体性。道路根基性是根本原则，要体现中国古典学的民族特色，为今天的中国道路提供依据。

五、中华民族伟大复兴与中国古典学走向世界

20 世纪八九十年代李泽厚先生曾经有一个假设：让中国大学生举出 10 个西方的哲学家，他们就可以很快讲出来，诸如黑格尔、费尔巴哈、培根等。但是让西方的人举出中国的 10 个哲学家，他们往往举不出来。为什么？是因为在那个时代中国古典学没有走向世界。而中国古典学走不出去的原因是我们的综合国力还不够强大。

我们现在看中国，改革开放以来，中国加快发展经济，改善民生，到 2010 年，终于由一个经济落后的国家成功跻身世界第二经济体大国。党的十八大以来，中国人由“站起来”到“富起来”，再到“强起来”了。到 2021 年，我们已经实现了“第一个百年目标”，我们全面脱贫了。2021 年党的二十大报告又提出了“第二个百年奋斗目标”：到 2035 年，我们要基本实现社会主义现代化，到 2050 年，我们要建成社会主义现代化强国。2023 年 6 月 2 日，习近平总书记在文化传承发展座谈会上又提出了“两个建设”：第一，要建设中国特色社会主义文化强国；第二，要建设中华民族的现代文明。

实际上世界经济格局也正在发生变化。20 世纪之前，整个世界发达国家在西方，包括美国，是“西高东低”。但从 20 世纪后半叶开始，“亚洲四小龙”出现，到了 21 世纪中国的崛起，世界经济格局发生新变化，世界经济的中心开始出现了“由西向东”的位移。我们预计将来就是“东高西低”。有经济学家预测，将来世界四大经济强国有三

个会在亚洲地区，其中有中国。

习近平总书记说，今天，我们比历史上任何时候都更接近中华民族伟大复兴的目标，中国已经越来越走近世界舞台的中央。所以我们可以满怀信心的预期，中国古典学也必将在这样的背景当中越来越走向世界！

我的报告到此结束，谢谢大家！

马克思主义基本原理同中华优秀传统文化相结合

主讲人：何中华

何中华，男，1962年7月生，山东莒南人，中共党员。现为山东大学哲学与社会发展学院教授，兼任中国辩证唯物主义研究会常务理事、中国马克思主义哲学史学会理事等。主要研究领域为马克思主义哲学和社会发展理论。在《哲学研究》《哲学动态》《学术月刊》《天津社会科学》《文史哲》等刊物发表论文300余篇，出版《哲学：走向本体澄明之境》《社会发展与现代性批判》《重读马克思》《历史地思》等著作。部分论文被《中国社会科学》（英文版）、《新华文摘》、《中国社会科学文摘》、中国人民大学报刊复印资料、《高等学校人文学术文摘》等刊物转（译）载，论著被多种学术著作和论文援引，在学界有较大反响。1993年被评为首批山东大学青年学科带头人，并获“山东省优秀教师”称号；1997年获第2届山东省高校“十大优秀教师”称号；1999年被命名为“山东省专业技术拔尖人才”；2000年获首批“山东大学杰出青年学者基金”资助；2002年获首批“山东大学杰出学者奖励基金”资助；2006年获教育部“新世纪优秀人才支持计划”资助；2009年获“全国模范教师”称号；2015年入选中宣部“文化名家暨‘四个一批’人才”；2016年入选中组部“第二批国家‘万人计划’哲学社会科学领军人才”；2018年享受国务院政府特殊津贴。

尊敬的各位老师，各位同学：

大家晚上好！今天是最后一讲，颇有挑战性，我讲的题目是“马克思主义基本原理同中华优秀传统文化相结合”。这个题目很时尚，现在大家都在谈，当然谈得深度如何还可以讨论，这个正在探讨。在这方面我也做了一些初步的工作，进行了初浅的思考，今天把思考的结果贡献给大家，请大家批评。

根据题目，在固定时间内我从四个方面展开，尽量地把它讲得清楚一些。

第一个问题就是从我们党实现的三个“结合”说起，也就是回顾中国共产党成立以来这一个多世纪的历程，我们主要做了些什么，引申出“马克思主义基本原理同中华优秀传统文化相结合”这样一个问题。第二，阐述马克思主义来到中国，它为什么具有必然性。它不是一个偶然的事件，而是有它的内在的必然性的，那么怎么来理解这种必然性？我将从“学理的”和“历史的”两个层面来做一些解释，这是第二个问题。第三个问题就是马克思主义和中国传统文化相遇，在“时代性”和“民族性”这两个维度上遇到的纠结，这个纠结是什么意思呢？表面上看，它们有彼此冲突的一面，这是很直观的，不需要做更多的解释，有时代性的差别，有民族性的距离等等。但是深入到这两者背后来了解的话，我们则更多地看到它们相通或者融合的这种可能性，这是一种非常具有典型意义的文化现象。这是第三个方面。第四个方面，主要论述马克思主义基本原理同中华优秀传统文化相结合的学理上的可能性。主要从文化原型的层面上讨论一下这种结合的内在根据，到底从哪几个方面我们可以做出解释。因为涉及的方面很多，不能一一展开，我挑了在我看来具有代表性的三个方面。

一、从我们实现的三个“结合”说起

大家都知道中国共产党是1921年成立的，到今天已经走过了一百多年的历史。在这一个多世纪的历史当中，中国共产党领导中华民族实现了从“站起来”到“富起来”，再到“强起来”的历史性跨越，可以说是三部曲。贯串这三部曲当中的一条主旋律就是要实现中华民族的伟大复兴，或者说要实现中华民族的历史崛起。那么对应于这三部曲，我认为有三个时代：毛泽东时代，完成的历史使命主要是使中华民族“站起来”；邓小平时代，完成的历史使命主要是使中华民族“富起来”；习近平新时代，完成的历史使命主要是使中华民族“强起来”。我认为这是三个不同的时代，那么这三个时代背后的实质是什么呢？毛泽东时代主要是实现了把马克思主义基本原理同中国具体实际相结合；邓小平时代主要是实现了把社会主义制度同市场经济体制相结合；习近平新时代，目前正在完成的主要是实现把马克思主义基本原理同中华优秀传统文化相结合。

我们先看毛泽东时代。大家都知道，马克思主义来到中国不是一帆风顺的，它遇到了各种各样的阻力，这个阻力归纳起来主要来自两个方面：一个就是过分地夸大中国国情的特殊性，认为马克思主义是西方的产物，是舶来品，它不合乎中国国情，所以不能用马克思主义来指导中国未来的发展，这是一种阻力。另一种阻力截然相反，就是无视中国具体国情的特殊性，把马克思主义抽象化、教条化，到处照搬、套用，完全脱离了中国具体实际。前一种倾向主要来自党外，特别是国民党御用文人，包括部分民主人士，像梁漱溟先生，他就认为马克思主义距中国国情太远。后一种倾向主要来自党内的教条主义者。这两种倾向应该说都给中国革命带来了很大的阻力，甚至是造成了巨大的挫折和损失。

梁漱溟先生 1938 年 1 月到延安访问，同毛泽东在延安窑洞争论了两天两夜，争论的核心问题是什么呢？就是怎么认识老中国、怎么建设新中国。在认识老中国这个问题上，梁漱溟和毛泽东发生了根本分歧，梁漱溟认为马克思主义是革命的学说，而革命的根据就是阶级斗争，阶级斗争尖锐到在现有的社会制度内没有办法得到解决了，必须重建社会制度，所以才引发了革命，而阶级斗争必须以阶级的存在为前提。梁先生认为中国传统社会只有职业的分途，没有阶级的差别。中国传统社会只有士、农、工、商四种职业，这是《管子》上说的，所谓“国之四维”，支撑我们国家的四根支柱，只是职业的差别，不是阶级的差别。所以中国传统社会连阶级都不存在，谈什么阶级斗争，谈什么社会革命呢？因此梁先生为中国未来开的药方就是改良主义的。毛主席主张中国传统社会虽然有自身特点，但是这种特殊性没有超出普遍性约束的范围，所以马克思主义仍然适合于中国社会，承认阶级斗争存在。大家知道《毛泽东选集》第一卷第一篇文章就是《中国社会各阶级的分析》，这篇文章为什么重要？因为它给出了中国革命合法性的根据。所以毛泽东为未来指明的道路是革命的路，梁漱溟描画的是改良主义的道路。一条是井冈山道路，一条是搞乡村建设实验，两条道路的性质是不一样的。但是后来历史证明，中国共产党的这条道路是对的，我们建立了新中国。所以建国初期，梁先生在《光明日报》发表长篇文章，检讨自己的思想，也承认共产党的道路是对的，他当年的判断是有问题的。这是一种倾向，即通过夸大中国国情特殊性来拒绝马克思主义。

另一种则相反，无视中国国情的特殊性，把马克思主义教条化。这种主要是党内的错误倾向。大家都知道王明、博古，他们对马克思主义条文的掌握是非常熟悉和到位的，包括李立三。据说别人对李立三提出《资本论》当中的某个观点，他能够马上指出它在哪一章，哪一节，甚至哪一页上，他对条文熟悉到这种程度，但是他们的缺陷不在这里，而在于无视中国的具体国情。这些教条主义者对马克思主义的掌握追求的只是形似，而毛泽东对马克思主义追求的是神似，这个差别是很大的。毛泽东注重马克思主义的内在灵魂，不在于背诵那些词句，关键是掌握其精华、神髓，这才是他的优势。而教条主义者只是在那儿背诵条文，尽管倒背如流，但是不合乎中国的具体国情，也没有办法在中国大地上生根发芽、开花结果。所以当年毛泽东就批评教条主义者，说他们的马克思主义是死的马克思主义，我们追求的是活的马克思主义，是有生命的马克思主义，不是书本上的马克思主义。这是两种截然不同的态度。

一方面，毛泽东对马克思主义基本经典是非常熟悉的，他曾说自己读马克思、恩格斯的《共产党宣言》读了不下100遍。大家想这是什么功夫？我是研究马克思主义哲学的，我读《共产党宣言》绝对没读100遍，我也就读了十来遍。另一方面，毛泽东谙熟中国国情，他真是把中国读懂了读透了。从某种意义上说，我们读不懂毛泽东就读不懂中国，反过来也一样，我们读不懂中国也就读不懂毛泽东。所以毛泽东的优势是一方面追求对马克思主义的内在精神的掌握，就是追求神似，另一方面又谙熟中国国情，而且更高明的是他能够把这两者有机地结合在一块，体现在中国革命的实践当中，这就是他成功的秘密。所以拯救了我们这个民族，使得我们这个民族站了起来，这个胜利是不得了的，是不能低估的。为什么当年的延安，以及后来的新中国能够得到世界上很多力量的认同，就是因为只有中国共产党把一个屈辱的、被压迫的民族拯救出来，使她获得了解放，获得了独立，赢得了尊严，完成了这样一个使命。所以很多甚至在意识形态上持敌对立场的人都认同中国共产党，为什么？因为这个政党领导中华民族实现了真正的独立和解放，这个历史成就是不能低估的。

从历史上看，教条主义错误对中国革命事业的消极影响太严重了。大家知道最惨的一次就是第五次反“围剿”的失败，不得不进行长征。这次失败当然有客观原因，敌我双方力量对比悬殊，这没问题，但是从主观上检讨起来，是教条主义错误导致的。再加上共产国际派的军事代表，德国人李德不了解中国的具体国情，所以我们损失惨重。

后来毛泽东在回顾这段历史的时候就说“当时我们白区的革命力量丧失了 100%，苏区的革命力量丧失了 90% 多”，中国革命岌岌可危。为什么我们说 1935 年遵义会议挽救了党，挽救了革命，就是因为遵义会议实际上确立了毛泽东在党内的领导地位，只有毛泽东才真正纠正了教条主义错误，拯救了中国共产党和中国革命。这句话是不虚的，它符合历史真实。所以无视中国国情特殊性的教条主义倾向同夸大中国国情特殊性的倾向，它们表面上截然相反，实质上却是一样的。它们都割裂了马克思主义和中国具体实际之间的有机联系。一个是立足于马克思主义来拒绝中国具体实际，另一个是站在中国国情的立场上来拒绝马克思主义，都没有能够把这两者有机地结合起来，所以都被历史证伪了。

邓小平时代完成的主要历史使命就是实现从“站起来”到“富起来”的历史性跨越。为什么要富起来？因为这就是我们革命的初衷。从当年红军队伍里随便找出一个小战士，你问他为什么要参加队伍，普遍的答案就是为了过上好日子。这个答案虽然朴素，但很真实，这就是我们革命的初衷。革命本来只是一种手段，就是为了过上好日子的手段。所以革命胜利之后必须兑现当年革命的承诺，如果我们长期不能根本改善人民生活，那么我们就会面临革命的合法性危机。新中国成立后，由于客观原因，我们发展得比较缓慢，面临一个短缺的时代。如果我们采取恰当的政策，我想我们的发展要快得多。

应该说，我小的时候是一个短缺的时代，和今天完全不是一个概念。当年一个家庭需要护肤品，男女老少只有一种，就是“蛤蜊油”，几分钱一盒，没有第二种。我们当时的困惑在于什么？就是选择机会的匮乏，我们没有第二种可选，没有什么选择的余地。我记得读到一份材料，上面说，20世纪70年代初，周总理陪同外宾到延安访问，他看到当地老百姓的生活很苦就非常感慨，他说：“我们革命了几十年，新中国成立也二十多年了，你们的日子为什么还是那么苦，就像我们当年离开延安的时候差不多。”周总理当时就有一种巨大的虚无感，这个感慨非常耐人寻味，它向我们提出了一个尖锐的问题，这就是我们的革命究竟是为了什么？革命本来是为了改善生活的手段，但是革着革着最后就变成了目的本身，就是为革命而革命，遗忘了革命的初衷，由手段变成目的，这是很危险的。所以邓小平时代面临的首要使命就是怎么尽快地使中华民族从“站起来”到“富起来”，实现这样一个历史性的跨越，以便兑现当年革命的承诺。问题在于怎么才能富起来，关键是必须选择一种最有效率的制度安排。到目前为止，世界上存在过的体制，相对地说只有市场经济体制才是最有效率的。什么叫市场经济？我认为所谓市场经济就是在人与人之间对稀缺资源进行配置的一种最有效率的制度安排。因为这个已经被历史证明过，大家知道马克思、恩格斯在《共产党宣言》当中说过一句著名的话：“资产阶级在它统治的不到100年的时间里，它所创造的物质生产力，比以前所有的世代创造的物质生产力的总和还要多、还要大。”资产阶级利用市场经济创造了经济奇迹，不到一百年。

1848 年发表《共产党宣言》，不到一百年是什么概念？大体上是从 1760 年到 1848 年，也就是西方工业革命这个阶段。它一下子释放出巨大的物质财富。所以马克思说资本主义在历史上第一次把生产变成了科学的应用。科学的应用一定要通过技术来实现，也就是工业革命。当然大家可能会说，这不是工业革命创造的吗？它与市场经济有什么关系呢？关键在于离开了市场经济所固有的效率偏好，不会利用科学技术，因为没有动力去利用科学技术，所以背后还是市场机制在起决定性作用。资本主义利用市场经济一下子释放了巨大的物质财富，那么我们社会主义也要利用市场经济体制，因此小平同志提出来在中国建立社会主义市场经济体制这样一个改革的取向和目标。

改革 40 多年，我们逐渐摆脱了短缺，这是了不起的成就。大家要注意，我们今天面临的问题不再是匮乏，而是过剩。记得小的时候，我们全县没有一辆小轿车，我是年龄很大的时候才见到小轿车，小时候只是在电影上见过，那是《南征北战》故事片，国民党李军长坐的黑色轿车。今天轿车都普及了，甚至比当年的自行车都多，有的家庭都有两辆，甚至还有三辆。所以我们今天的困惑不再是选择机会的匮乏，而是选择尺度的丢失。我们的选择机会太多了，甚至过剩，不知道该怎么选择了。所以，我们今天只能跟着感觉走，跟着广告走。你到护肤品专卖店，商品琳琅满目，成百上千种，你没有任何理由选择这一种而拒绝另一种。你有什么理由？这就是选择的困惑。这个天翻地覆的变化，正是邓小平时代给我们带来的。所以这是一个不能被无视的时代，它兑现了革命的承诺，这就是这个时代的伟大之处。

今天我们面临着马克思主义基本原理同中华优秀传统文化相结合的问题，这是今天这个时代的一个重心。当然大家会说为什么提出这个结合，这是很多人追问的。我觉得这可以从很多方面来考量，我能够想到的最主要的有三点：

第一点，文化问题在我们这个时代已经越来越重要了。美国学者约瑟夫·奈有一个概念叫软实力，文化在这个时代已经变成了重要的软实力，不能被无视了。美国另一位政治学家亨廷顿，在20世纪90年代发表在美国《外交》杂志上的著名论文叫《文明的冲突》。按照这个论文的逻辑，古代人类冲突的主要原因是经济的，近代人类冲突的主要原因是政治的，当代人类冲突的主要原因就变成文化的了，所以他的论文的题目就叫《文明的冲突》。在今天这样一个时代，如果离开了文化的视野和眼光，就没有办法理解和把握人类冲突背后的实质。所以文化已经关系到一个国家的国家安全和国家战略，它是软实力。在特定的条件下软实力甚至决定着硬实力。像晚清，两次鸦片战争，我们被西方列强打败了，西方列强靠什么打败我们的，不就是坚船利炮吗，坚船利炮当然是硬实力了，是物质文化。但是西方人为什么能造出坚船利炮？因为它发生了一场产业革命。西方人为什么能发生产业革命？因为它发生了一场技术革命，以蒸汽机为标志的技术革命出现了。西方人为什么能发生技术革命？再向前追溯，我们发现它发生了一场科学革命，也就是以牛顿力学和拉普拉斯决定论为代表的经典科学的出现。所以在西方历史上有一条非常清晰的因果链条，就是科学革命导致技术革命，然后引发产业革命，最后又带来社会革命。这一因果链条，马克思、恩格斯在他们的著作当中说得非常清楚。而科学，大家知道它属于软实力的范畴，它不是物质文化，而是精神文化，虽然表现出来的结果是硬实力，但是追根溯源我们还不得不回到软实力那里去，这就是软实力的重要性。所以不要太直观地去看待软实力。软实力其实并不软，在特定的条件下，它甚至决定着硬实力，这就是软实力的辩证法。到了今天，人类历史演变的节奏已经到高度重视文化的阶段了，这是大气候。所以我们今天必须格外重视文化的地位和作用。

人们在做选择和决策的时候一定要有一种自觉而强烈的文化意识和文化眼光，这是时代发展的客观需要。文化变得重要了，我们在考虑马克思主义中国化时一定要有一个文化的维度，要从文化的角度考量它，它的可能性如何？所以就提出了马克思主义怎么和本土文化结合的问题，这是时代发展的一个要求。

第二点，我认为提出这个结合还是我们中华民族文化心理发生历史性变迁的一个要求。晚清以来，中华民族就有了一种文化自觉。要达到这种自觉，必须有一面镜子折射自己的形象才能够看清自己的面目。我们有很多措辞直到晚清才出现，今天我们还在用的像国学、中医、中国画，这些词我们古代没有，只是晚清以后才出现。因为有西学进来了，我们才把本土的学问、学说、学术叫作“国学”；西洋画进来了，我们才把本土的绘画叫作“中国画”；西医打进来了，我们才把本土的医学叫作“中医”。所以这些词的出现，就意味着东西方两大文明相遇这样一个特定的历史语境。这些词所指的东西我们古已有之，但是在古代从来不这样称谓它。所以文化自觉一定要有一面镜子，没有镜子折射自我形象，我们没有办法达到自觉。西学进来之后我们有了这样一个历史的机会，但是大家要注意，我们的文化自觉一开始是表现为文化自卑的，因为我们是失败者，我们被打败了，且败得很惨。对于中华民族这样一个历史上有着强烈文化自尊的民族来说，我们真的失败不起。从巅峰一下子跌入谷底，我们是很难承受的。

文化自卑的表现主要是什么？我觉得有两点，一是全盘西化论，二是文化上的自我殖民化倾向。

全盘西化主要是五四新文化运动时期的一个口号，据考是陈序经教授最早提出来的，胡适则是鼓吹者。胡适在一篇文章中曾经说，我们中国人百事不如人，什么都不如西方，从物质文明到精神文明，从科学技术到文学艺术都不行，那怎么办呢？就必须把老祖宗的东西完全摆脱掉，排除掉，然后置换成西方的文化，我们才有拯救的希望。当然胡适鼓吹全盘西化，他本身也不相信能全盘西化，这只是一个策略。其实胡适本身的生活也没有全盘西化，他的婚姻就很传统。他的夫人江冬秀，是小脚女人，并不识字。一个留洋的博士和一个文盲结婚，还有什么共同语言？交流感情都费劲。胡适在美国留学，写了家书给他夫人，她又不识字得找外人读给她听，想表达私人感情也不方便。胡适在美国留学期间，有一个女士叫韦莲司，追求过胡适，有第三者的诱惑。胡适还不错，最后还是拒绝了韦莲司。为什么？因为他认为婚姻是母亲给定的，自己要尽孝道，不能违背母亲的意志。在这个意义上说，胡适的生活方式还是很传统的。胡适的原意是说我们中国人的惰性太大，要不把话说绝了，中国人连折中的方案都没法接受。这类似于鲁迅说的，你要在墙上开个窗子，中国人绝对不同意，除非要揭掉屋盖，那我们说好好好，退而求其次你就开个窗子吧。他是这样一种策略。所以胡适鼓吹全盘西化是一种策略，不要真正地相信他天真地认为我们能全盘西化。但是大家要注意，解释学有个原理，文本一旦脱离作者，它就不再属于作者了，它就超出作者的意图了，这就是所谓效果史，就是作者的主观动机和他的作品的客观后果完全是两回事。胡适鼓吹“全盘西化”，客观上带来的就是激进的反传统。

第二种表现就是文化上的自我殖民化。这主要是在20世纪80年代改革初期出现的，对于我们本土文化缺乏信心，因此叫“自我殖民化”。譬如我们生产了一种产品，本来是给我们同胞自己生产的，结果这个产品的说明书什么语言都印上了，就是不印中文，这不是故意难为我们同胞吗？这反映的是一种什么心态？这并非西方列强强迫我们这样印的，这是我们自己心甘情愿的，我把这种现象叫作文化上的自我殖民化。自我殖民化本来是女性主义的一个概念。女性主义研究者发现，有些女性作家和画家，她们的作品是为了迎合男性的欣赏习惯而创作的，但这不是男性强迫她这样创作的，而是女性画家和作家心甘情愿这样做的，女性主义研究就把这种现象叫女性的自我殖民化。我认为这在一定程度上也以民族为单位表现出来了。

但是，我们今天有了一个重要的历史转机，这就是从文化自卑走向文化自信。我认为这个转折点的时机已经到来，理由主要有两点：

一方面，我们的硬实力已经具备了足够的基础。有人说我们不要高估自身实力，不要自负、自大，这诚然是对的，但我觉得也不能自卑。因为今天的中国已经变成了世界上的一个不能被无视的存在了，这应该是一个不争的事实。为什么美国、西方一直遏制中国，且遏制力度越来越大，这正是因为我们的存在已不能被无视了。在力学上有一个简单的定律，作用力和反作用力是大小相等方向相反的，所以他们遏制我们的力度有多强烈，实际上也就意味着中国崛起的力度有多大。你如果是一个可有可无的存在，对方完全可以不理睬你。所以这就是我们的存在感。当然更要看到我们中国发展的强劲潜力，我们正处在上升的势头。这是硬实力方面。

另一方面，从软实力来看，今天看待传统文化的参照系已经比“五四”时代更加深邃，更加复杂了，不像“五四”那么简单。“五四”就是一个现代性语境，现代性使现代化成为可能。在现代化语境中，传统一定是个负面的形象。什么是现代化？简单地说所谓现代化就是告别传统，实际上现代化就意味着对传统的不信任，所以在现代化的语境中我们的传统一定是消极的。但是今天我认为已经过渡到后现代的语境了，就是现代化的内在危机越来越多地暴露出来，而且找不到出路。现代性内在矛盾找不到解决的方案，看不到这种可能性，这是一个问题。所以在这样一个语境中，中国传统文化反而变成了一种积极的具有启示意义的重要资源。

比如说我们讲究天人合一这样一种理念，我认为就非常有利于对现代技术的改造。今天的生态环境不是越来越糟糕吗？一个重要的原因就是现代技术的广泛应用。而现代技术体现的文化理念是什么？是以人克天的倾向，是征服的倾向，我们不断地遭到了自然界的报复，这是恩格斯在《自然辩证法》中就说过的。我们的环境问题、生态问题、全球性问题骤然暴露出来了。全球性问题是 20 世纪 60 年代就提出来的，实际上全球性问题的出现，就意味着以工业文明为代表的现代性所遭遇的一种挫折和失败，必须改弦更张了，不然的话我们人类就没有出路，这绝不是危言耸听。我认为 21 世纪我们能不能和平地度过这短短的一百年，对人类来说是个极大的考验。不要小看这短短的一百年，我们上下五千年都走过来了，难道这一百年还过不去吗？很可能。美国有个笑话，说有人从一百多层高的摩天大楼上摔下来了，一直到倒数第二层一切感觉良好，我欲乘风归去，那是大自由，但是马上就摔到地面了。我们人类文明，回顾以往辉煌无比，但是未来却充满危机，所以要有足够的危机感和忧患意识。在这样一种语境中，我们用传统文化中的天人合一理念重建现代技术，人和自然的关系将会缓和很多。再者，人与人之间的关系同样很紧张。现代社会人与人之间最缺乏的是什么？就是彼此的信任。有人摔倒了，竟然没有人敢扶，这是历史上没有过的。为什么不敢扶，就是因为扶人的和被扶的彼此都不信任，所以出现了信任危机。而信任的基础是什么？就是道德。我认为信任是靠道德而不是法律维系的，而道德的前提又是什么？就是信仰。所以信任危机就折射出道德衰弱，道德衰弱就意味着信仰缺失，我们必须重建信仰。

问题在于，信仰不是“学”出来的，而是“泡”出来的，它是养成的，不是学成的。我们往往开错了药方要加强学习，学习是没有办法建立信仰的，必须生活在那个环境中才能够养成一种信仰。它是实践性的，需要一个适宜的文化氛围和文化土壤才能养成，所以我们今天就面临着这个问题。中国人要建立信仰，我觉得就离不开传统文化，离不了这个资源。所以在这个意义上，我们的传统文化就变成了一种拯救的力量，它不再是一个消极的角色，而是变成了一个积极的角色。我们只有对本土文化抱有足够的信心，才能提出怎么把它同作为最先进思想体系的马克思主义相结合的问题。如果我们的传统文化都是糟粕，谈什么和马克思主义相结合？马克思主义不是最先进的思想体系吗？只有优秀的东西才能和它结合，不能把一团糟粕和它结合。所以只要我们的文化心理还是自卑的，就不可能提出这个结合的问题。只有走向文化自信，这种结合才能被提出来。

第三点，是马克思主义中国化不断深化的客观需要。马克思主义来到中国，实现中国化不是一蹴而就的，而是有步骤的。我认为马克思主义中国化至少可以分四个阶段：第一个阶段是语言的阶段。就是让马克思说汉语，必须翻译成中文。不要小看语言转换，语言不仅仅是手段和工具，它还是我们的存在方式，语言转换不只是狭义的翻译问题，海德格尔就说过语言是存在的家。所以一种语言就代表了一个民族的生活的样法，这是梁漱溟先生的概念。文化就是一个民族的生活样法、生存方式，语言就建构着一个民族的存在方式。在这个意义上，语言不是“用”，而是“体”。所以让马克思说汉语，就是一种具有前提性的中国化，这是第一个阶段。汉语化了的马克思主义被我们中国人掌握了，诉诸自己的行动就进入第二个阶段——实践的阶段。在实践的过程中创造并积累了大量的丰富的经验，这些丰富的实践经验经过反刍、消化然后升华为一种理论的形态，那就进入第三阶段，也就是理论阶段的中国化。但是还必须有第四个阶段，即反思马克思主义中国化的过程，自觉揭示这种中国化的内在规律、内在机制，以及它赖以实现的条件，也就是反思的阶段。

我认为今天我们就开始进入反思的阶段了。反思的结果能够使马克思主义中国化这个过程得以由自在的转变为自为的，由自发的过渡到自觉的状态。这也就意味着马克思主义中国化的成熟和完备。反思马克思主义中国化的内在规律就有一个问题没办法回避，就是怎么恰当地处理马克思主义这样一个舶来品同我们中国本土文化之间的关系问题。所以在这个意义上，我认为提出这个结合还是马克思主义中国化不断深化的客观要求。

二、马克思主义与中国传统文化相遇的必然性

第二个问题，马克思主义来到中国，为什么说它具有必然性，怎么看待和理解这种必然性。这大体上可以从两个方面来看，一个是理论的，一个是历史的。先看理论的方面。

第一，马克思的历史观本身采取的是一种全息视野。它研究历史的单位不是某个民族、某个地域、某个国家，而是整个人类历史，包括中国在内的东方社会。在马克思那里有东方社会理论，包括俄国、中国、印度都在他的研究范围之内，所以中国从来都不处在马克思唯物史观的盲区，不处在它看不见的地方，而就是它审视的对象本身。一种学说适用于它的研究对象，这本身就是顺理成章、天经地义的。如果一种学说运用于其对象之外，那当然很突兀，是一种冒险。但是中国就是它的研究对象，怎么能说这是一种非法的运用？我认为用马克思主义来指导中国的革命实践，这是天经地义的事情。这是从研究视野来看的。

第二，从马克思提出的著名命题来看，他在《德意志意识形态》中提出“历史向世界历史的转变”。这个命题的内涵非常丰富，在这里没办法详细展开，只是从一个方面来谈。“世界历史”这个概念在马克思那里是一个历史的规定，只有人类历史发展到某个阶段，我们才进入世界历史，并不是说有人类历史就开始世界历史了。1859 年，马克思在《政治经济学批判》的导言中就说过，世界历史本身只是历史发展的产物。什么时候才进入“世界历史”呢？就是人类通过普

遍交往，把整个世界变成一个“小村庄”之后，我们才进入世界历史。用今天的话来说，也就是全球化时代。当每个民族、每个国家、每个地域都孤立地存在的时候，尚不存在世界历史，只有人类的历史。

世界历史带来的一个关键后果就是，西欧发达的资本主义国家内部的劳资之间的矛盾溢出了国家的范围，被放大为整个世界范围内的基本矛盾。西欧发达资本主义国家扮演的是资本家的角色，那些殖民地、半殖民地国家和民族则沦为雇佣劳动者的角色，国内的阶级矛盾外化为世界范围内的基本矛盾。而西欧发达资本主义国家最有代表性的就是英、法、德，其内部的工人阶级越来越资产阶级化了，因为通过这些国家的殖民掠夺，他们生活得到了极大的改善，所以英国就出现了工联主义、工团主义。这些改良思潮不再主张推翻资本主义制度，革命性极大衰弱。原因就在于工人阶级被收买了，生活越来越好了，所以欧洲革命的可能性越来越小，而世界革命的重心开始由欧洲转移到了东方。因为东方国家和民族沦为无产者的角色，所以最具有革命的诉求。因此社会主义革命最早爆发在东方，这完全合乎唯物史观的基本逻辑。要革命怎么办？就得有革命的学说为其提供合法性，所以列宁说没有革命的理论就不会有革命的运动。我们要选择革命的学说来指导，当然就要选择马克思主义了，因为马克思主义是革命学说当中最具有典型意义的了。所以马克思来到中国是有其历史必然性的。

第三点，从一定意义上说，中国革命和俄国革命不过是执行了马克思晚年政治遗嘱的一个结果。马克思在 1881 年，给俄国的女革命家查苏利奇写过一封回信，查苏利奇请教马克思俄国革命道路应该怎么走，马克思有一个建议，俄国应该利用自己的特点，跨越西欧的那种资本主义制度的“卡夫丁峡谷”。大家知道，“卡夫丁峡谷”是个典故，意味着一种羞辱人的方式。马克思认为，俄国同西欧各国的历史背景具有异质性，因此没必要重蹈西欧资本主义道路的覆辙，可以直接过渡到共产主义。但马克思又补充了一个条件，即必须移植来自资本主义的一切肯定的成果，就是说这种跨越不是无条件的，还必须借鉴来自资本主义的一切好的、优秀的东西，跨越的只是资本主义制度，但是资本主义的积极成果还是要利用的。这个建议的根据就在于东方社会属于“亚细亚生产方式”，“亚细亚生产方式”是 1859 年马克思在《政治经济学批判》的序言中正式提出的概念。当然他这方面的思想早就有。“亚细亚生产方式”有什么特点呢？马克思、恩格斯也做了大量的论述，我这里不一一介绍，只说最典型的两点：

第一，东方国家是以土地国有制为基础的，没有充分地私有化，这是东方国家一个非常突出的特点，这是马克思当年揭示的。《诗经》上就说：“普天之下，莫非王土；率土之滨，莫非王臣。”马克思在《资本论》中区分了三个概念，一个是所有权，再一个是占有权，还有一个是使用权。例如中国，在分封制条件下，土地所有权属于天子，天子就是国家的象征和代表，诸侯、大夫具有土地占有权，庶民阶层只有土地使用权。在郡县制条件下，皇帝拥有土地所有权，地主阶级具有土地占有权，农民阶级只有土地使用权。这一个特点非常突出。

第二，东方国家幅员广大。“亚细亚”代表性的国家都是大国，像印度、中国、俄国。俄国虽然政治上属于欧洲，但在文化上带有亚洲的某些典型特点。幅员广大就意味着需要一个高度集权的中央政府来配置和动员全国资源，举办公共工程。譬如治水，我们是农业文明，对水利的依赖十分突出，而治水离开了强有力的中央政府是没有办法调节的。否则人们就得天天为了争夺有限的水资源展开战争，这个交易成本太高了，甚至会导致国家的崩溃，所以需要一个强有力的政府来配置全国资源。当然还有其他的，像军事防御，修建长城离开了国家的力量也是办不到的。还有实物贡赋，需要庞大的运输网络。陆路运输、水陆运输，要修建马路和开凿运河，如果离开了中央政府的力量也没办法解决，这就造就了一个强有力的中央政府。在西方不是这样，西方的经济领域是属于市民社会，与政治没有直接的关系。政治国家和市民社会在西方是分裂的、二元的。所以，在中国传统社会，国家不仅具有政治职能，同时还具有经济职能，这是东方不同于西方的一个非常突出的特点。

马克思认为东方国家利用这些特点，有可能直接过渡到共产主义，而不经过资本主义制度。我们事实上也正是走了这样一条路。俄国革命和中国革命不就是这样过来的吗？俄国革命大致上分两个阶段，列宁领导的 1917 年十月革命，一下子到了战时共产主义。这很难说不是跨越。但是列宁没有也来不及做一个工作，这就是移植来自资本主义的一切肯定的成果，结果后来走不下去，又“逼”出了1921年开始的新经济政策。新经济政策的实质说白了就是利用资本主义来拯救社会主义，也就是利用商品货币关系来提高效率，这不就是移植吗？但是很遗憾，列宁去世得过早。他的新经济政策后来被斯大林终止了，没有持续地进行下去。从某种意义上说，我认为苏东剧变，如果追根溯源的话，应该要追究到新经济政策夭折上面来。

中国革命也不例外。习近平总书记说，新中国成立后，前后两个三十年不能相互否定。前三十年是毛泽东时代，后三十年是邓小平时代，这两个时代不是非此即彼的，不是相互排斥的，而是相互补充、相辅相成的。因为前三十年我们完成的主要是跨越的任务，而后三十年完成的主要是移植的任务。所以离开了马克思基于唯物史观提出的“跨越资本主义的卡夫丁峡谷”设想所提供的框架，我们就没有办法看清俄国革命和中国革命背后的实质。从这个意义上说，马克思的逻辑实际地建构和塑造了俄国革命和中国革命的历史道路。所以它介入中国是十分深刻的，整个地塑造了我们的历史本身。既然如此，还能够说它来到中国不具有必然性吗？这难道是一个偶然的事实吗？

再从中国社会当时所处的特定历史语境来看，我们也实在没有别的道路可走。首先，晚清的严重受挫证明老祖宗的路已经走不通了，按照李鸿章的说法，我们遇到了数千年未有之变局，这一下子把我们打蒙了，不知道该怎么办，证明老祖宗的路不济事了。这个可能性被否定了。那走什么路呢？日本人把我们打败了，这是我们特别不能接受的。因为日本原本是我们的学生，学生打败了先生，这是中国人很难面对的事实。日本何以能打败我们呢？关键就是日本进行了维新运动，1868年开始明治维新，向西方开放门户，当时有一个典型的口号就是“脱亚入欧”，即摆脱亚洲的影响，拥抱欧洲资本主义文明，结果便强盛了，把清朝打败了。那我们也要学西方，也就是学西方资本主义的文明，就像魏源说的“师夷之长技以制夷”。日本是先学了西方，我们现在用的很多术语都是日本人先翻译的，像“哲学”（philosophy）一词，就是日本启蒙思想家西周翻译的，我们觉得他翻译得很好，就一直保留到现在。中国古代没有哲学这个词，我们古代称作哲学的叫什么？玄学。玄就是黑色，颜色深，就是高深莫测。水深则黑，那就是深不可测。还有一种说法叫元学，元就是脑袋的意思，所谓元首，还有就是理学、心学、道学等等，但就是没有哲学。有专家考证，我们现在哲学社会科学的术语当中有数百个都是日本人先翻译的，我们借用了他们的翻译，这就说明西学东渐的顺序是先到日本后到中国，所以我们也要学习西方，但是我们在学习西方的时候遇到了双重限制。

一方面，西方列强并不希望中国这样一个大国变成一个资本主义的国家，所以民族资本始终没有得到发展的机会。我们如果走资本主义道路的话，就很难摆脱这种依附性。摆脱不了依附性发展，则不可能实现中华民族的独立和解放这一民族主义的诉求。而且西方列强并不希望中华民族真正发展起来，它对中国采取的是“熬老鹰”的办法，既让你饿不死，但又不让你吃饱，只有这样它才能最大限度地输出资本和输出商品。中国如果变得和它一样强大，和它分庭抗礼、势均力敌那就不行。所以，毛泽东在他的著作中反复解释这一点，他说“我们不是不想走资本主义的道路，是西方人不允许我们走”。这是客观上不可能。

另一方面，主观上也不情愿。最大的一个契机就是1914年第一次世界大战的爆发。这使得中国人对资本主义文明产生了极度的怀疑，资本主义不仅有文明的一面，它还有野蛮的一面。而且第一次世界大战恰恰是发生在人类文明最开化的20世纪，这非常具有讽刺意味。所以在一战结束后的1919年，梁启超先生率领庞大的代表团到欧洲、美国游历，回来就发表了《欧游心影录》。他说“欧洲人的科学大梦破产了”，原来都寄希望于科学的发展，结果科学发展之后出现了人类的空前杀戮，这就使人产生了一种幻灭感。所以我们主观上也不情愿重演资本主义这条道路。

那出路何在呢？这个时候有了一个契机，就是1917年十月革命爆发了。俄国走的这条路就是马克思主义的路，从某种意义上来说俄国革命就是马克思主义在俄国的实践形式，而俄国革命能够满足东方民族的双重需要，一个就是满足民族独立和解放这样一种民族主义的诉求，摆脱西方资本主义殖民体系的统治和支配。另一个就是它能够满足东方国家快速实现现代化的诉求。如果依靠资本主义自发地演进，根本没有机会赶上西方，只有集中力量办大事，用社会主义的这种制度才能加速实现工业化。俄国如果不走社会主义的道路，如何形成二战之后同美国博弈的冷战格局呢？它能够和美国相抗衡吗？这完全不可能。所以只有社会主义制度才能使东方国家和民族实现超常发展。一个是民族解放，一个是现代化，满足这种双重需要，这是马克思主义开辟的可能性。所以中国早期的马克思主义者，如李大钊、陈独秀、瞿秋白、毛泽东、蔡和森等都把俄国的这条道路说成是人类文明的第三种可能性。毛泽东说得很清楚："十月革命一声炮响，给我们送来了马克思列宁主义。""走俄国人的路，这就是我们的结论。"

老祖宗的路是一种可能性，资本主义的路是另一种可能性，马克思主义的路是第三种可能性，而第三种可能性克服了前两条道路的缺陷，保留了它们的优点，达成了在逻辑上最完满的一种选择。所以当时的历史处境也决定了我们只能走这条道路。

三、马克思主义与中国文化的相遇：时代性与民族性

第三个问题很简单，就是马克思主义和中国文化相遇，它在时代性与民族性两个维度度上遇到的"纠结"。首先是矛盾，不一致，这个很明显。在"时代性"上存在古今之别，一个是传统的东西，一个是最先进的东西。在"民族性"上也有差别，一个是中国的，一个是西方的，距离也非常遥远。矛盾的一面很明显。但是，当我们深入到它们的背后再来看的话，又会发现它们存有彼此相通的可能性。怎么理解这种相通呢？我认为同样也分两个维度，一个是时代性，一个是民族性。

从时代性维度看，中国传统文化当然属于前现代的文化，马克思主义应该是后现代的一种学说。我在这里特别强调马克思主义的后现代性，马克思主义不是现代性的，它恰恰是要扬弃现代性，是以扬弃现代性为旨趣的。大家知道，现代性赖以存在的世俗基础就是资本主义社会。而马克思主义的宗旨就是解构资本主义，从某种意义上说马克思主义不过是资本主义的一种“诊疗学方案”。一方面诊断，一方面治疗。所以，我觉得马克思主义带有强烈的后现代的性质，它不是现代性的，而是为了克服现代性的。当然我们没有读出马克思的后现代这个含义，为什么呢？我认为这与马克思主义传入中国的特定历史语境有关。因为马克思主义早在19世纪末就已经开始传入中国了，为什么到了20世纪20年代才产生实质性的影响呢？其标志就是中国共产党的成立，它已经以政党的形式存在了，直接改变着中国历史的进程和方向，这才是实质性的介入。而当时的语境是五四新文化运动，而五四新文化运动的口号就是“德先生”“赛先生”，即民主和科学。民主和科学恰恰是现代性的两个最突出的代表，因为它们背后的实质就是理性精神。理性精神体现在人与自然的关系上就是科学，体现在人与人的关系上就是民主。马克思主义传入的时候，就是五四这一特定语境，它把马克思主义的这种后现代性给过滤掉了。所以我们中国人在那个时候没有读出马克思主义的后现代含义，而把它解读成现代性的学说了。其实马克思主义在本质上是后现代的，它是要扬弃现代性的，应该做这样一种历史的定位，这是它在时代性维度上的坐标。

如果理解了马克思主义的“后现代性”，就容易理解它作为这样一种后现代性的学说同前现代的中国传统文化出现相遇的可能性了。为什么呢？大家知道，唯物辩证法讲“三一式”，即否定之否定，两次否定，三个环节。否定之否定，又在更高的基础上向出发点复归。处在前现代的中国传统文化和具有后现代性质的马克思主义又有了一种否定之否定意义上的相遇的可能，这就是在时代性维度上相遇背后的逻辑。

在民族性这个维度上，怎么理解呢？我们要强调欧洲大陆文化和中国传统文化之间的亲和性。西方文化也不是铁板一块，从古希腊开始就隐含着两条线索、两条脉络，一个就是“我知道什么”，另一个是“我相信什么”，就是“我知”和“我信”的这种分野。我们现在的西方哲学史叙事方式主要侧重于“我知道”这个脉络，而“我相信”那个脉络在很大程度上是没有被正视的。在近代，到了休谟，他在《人性论》中提出了事实判断和价值判断的分野，事实判断解决的是“我知道”的问题，价值判断解决的是“我相信”的问题。后来休谟又启发了康德，康德说的那句名言大家都熟悉，他说：“世界上有两样东西，我对它思考的越透彻越感到害怕，一个是头顶的星空，另一个是内心的道德法则。”头顶的星空就是“我知道”的问题，科学的问题；内心的道德法则是“我相信”的问题，信仰的问题。所以到了康德阶段，这个问题就以自觉的形式格外地凸显出来了。从某种意义上来说，康德问题支配了整个 20 世纪西方哲学。

大家知道，20世纪西方哲学有两大思潮，一个是科学主义思潮，一个是人文主义思潮，这两大思潮实质上就是康德问题展开了的历史形式，所以康德太伟大了，我们不抓住康德，就把握不住20世纪西方哲学背后的本质。这两大思潮从地域分布来看又非常有趣，科学主义思潮主要分布在英美国家，而人文主义思潮主要分布在欧洲大陆国家，这是地域上的特点。马克思主义作为欧陆传统的产物，它和中国文化又有了一种特别的亲和性，因为中国文化本质上是人文主义的，不是科学主义的，所以我们学习英美的东西很困难。因为我们缺乏科学背景，想搞分析哲学就会很困难，但是欧陆传统的东西来到中国我们就有一种会心的感觉。所以马克思、恩格斯作为欧陆传统谱系的产物，同我们的文化及其传统之间，格外具有亲和性，这是从民族性的角度来分析的。当然为什么这样，很难解释。从某种意义上说，我认为文化只能描述，没法解释。这是从民族性维度上来理解和看待的它们彼此的一致性。

四、马克思主义基本原理与中华优秀传统文化结合的学理依据

最后一个问题，也就是马克思主义基本原理和中国传统文化相结合的学理依据，对此我尝试着给出一种解释，供大家批评和参考。

第一点，马克思主义也好，以儒家为代表的中国传统文化也好，都格外地推崇实践，重视实践，这是很突出的

一点。大家要注意，马克思给自己的新哲学加以命名使用的措辞是“实践的唯物主义”，他从来没有用过“辩证唯物主义”这个词，恩格斯也没用过。“辩证唯物主义”是工人哲学家狄慈根最早使用的，后来被普列汉诺夫继承了，然后又传给列宁。马克思把自己的哲学叫作“实践的唯物主义”，这意味着他格外地推崇实践。如果我们套用笛卡尔的那个说法，即“我思故我在”，来说马克思的哲学，就应该是“我实践所以我存在”，我活动故我在。大家知道，马克思 1845 年写的那个著名的《关于费尔巴哈的提纲》，太重要了，恩格斯说这个提纲是“包含着新世界观天才萌芽的第一个文件”，因此具有里程碑性质。就是在这个提纲的最后一条也就是第十一条中，马克思说“哲学家们只是以不同的方式解释世界，问题在于改变世界”。这句话后来成为马克思的墓志铭。这句话意味着马克思在他自己新创立的哲学同他之前的一切旧的哲学之间划了一条不可逾越的界线，就是一切旧的哲学本质上都是在解释世界，而马克思新创立的哲学才是改变世界的。解释世界的态度是理论的态度，而改变世界的态度才是实践的态度。所以马克思把自己的哲学叫作“实践的唯物主义”，也就是他所说的那种“把感性理解成实践活动的唯物主义”。这是马克思主义哲学的本质特征，即高度地重视实践。当然大家会说了，重视实践又有什么意义呢？关键在于马克思给出了一种真正有效的批判方式。马克思所处的那个时代就是一个批判的时代，哲学家们都大谈批判，康德代表性的著作不就是“三大批判”吗？所以批判不是马克思的发明，马克思的真正贡献在于他给出了一种真正有效的批判方式。

马克思之前的一切旧的哲学的批判主要有两种，一种就是思辨的批判，或者叫逻辑的批判，这种批判方式的代表主要是青年黑格尔派；另一种就是道德的批判，以费尔巴哈和真正的社会主义者那些思想家为代表。这两种批判方式在马克思看来都是失败的，都是无效的，都是苍白无力的。逻辑批判的代表，即青年黑格尔派非常激进，对现实也不满意，但是所采取的批判方式是消极的，他们天真地认为只要在人的大脑中换掉几个概念，那么现实就会为之改观。马克思认为这根本没有效果。马克思说过，物质的力量只能用物质的力量才能摧毁，观念不能实现什么，要实现观念就必须诉诸实践活动。所以马克思认为只有起而实行才有效，天天坐而论道，在书房里闹革命是没有意义的。

道德的批判是什么呢？就是整日对现实不满，进行道德谴责，抱怨世风日下、人心不古，但是又能改变什么呢？第二天现实该怎么样还是怎么样。所以，马克思认为这种道德的批判也是苍白无力的，他说这种批判不过是一种爱的呓语，呓语就是梦话，天天向往爱、渴求爱，但若不为爱的来临提供历史条件，奠定历史基础，这种爱也不过是空头支票罢了。因此他认为这种道德批判也是没有意义的。

所以，马克思又给出了第三种批判方式，那就是实践的批判，也就是实际地反对和改变现存的一切，实际地反对和改变就是诉诸行动。所以马克思认为“实践的唯物主义者”也就是“共产主义者”，它们是同义词。在马克思那里，实践的唯物主义者是哲学家的角色，共产主义者是革命家的角色，这两者是高度集于一身的，是不能剥离的。你要做一个真诚的实践唯物主义者，就必须把自己塑造成一个共产主义者，也即扮演革命家的角色。1883 年，马克思去世下葬的时候，恩格斯在他的墓前发表了一篇著名讲话，恩格斯说“马克思一生首先是一个革命家”，这个定位非常准确。革命家是起而实行的，不是坐而论道的。所以我们今天这些研究马克思主义的人就很尴尬，我们这种方式本质上不是马克思当年所期待的，因为我们对马克思采取了理论的态度。

中国传统文化同样强调实践性，主张知行合一，强调践履的工夫，儒家就更突出了。因为儒家本身就是一种道德哲学，而道德一定是实践性的，而不是理论性的。道德在知识分类当中属于实践知识，不属于理论的知识。康德为道德奠定形而上学基础的著作就叫《实践理性批判》，而不是理论理性批判。所以，道德哲学一定侧重于实践，重视实践。《论语·学而》篇一上来就说：“学而时习之，不亦说乎；有朋自远方来，不亦乐乎；人不知而不愠，不亦君子乎。”这三句话非常重要，是定调子的。最重要的是第一句，“学而时习之”，“学”更侧重于理论性，“习”一定是实践性的。它意味着始于学而成于习，没有实践的工夫，这个学是没办法完成的。而且中国传统社会是一个礼治的社会，“仁、义、礼、智、信”的礼怎么解释呢？“礼，履也”，“履”就是鞋子的意思，意味着践履的工夫。关于鞋子，古人也有解释，“足之所依谓之履”，就是我们的脚依靠的那个东西就叫履。穿着鞋子，那当然就意味着踏地，踏也就是践的意思，践踏就引申为实际的行动。所以礼治的社会一定重视实践。而履又怎么解释呢？《周易》六十四卦之一即履卦，《易传》是这样解释的，“履，德之基也”。实践是道德的根基，也就是道德的发生学基础。“履者，礼也”，这是《易传》上的话。“履者，礼也”，“礼，履也”，它们是互训的，相互解释的，构成一个解释学循环。司马迁写的《史记·孔子世家》记载了孔子儿时的情况，“孔子儿时嬉戏，常陈俎豆，设礼容”。儿时的孔子做游戏，干什么呢？俎豆就是礼器，摆设礼器，“设礼容”，就是行礼、习礼，这就是孔子的游戏，所以强调践履。人的德性的自觉就是基于对礼的践履这种工夫，没有这种实践的工夫，德性是不可能被诱发出来的，是没有办法达到自觉的，这就是中国文化的特点，所以中国文化是特别强调实践这个功夫的。在这一点上，马克思主义和中国传统文化相遇，它们彼此都不会产生陌生感。

第二点，无论是马克思主义还是中国传统文化都格外地强调天人合一。马克思在《1844年经济学哲学手稿》当中就说过，共产主义就意味着人和自然的矛盾、人和人的矛盾、人和自我的矛盾的彻底解决，即达到了对立的扬弃，实现了真正意义上的统一。恩格斯1843年在《政治经济学批判大纲》中说过，“我理解的那个理想的社会，就是要实现人和自然之间，人和人之间的和解”，就是人和自然之间，人和人之间紧张、对立的消解，这不就是统一吗？我认为这正是马克思意义上的天人合一。

马克思在《1844年经济学哲学手稿》当中还提出了两个观点，他的一生的思想就蕴含着两个脉络，一个是自然界的人化，另一个是人的自然化。首先，自然界的人化就是人在自然界那里打上人的意志和意识的烙印，把人的本质力量对象化到自然界那里去，那就是人的实践的产物，也就是人工自然，或者叫第二自然。用马克思的话来说就是人本学的自然界或人化自然，一切人工物质产品都属于第二自然，这就是自然界人化的产物，这就是“人”。其次，就是人的自然化，人的自然化不是说让人变成自然界中的一块石头，这个自然其实就是“自由”的意思，“然”这个字就含有“是”的意思，肯定的意思称“然”。古人说这样做可不可以，另一个人说“然也”，是这样，可以。“自然”就是自己使自己成其为自己，这就是“自然”亦即“自由”。如果一个异己的外在于我的他者来使我成为这个样子，那就叫“他然”，也就是奴役。自然就是自由的意思，自由用中文最容易解释，这一点做海德格尔研究的北大已故教授熊伟先生说得好，自由这个词的意思，就是把这两个字颠倒过来，自由就是由自，由自己就是自由，这是自由最本来的意思，也就是自然，这就是自然和奴役的差别。

大家都知道中国有个著名画家叫张大千，他有一件轶事。张大千留着长长的胡子，非常具有艺术家的风度。有一天他的弟子突然多事，就问张先生，晚上睡觉的时候你的胡子是放在被子里面还是放在被子外面，结果搞得张大千先生失眠三天，被折磨得死去活来，一会儿掏出来不行，再塞进去也不行，放在什么地方都不对劲。大家想，在没这样追问的时候张大千先生的胡子是自由自在，随意摆放，那是大自由，一点负担没有。但是一经追问就不行了，张先生必须跳出胡子，站在胡子的客观立场上考量胡子的摆放问题，这个时候就是他然，不再是自然了，这就是自由和奴役的差别。

心理学上有一个实验，就是假如强迫一个人必须左腿搭在右腿上持续20分钟，不得改变这个姿势，那他一定非常难以忍受。但是当你悄悄地观察一个人，他左腿搭在右腿上竟然搭了一个小时，一点感觉没有。同样一种状态，如果是来自他者的命令、决定，那就是奴役，是不堪忍受的负担；如果来自自我支配，那就是自由，是一种享受。这就是自由和奴役的差别。马克思认为人在历史的存在当中就有一个由自由陷入不自由亦即异化状态的过程，也就是人的自由的丧失。马克思认为人还必须从这种异化的状态当中摆脱出来，也就是人的历史解放，自由的本意就是解放，即把束缚人的东西打开。这就是所谓的人的自然化，人的历史解放。马克思始终追求人的历史解放这个目标。但是马克思认为人的历史解放不是没有前提的，他在1843年《〈黑格尔法哲学批判〉导言》中说得好，他说“革命需要被动因素，需要物质基础”；离开了物质基础，离开了被动因素，革命就是虚妄的，不真实的，它只能导致历史的倒退。所以在《德意志意识形态》当中，马克思还说过“共产主义运动具有经济的性质”，就是经济条件不成熟，去追求共产主义，这个共产主义只能倒退到粗陋的共产主义，也就是原始的平均主义。我们历史上不乏这种教训，马克思当年都预料到了。

那么，这个物质基础又是由什么来提供的呢？就是由自然界的人化来提供的。人的自然化必须以自然界的人化作为前提，这两者统一于人的历史解放这个目标的达成。我认为这正是马克思意义上的天人合一。所以马克思在《1844年经济学哲学手稿》当中说彻底的自然主义也就等于彻底的人道主义，反过来也一样，彻底的人道主义也就等于彻底的自然主义。如果说彻底的自然主义就是“天”，彻底的人道主义就是“人”的话，那么它们的彼此等价，也就意味着两者的统一，这正是马克思意义上的天人合一。

以儒家为代表的中国文化也追求天人合一，这类例子很多，不胜枚举，总之中国文化是非常尊崇天道的，道家主张“道法自然”，儒家对“天命”也有一种虔诚的信仰，这都是非常明显的。所以中国文化是没有进攻性和侵略性的，每一张中国人的脸都是一张和平的脸，没有进攻性。欧洲人的脸就不是，我认为欧洲文化具有进攻性，它体现的是以人克天，有这样一种冲动。所以，中国文化本质上是和平的。譬如，郑和下西洋，从实力来说，征服异族简直是易如反掌，但明廷不仅没有征服人家，反而还无偿地赠送给对方礼物，世界上没有这样可爱的民族。哥伦布探险就不一样，哥伦布比郑和还晚，而且还是凭借中国的指南术到了美洲，掠夺了多少黄金和白银，这个西方历史是有记载的。所以西方历史学始终把哥伦布探险、地理大发现作为现代化的标志性事件，因为它为欧洲的崛起提供了“第一桶金”，但是“第一桶金”是不干净的，是抢来的，这个是“原罪”。然而中国文化没有，中国从来没有殖民的传统。所以钱穆先生认为，不能用“帝国”这个概念来形容中国历代王朝。为什么呢？因为只有建立殖民地的国家才能叫帝国，中国历代王朝从来没有建立殖民地，上下五千年我们的版图基本没有扩大。20世纪西方殖民体系已经把全球瓜分完毕，没有一块处女地了，这个简单的事实不就很能说明问题吗？所以中国文化追求的是人道顺应天道，我们采取的是这样一种理念，这叫天人合一。我们反对以人克天，因为那样就不真、不诚了，不真实了。人为的东西在中国文化那里是被否定的，中国文化是反对人为性的，人为的就是虚伪的，不真实了。你看虚伪的“伪”字，就是一个单立人，加上一个为字，凡是人为的就是虚伪的。所以儒家、道家、佛教推崇的最高境界就是婴孩状态、赤子之心。婴儿是最真实的，是最纯真的，纯真到连羞耻感都多余，不需要穿衣服，多真实，一穿衣服就虚伪了。婴儿饥饿了一定啼哭的，他吃饱了一定安详的，不像成人那么虚伪。成人做客最虚伪。本来想吃那道菜，主人让你吃，你还拒绝吃。本来没吃饱，临走的时候却要感谢一番“我酒足饭饱了”，回到家还得补一顿，这就是成人式的虚伪。为什么？因为成人接受的繁文缛节越多，把本真的状态遮蔽得越彻底。所以中国有个词叫“老奸巨猾”，人越老越虚伪。所以中国文化追求的是本真性，就是恢复到那种非人为的、自然而然的状态上去，也就是天人合一。

所以，中国文化天人合一的诉求，和马克思当年那种追求不是很合拍吗？当然有的人说了，马克思主义是西方的产物，西方文化是以人克天的，为什么与中国文化合拍？

因为在这个意义上，马克思主义是反传统的，这一“反”，反而和我们接近了。这类似于先锋派的绘画，毕加索、高更、塞尚那些画家，他们的作品为什么和我们东方艺术非常吻合，就是因为它颠覆了西方两千多年的写实主义传统，没有这样一个“反”，不可能和中国的绘画还有日本的浮世绘相似。马克思主义与中国文化的关系也存在类似的情形。

最后一点，就是在社会理想这个方面。马克思主义追求的共产主义和中国古代的大同理想也有非常一致的地方。大家知道儒家的《礼记》第九篇“礼运”那段有名的话，“大道之行也，天下为公”，夜不闭户，路不拾遗；老有所养，幼有所爱……是为大同。我觉得那样一派景象就是和谐的景象，大公无私和自私自利都变得多余了，都没有意义了。这一点和马克思的说法非常吻合，马克思在谈到共产主义的时候就认为大公无私和自私自利都变得多余。为什么？因为在共产主义条件下，每一个社会成员的需要随时随地都能得到充分满足，没有需要被帮助的人了，怎么助人为乐呢？自私自利也是多余的，因为人的需要随时随地都能得到充分满足，还去占有什么呢？那不是无用功吗？所以共产主义意味着超越了相对的善和相对的恶之后达到的至善，那就是共产主义。

所以我读马克思经常跟不上马克思的思路，因为他超出了我们今天人的想象力，共产主义类似于数学上的极限的概念，太完美了。我问大家什么最圆，圆得没有缺陷的圆，绝对的圆？我觉得最好的答案就是“圆的定义最圆”。因为任何一个圆形的事物总是相对的圆，就不再是那个绝对的圆了。共产主义就类似于纯粹意义上的那个绝对的圆。在哲学上“纯粹”这个概念就意味着一点经验的成分都不包含。在这个意义上，可以说，共产主义超出了我们今天的人的想象力。《哥达纲领批判》中马克思说劳动不再是一种负担，而是变成了一种享受。我读到这个地方就缺乏这种体验，对我来说劳动始终是个负担。而且，马克思还说，到了共产主义，劳动变成了我们生活的第一需要。什么叫生活的第一需要？就是你一觉醒来一睁眼就想干活，我不知道大家有没有这种体验。所以，读马克思，你得超出今天的想象力才能真正理解马克思。其实我们的大同理想同样也是完美到如此程度。上下五千年我们孜孜以求的这个东西，一直到今天的“中国梦”还以它作为遥远的文化背景，那就是大同理想。

还要注意一点，马克思主义在西方是作为异端出现的。因为它是社会主义最科学的形态，而社会主义试图反掉的就是个人主义。在西方，个人主义和社会主义是正题和反题的关系，西方有着悠久的个人主义传统，从古希腊城邦一直到近代英格兰传统，再到现代的美利坚传统，本质上都是个人主义的。古希腊城邦的公民有独立的地位和利益，有自己的权利，不得任意侵犯，他是有尊严的，这是古典个人主义的来源。近代就是英格兰传统。英国有商业传统，商业必须以明晰产权作为前提，所以在英格兰传统当中，有一个由产权到法权然后到人权的发生学脉络，这是英国的个人主义。美国的个人主义，就是现代美国的西部大开发，在一定意义上美利坚的崛起是靠西部牛仔的个人奋斗来实现的，而这种个人奋斗的历史也塑造了个人主义的意识形态。但是个人主义有一问题解决不了，就是 1+1>2 的系统的非加和性效应无法得到肯定。即使肯定了每一个个体的人的利益，并不就意味着肯定了这每一个个体所构成的那个系统的整体的利益，这是两回事。如果 1+1=2，那没问题，你肯定了两个 1，也就意味着肯定了 2。关键在于系统具有 1+1>2 的非加和性效应，你肯定了两个 1，并不就意味着肯定了大于 2 的整体利益，这正是个人主义的盲区。从一定意义上说，社会主义思潮恰恰是为了克服这种局限而诞生的。它一直发展到马克思主义的科学社会主义。所以在这个意义上，马克思主义也具有强烈的反传统的倾向。这种反传统的倾向使马克思主义来到中国后，和中国文化又具有吻合的可能性了。大家知道，中国文化是集体至上的，我们传统的价值观是集体主义的，当个人利益和集体利益发生矛盾的时候，我们优先捍卫集体利益，这是中国的价值观，所以“中国梦”的本质是集体主义的，“美国梦”的本质是个人主义的，这是它们的一个很大的差别。所以我们这样一种价值取向同马克思的科学社会主义又有一致的地方，我觉得还可以从这个角度来考量。

以上就是今天晚上我试图跟在座的各位交流的，因为时间关系，以及我的研究不够深入，所以存在很多我自己也不满意的地方，不妥之处请大家批评。但因为时间关系我们就不再互动了，以后有机会再讨论吧，谢谢大家的合作。